林达
作品
系列

近距离看美国之二

林达 著

总统是靠不住的

生活·读书·新知 三联书店

Copyright ©2019 by SDX Joint Publishing Company.
All Rights Reserved.
本作品中文简体版权由生活·读书·新知三联书店所有。
未经许可，不得翻印。

图书在版编目 (CIP) 数据

总统是靠不住的：近距离看美国之二 / 林达著．——
4版．——北京：生活·读书·新知三联书店，2019.11（2025.1 重印）
（林达作品系列）
ISBN 978-7-108-06640-4

Ⅰ．①总⋯ Ⅱ．①林⋯ Ⅲ．①美国－概况②书信集－
中国－当代 Ⅳ．① K971.2 ② I267.5

中国版本图书馆 CIP 数据核字 (2019) 第 132426 号

特邀编辑	吴	彬
责任编辑	王	竞
装帧设计	薛	宇
责任印制	董	欢

出版发行　生活·讀書·新知 三联书店
　　　　　(北京市东城区美术馆东街22号)
邮　　编　100010
网　　址　www.sdxjpc.com
经　　销　新华书店
印　　刷　三河市天润建兴印务有限公司
版　　次　1998年4月北京第1版
　　　　　2006年6月北京第2版
　　　　　2013年7月北京第3版
　　　　　2019年11月北京第4版
　　　　　2025年1月北京第35次印刷
开　　本　880毫米×1230毫米 1/32 印张13
字　　数　278千字 图片60幅
印　　数　377,001-383,000册
定　　价　42.00元

(印装查询：01064002715；邮购查询：01084010542)

目 录

- 001 美国总统是什么
- 019 "美国娜拉"的出走
- 040 一个收银机的故事
- 059 一个荒谬的夜晚
- 080 从欲有所为到为所欲为
- 099 马歇尔大法官的远见
- 134 法官西里卡
- 154 国会网住了总统
- 179 谁给罚出了局
- 214 "婴儿潮"的总统来了
- 242 总统先生的麻烦
- 265 传被告总统先生出庭?
- 291 跟着民意走
- 321 扑朔迷离的民意
- 360 大选,阳光下的一滴水
- 392 辛普森案续集

美国总统是什么

卢兄：你好！

很长时间没有给你写信了，前一阵干活实在太忙，这儿人人都忙乎着谋生，这是美国所有普通人的生活基调，我们这样的新移民当然更不可能例外了。

但是，一边在迢迢长途上奔驰，我还是一直惦着你信中的那句话。去年年底，你在来信中说："明年是美国大选年，你可别忘了给我聊聊大选。"当时我不假思索，顺口就答应了。可是以后一想起来，就常常怀疑自己是不是应承得太快太洒脱了。

我琢磨着，如果单单是叙述美国大选的过程，那么，你只要在大洋的那头看报纸就全解决了。你所想要了解的，分明是透过大选所反映出来的美国政府的权力结构和运作，以及美国社会更广泛更深层的内容。这样，那个候选的总统在我手里就成了一个细小的线头，如果顺着这线头随意拖去，天晓得会拖出何等混乱的一团乱麻来。所以，我一方面小心翼翼地捏着这根线头,不敢轻举妄动。同时,一有空就在脑子里慢慢地梳理这团乱麻。这也是我好几个月来没有动笔的另一个原因。

我想了想,实际上,每一个大选年确实都有它独特的地方,因为它会非常直接地反映当时美国的社会问题。但是,所有的大选也都有许多共同的规律可循,因为"大选"本身,也是美国人民政治生活的一个集中反应。整个美国社会制度就是大选的一个大背景。所以,我寻思着,如果我能尽量把这个大选年的普遍背景结合它的"与众不同之处"写给你,大概就能算是说到点子上了。

提起大选,我脑子里出现的总是这么一个场面。在一个小镇上,一个清寒的夜晚,在投票站外面的小空地上,默默地排着一长串等候投票的美国老百姓。

那是我来到美国遇到的第一个大选年。说实话,那时,我对大选这么个新鲜事儿还是一脑袋糨子,稀里糊涂。脑袋里各种从小逐步生

等候选举的美国老百姓

美国的"党代会"

长起来的概念,像花色不同的蘑菇一样,已经塞得满满的。唯一清醒的地方是:我想,不管它是"虚假的民主"也罢,它是"金钱操纵的"也罢,好歹我现在是站在这块叫做美国的新大陆上了,我总得用自己的眼睛好好看个明白吧。

当时,我看到了不同党派的代表大会为竞选所制造的声势,看到了总统候选人的辩论,等等。对我来说,这都是这辈子第一次看到的"西洋镜"。共和、民主两大党的全国代表大会和我们习惯的党代会有天壤之别,那是花花绿绿、大喊大叫、热热闹闹的节日聚会。男女老少没有一个人是严肃地板着脸的,比看马戏有过之而无不及。比如这次大选前的两大党的党代会,在会场上方都事先用网子兜了无数色彩缤纷的气球。当代表们的情绪达到高潮时,潮水般的气球一倾而下,整个会场都被淹没在跳跳蹦蹦的气球里,代表们发出一片欢乐的尖叫声。在这些西洋镜里,是有许多够热闹的场面。但是,给我留下最深印象的，确确实实还是我在上面所提到的小镇上的这一幕。因为，我对这个小镇实在太了解了。

这个小镇，大概可以说是美国最小的行政单位之一了。除了一个小小的邮局，几乎没有什么其他值得一提的营业的地方。原来有个破破烂烂的叫做"古董店"的小铺子（在美国，"古董"这个词具有最大的包容量。从价值连城的古物，到一文不值的旧货，统统在其范围之内。我说的这个"古董店"当然属于后者）。还有一个出租录像带的小店，后来全都关了门。可见这个地方之不景气。

那天我们看到他们投票的地方，是一所非常简易但是收拾得很干净的平房，像大城市的类似性质的建筑物一样，它的上方横额有一个辉煌的名称：某某市城市大厦（意思和国内的市政府大楼差不多）。但是，它同时还有一块牌子，那是救火会。小镇的行政机构只在这幢"大厦"里屈居一隅，"大厦"的首席主人是两辆保养得极好、锃亮锃亮的救火车（救火员都是义务的，经费有一大部分都是居民们捐赠的）。在这样一个木结构房屋盛行的地区，这种安排倒是很体现了小镇领导人的思路清楚。尽管这是一个衰落中的小镇，但是，与美国其他成千上万的小镇一样，它的居民依然住在收拾得干干净净，像花园一样的环境里。这么一个芝麻绿豆大的地方，还是有好几个非常入画的小教堂。

在这样的地方生活的美国人，是地道的平民百姓。从我去年给你写的信中你也早就知道了，美国的平民都是自己管自己过日子的，没有什么来自外部的压力。他们都是一个个分散的，只要交税和不犯法，根本就没有人去管他们，也不可能有人管得了他们。当然也就没有什么人会督促他们去选举。平时他们关心的也远不是政治之类的玩意儿。

他们的生活并不悠闲，住在这样一个萧条的小镇上，最简单的逻辑就是，他们必须到一个离家比较远的地方去工作以养活自己和家人，在生活的这个基本点上，他们丝毫不比我们这样的新移民优越。我当然知道他们有语言上的优势，还有对这个社会熟悉程度上的优势，但是，由于他们很多人对于现代科学技术了解和掌握的程度比较低，他们甚至比很多留学的新移民们还要更难找到一个高薪的工作，更难在一个崇尚高科技的社会里如鱼得水（小镇上灵活的后代都已经远走高飞了）。他们之所以在黑夜里站在寒冷的秋风里等候选举，可以断定，他们也是和我一样，刚刚从二三十英里之外，甚至更远的地方下班回来。

我不是美国公民，自然也就没有选举权。所以，我只是开着车，好奇地慢慢从他们身边驶过。然后，回家看电视去。记得那晚，我顾不上已经疲惫不堪，也顾不上第二天还要早早起来赶去打工，一直在电视机前守到了那年的大选结果出来。美国根据时差，分有不同的时区。我们所居住的东海岸比西海岸要早三个小时，比夏威夷要早大概六七个小时。好在那年大选的超半数不必等出夏威夷的结果来就已经决定，否则那晚我就睡不成了。

我没有选举权也就没有什么责任的负担，只能等着别人把我们天天生活其中的这个国家的总统给选出来。好在，正如我已经告诉你的，我当时来的时间并不长，对这个国家的一切都还不甚了了，对美国主要的两大政党，即民主党和共和党的认识也都十分肤浅，他们各自所宣传的各项施政纲领，对我来说都一样地"不得要领"。所以，我们既没有非想要什么人当选的紧张，也没有太大的失去选择权利的痛苦。

更何况，从小到大，我们一直生活在一个保障较强的社会里，细

选民登记和电子投票

数一下,也记不得有多少重大事情是必须由我们自己操心选择而决定的,因此,当时我们也并不对自己是否有这样的权利耿耿于怀。这样一来,我大概就成了美国社会里大选年头心情最轻松的一些人中的一个了。

可是,既然如此,回想那个晚上,我干吗还非要在电视机前守出个大选结果来,才肯善罢甘休上床睡觉呢?我发现,自己那天居然是让选举这件事本身给迷住了。

在计算机和通讯如此发达的年代,这里的选举结果,是马上就通过计算机联网自动计算,并且很快就在电视屏幕上跳出来的。一个一个州的结果,就不断在电视屏幕上增加着双方的选票数字。时而甲的票数领先,时而又是乙的票数领先。我充满惊讶地盯着电视屏幕,那两组抽象的数字就像是具有生命的什么活物一样,竞争着它们的生长速度和生命力。它们之间力量的角逐，就在决定哪一个候选人即将在这未来的四年里，成为这个世界上最强大国家的总统。

我在屏幕上也看到了这些候选人，虽然他们曾经为宣传自己的政见发表过无数场演说，为了能够当选而尽了一切努力。此刻他们却只能和我一样，也只不过是静静地坐在屏幕前，眼看着这些数字所代表的一股无形的力量在决定他们的命运。这股力量正在接纳他们中间的一个人的思想，同时也在明确地否定其他人的主张。不论结果如何，他们此刻都已经无能为力。他们只能等待一个强大力量对他们做出的判定。

这时候，我没法不一次次地想起刚刚路过的小镇投票站。黑暗中静默的队伍在我的脑子里定格下来，成了我眼前这些充满生命力的跳跃数字抹不去的背景。而这两个景象的重叠使我像喝醉了一样觉得不解和迷茫。我开始觉得，我并没有真正了解我以为是十分简单的美国百姓，即使他们生活在一个普通的小镇，即使他们每天和我一样，只不过是打工糊口、忙于生计。

这就是我们刚来时，美国大选给我们留下的印象。随着这些印象，也在我们心里引出了一串串问号。这些问号成了我们想去了解美国的最初动力之一。

由美国人选总统而引出的第一个问号，居然是"美国总统是什么"这样一个古怪的问题。你先不要感到奇怪，也不要以为我在故弄玄虚，我确实是在遇到一堆难题之后，才发现我必须先解决"美国总统是什么"这个看似简单的问题，才有可能在了解美国大选和向你作介绍时有所作为，否则实在是寸步难行。你想想，我要是连他们选出来的总统"是什么"都没搞清楚，还谈什么别的呢？

在我原来的印象中，美国总统也就是美国的一国之首，或者准确地说，是美国的政府首脑。他是一个在白宫一拍桌子，全美国都得打颤的重量级人物。可是，我很快发现，我想当然理解，距离事实很远。我不知道现任的美国总统克林顿是不是巴不得有我所想象的这般威力和权力。只有一点是可以肯定的，那就是，在他的许多抱负连连受挫之后，对于"美国总统是什么"这个问题，他一定比我的体会深得多。

我怎么会想到这个问题的呢？最初，是从一个英语的汉译问题开始的。

你在中国的广播电视里和报纸上，一定常常听到"克林顿政府"这个词。在美国，也有汉语报纸，在这样的报纸上，"克林顿政府"这个词也是一个高频率出现的词，它在汉语世界中通用。它的意思几乎是等同于"美国政府"，或者至少是意味着"以克林顿为首的美国政府"。我也没有去考证过，这样的用词在汉语世界是从什么时候开始的，已经使用了多少年。我想，大概自从东西方的政府们开始打交道，这个词就应运而生了，至少对于你我这样的中国人，觉得它完全天经地义，几乎不可能去异想天开地对它的准确性提出什么质疑。因为，在我们所习惯的文化背景中，它完全是符合逻辑，滴水不漏的。

在中国，通英语的人可谓无数，你我也算是学过点英语的。几乎所有这些人都知道，在汉译的"美国政府"一词中，"政府"的英语原文是"government"，而在汉译的所谓"克林顿政府"一词中，"政府"的英语原文却是"administration"。这显然是两个长得面目全非的完全不同的英语单词。那么，它们怎么一翻译成中文，就突然变成一模一样的"政府"了呢？

我在学英语遇到这两个词的时候，也在英汉词典上探过究竟，发现在英汉词典上往往这样解释。"美国政府"的"政府"原文"government"，它的主要含义是"政府"、"政体"，但是，也有"行政管理"和"管理机构"的意思。而"克林顿政府"中"政府"的原文"administration"，它的主要含义是"管理"、"行政机构"。但是，英汉词典里特地做了说明，当这个词的第一个字母大写时，也就是当它成为专有名词的时候，它就是指"总统制国家的政府"。

这样，我和你一样，也和所有通过查英汉词典学英语的中国人一样，得出了这样一个结论。就是说，第一，"government"是一个泛泛的"政府"大词，也就是说，在英语中，国家政府是"政府"，国家的行政管理机构也是"政府"。第二，"administration"一词，在总统制的国家，比如，像美国这样的国家里，它就是前面那个"政府"（government）的同义词。说白了，就是在美国这样的总统制国家里，也许是由于某种英语习惯用法的缘故，也许仅仅是愚蠢，他们居然自找麻烦地用了两个不同的单词，去表达同一个简简单单的概念："政府"。这样的结论和理解一经查明，就自动成了我阅读和思维的一部分。

来到美国以后，我们还是可以通过卫星接收中文的，乃至发自中国的电视节目。也可以阅读到不同的中文报纸。当然，更多的是铺天盖地而来的英语信息。我们就这样身不由己晕晕乎乎地夹在中间。有很长时间，我们延续着多少年来在国内形成的理解和思维习惯。听着中文的"美国政府"和"克林顿政府"十分的耳顺，每当从英语新闻中听到克林顿"administration"，也总是条件反射一般，自动在脑子里把它变成"克林顿政府"，从来不假思索。

听多了之后，我们发现了这两个英语单词的一个使用规律。那就是，尽管英汉词典里头说这两个单词的意义相同，都代表"政府"。但是，在英语里面，至少在美国，他们从来不随意混用这两个词。因为我们从来也没有在克林顿的名字后面，听到过"government"这个"政府"，跟在他名字后头的，一直是那个绕口的"administration"。即便如此，我们也以为这是使用语言的习惯问题，属于语言学家们研究和探讨的范畴。我们这样的语言学习者和使用者，只需死记硬背这个"洋习惯"，使用时不要"出洋相"就可以了。

使我们终于对这两个英语单词的含义产生疑惑的，是在看到美国和其他国家时而发生一些不大不小的外交纠纷之后。这样的外交纠纷，我们以前在中国时，也常常在报纸上读到，读了也不以为然。通常这样的纠纷都是由"美国政府"的"言行不一"引起的。然而，现在我们是生活在这个国家了，当然对这样的纠纷就开始注意起来，试图探究这种纠纷产生的一些原因。

我们看到，在"克林顿政府"做出一个什么外交承诺，或者是做出什么温和外交表态，强调两国的"求同"，尽可能去"存异"，或者说尽量去试图忽略这个"异"之后，往往，属于"美国政府"另一个部分的国会就会通过一项完全不同的决议。在这样的决议中，凸现的常常是总统试图暂时忽略掩盖的"两国之异"。这样，同一个"政府"就几乎是在同时表达不同的信息，这种公然地不顾及自己对外形象的行为，令人十分不解，尤其令我们这样最重视"脸面"的东方人百思而不得其解。想来想去，好像除了"口是心非"之外，实在想不出其他词去形容"克林顿政府"的这种行为了。

至于对方国家，在短短的时间内，接到"克林顿政府"所发出的这样前后完全不一致的信息，只可能产生一种被欺骗和被愚弄的感觉。于是，抗议和外交上的僵局随之而来。不仅如此，甚至还会激起对方国家的民愤，激起他们的强烈的反美情绪。这样的情况，远比官方外交僵局对两国关系的影响更为深远。因为官方外交，总是有大量出于利益的理性思考。所以，僵局说形成就形成，说打破也就打破了。世界上所有的政府之间，好像一直在进行这类游戏，乐此不疲。

但是，对于两个本来就彼此陌生的国家的民众，对于他们之间感情隔阂和文化隔阂的加深，就绝不是政治家们能够轻易挥之而去的了。所以，当政治家们重新握手言欢的时候，老百姓却还正冷着一张脸斜视他们呢。这种阴影笼罩所产生的影响往往更为深远。

当这样的情况发生，对方国家朝野一片强烈反应的时候，这时的美国总统总是一张非常尴尬的面孔。尽管这样，他还是很难博得同情，逻辑是非常简单的。

因为，你倒是说说，什么叫做美国总统？不就是美国这个国家的政府首脑吗？难道这还会有错？什么是政府首脑呢？那还不是一国之首，四年执政期内由他领导着这个国家和政府吗？所以，"克林顿政府"当然就是以克林顿为首的美国政府。现在，你克林顿在外面说的是一套，才一转身的工夫，你领导的政府下面的国会就完全做的是另外一套。这说轻了是出尔反尔，说重了当初的表态根本就是假的。我实在看不出这样的逻辑有什么问题。我也和大家一样愤愤不平。

直到我在这里住了一阵子之后，我才开始怀疑，这一切的发生似乎并不那么简单。

我第一次开始对"克林顿政府"这个译词疑疑惑惑，怀疑它的可靠性。因为我终于发现，克林顿在这个国家里，远非我所想象的那么了不起。他根本就既管不了国会,甚至也不是什么政府首脑。于是,我终于顺藤摸瓜,拖出了英语中那两个长相完全不同的"政府"单词,隐隐约约地觉得,这两个不同的单词,在变魔术似的合二而一的过程中,好像偷换了什么概念,出了什么岔子。

于是,我奇怪自己怎么没有早早就去做一件非常简单的事情,就是查一查英语世界出的词典,看一看他们对这两个单词所做的原汁原味的解释。我先查了最让我不放心的那个总是跟在克林顿后面的"政府"(administration)。我看到,除了类似英汉词典的"管理"、"行政机构"之外,它在作为专有名词(第一个字母大写)时,其解释,与我们通常所看到的英汉词典上的注解,有本质上的不同。它明确指出,这只是指政府的"执行分支"的官员和他们的政策及原则。

这是什么意思呢?这也就是说,既然这个词根本没有"政府"的含义,美国人从来没有所谓"克林顿政府"这一说!他们只有"克林顿行政机构","克林顿行政分支"这样的称呼和概念。你也一定看到了,这么一来,"美国总统是什么",对于我原先的理解显然就成了问题。他肯定不是美国政府的首脑,他只是美国政府的"立法、司法和行政"这三个分支中,"行政"这一分支的主管。照通俗化的说法,他只是美国联邦政府"大行政办公室"的主任,是一个"大管家"一类的人物。这样的人物,夹在"主人"和"外人"中间,两面不讨好是经常的事儿。

在对外打交道的时候,鉴于总统的角色是政府日常事务的执行主管,他常常被推到前沿,去代表这个国家表示各种意见。但是,这个国家并不是他说了算的。也正是由于他的职务性质,他在不违背整个国家利益,不违背联邦政府整体态度的前提下,会有一些其他任何一个人都没有的权力,以便他所主持的行政一摊,更方便地与各个国家和地区继续把交道打下去。但是,这种权力常常让后面的"主人"感到不安,生怕这个"办公室主任"为了自己的工作方便而丧失了原则,或者越了权。

因此,与总统相比,属于美国的立法分支的国会,似乎就更具有美国的主人的味道了。国会的议员们都是从各州直接选出来的"民意代表"。他们管立法,也就是说,大原则是他们给定的,只不过让总统这个"办公室主任"领着他的那套行政班子去执行。对外打交道,当然也是总统领着这班人去干。一旦干得国会不满意了,他们往往当下就不给总统一个好脸色。这种情况,总是由国会通过一项什么决议,表达他们对总统某个做法的愤怒。这时候,总统和国会就表现得完全南辕北辙。这就是我前面所提到的许多外交纠纷的起因。

顺便提一下,作为美国政府司法分支的法院,又相当于什么样的角色呢?我印象最深的是这个分支中的最高法院,他们好像有点像"婆婆"。他们平时很少抛头露面。但是,一旦出现什么争执不休的立法问题,他们会出来给个"说法"。一旦他们出来宣布某项立法"违宪",那么,立马作废,毫无二话。

当然,这只是我十分形象化的描述。美国政府的三个分支实际上还有更严密的相互制约的机制,以避免单纯的一层高于一层的简单构架,因为对于美国人来讲,高高在上的权力总是非常危险的。正是为了避免某一个分支爬上权力的顶端,所以美国政府的三个分支是相对独立的,互相之间始终存在着作用和反作用。也就是花了大力气,硬是把原来可以建成个宝塔的三大块给拖倒了,拉开后齐齐地放在平地上。这些,我想留在以后再慢慢向你介绍。

美国总统是什么 *018*

你看，我真是费了好大的劲儿，才刚刚大致搞清楚"美国总统是什么"这样一个看上去十分简单的问题。一度我曾觉得颇为窝囊，想不通一个简单的英汉翻译问题怎么就会把大家引向一片云山雾罩。后来，我觉得，这也许也是必然的。一个小小的翻译问题，实际上反映了两大文化背景之间深深的鸿沟。

东西方各个历史久远的国家，尽管走的道路各不相同，可是它们毕竟走过不少相似的历史路径。它们在最初遭遇时虽然彼此陌生，但是，那些相似的地方又使它们产生似曾相识的微微惊喜。至少，你有一个皇上，我也有一个皇上，你的皇上管着一大群百姓，我这儿的皇上也管着一大群百姓。它们之间战也罢，和也罢，做买卖也罢，它们确实有文化沟通上的困难，至少不那么完全"隔路"。尽管此后它们各自都发生了许多变化，但是这种初次遭遇的经验仍然十分重要，它起码使得双方今后的相互了解，有一个渐进的过程。

而美国却比较特殊。美国是一个历史非常短的崭新的国家。在建国的时候，它相对来说比其他任何国家的历史包袱都更轻一些。但是，它自行其是所搞的一套，也就更难被一些历史悠久而又文化背景截然不同的国家所理解。

美国建国只有二百多年。我有时想，在二百年前，一个如初生牛犊一样的大洋彼岸的新国家，行事、风格、面貌、做派样样都很"摩登"，一下子撞上一个历史悠久的东方大帝国，这大概是世界上最滑稽的事情之一了。

美国是刚刚从一块英国殖民地独立出来的，皇帝皇朝一类的东西当然见得很多，但是，对方内涵截然不同的深厚文化积淀，肯定使这个本来一提传统文化就气短的新国家，久久摸不着头脑。

美国历史上的投票

从两百年前的清朝政府那一头来说,英国、法国等的洋人也见得多了,那美国佬还不就是一回事。当时,听说那头没有皇上而只有总统的时候,这大清国上上下下,准是觉得这个叫美国的地界,是出了个什么新花样,愣要把他们的皇上叫做总统。除此之外,你说还能有什么别的理解吗?

可是,毛病很快就出来了。那头的总统常常说了不算,还经常狡辩说是他做不了主。你想想,我这个当皇上的能做得了主,以前打交道的那些英国、法国的皇上他们也做得了主,你这个叫做总统的皇上却说你做不了主,谁信呀!

两国误解的种子,一开始就自然地种下了。从英译汉的工作一开始,就不仅仅是一个文字工作,而是文化的对应和比照。在美国总统

美国总统是什么　　015

的后面跟的那个词,如果不是"政府",难道还可能跟出什么其他的东西来吗?尽管,有大量的证据证明,这个词只是意味着一个"行政分支"、"执行机构",可是,说是他们的皇上只管一个"行政机构",这可能吗?

我们可以想象,最初的翻译者和词典编写者,是何等痛苦地挣扎在两种风马牛不相及的文化思路之间。

挣扎的结果,是他们彻底地放弃了自信,放弃了他们所收集的一大堆现成的资料。因为他们自己就是这个根深叶茂、郁郁苍苍的文化大树上结的一个果子。还能揪着自己的头发,把自己从这棵大树上摘下来不成?

那么,怎么解决这个翻译上的问题呢?最后只能做一个变通的技术处理,就是把这个"政府的行政机构"改为"政府"。由于他们和我一样,也早早就发现一个事实,就是这个"政府"一词,从来就只是死死地跟在"总统"一词的后面。所以,他们又加了一个诠释。结果,我们所看到的这个词的注解:"(总统制国家的)政府",也就这么顺应逻辑地出来了。这一下,大家的心里都踏实了。在自己的逻辑系统里,终于达到圆满了。

这个小小的翻译就这样以讹传讹地代代相传,"克林顿政府"一词就堂而皇之地出现了,而且还出现在包括美国本土在内的中文报纸上。看报纸的人也都习惯了。也许,在深层次里,与这种文字所相联系的古老的文化逻辑,还在悄悄地起着作用。然而,今天,如果你想了解,进而理解美国政治制度和权力结构运作的话,你首先要记住,我们所读到的所有"克林顿政府"的地方都应该解读作"克林顿行政分支",在读到"美国政府"的地方,你必须确证,那是指包括了立法、行政和司法三大分支的联邦政府,或者还是总统领导下的行政分支。我的经验是,大部分的场合,那还只是指行政分支。把"克林顿政府"读成"克林顿行政分支",而且知道什么时候要把"美国政府"也读成"美国政府行政分支",这是理解美国政治制度和权力结构的入门之课。

作为美国,自两百年前一开始就令它摸不着头脑的那份华丽而厚重的大洋彼岸文化,至今依然使它困惑不解。比如说,在克林顿之前,就不知道已经有多少位美国总统,有幸被冠在"政府"二字之前,被成千上万的中国人误以为他们在美国有无边的权力,堪称"政府首脑"。但是,我敢跟你打个赌,你信不信,不仅以前的美国总统,就是今天的克林顿,对此也是一无所知。他以为全世界的人都清清楚楚地理解,他只是这个国家的一个"行政主管"。

对于美国人,要了解东方文化最难的起点,也同样是如何了解对方的逻辑。如何把自己已经根深蒂固的思维方式暂时放一放,顺着对方的思维轨迹先走走看。这样,更容易找到合适的对话起点。

两个大国之间的对话是无法避免的,躲得过初一,躲不了十五。我有时想想,何苦自寻烦恼,非要早早地在那里讨论,是要东方西化还是要西方东化。从我们自己作为一个平民的经验来说,我们首先看到的只是双方之间文化陌生,以及由此产生的几乎一触即发的误解。一旦产生争执,双方都已经气急败坏了,谈的还不一定是一回事,让人看了只可能产生荒诞感。还不如先想办法多去掉一点"陌生"和"荒诞",然后再考虑要不要"化"的问题不迟。

所以对于我们来自大洋彼岸的平民来说,一踏上这块新大陆,自然感觉新鲜事就特别多。你就想想吧,就连"美国总统是什么",都会成为一个问题，需要去了解的东西实在是太多了。

在开始向你介绍今年的美国总统大选之前，先讲清楚他们选的到底"是什么"，相信你一定也会觉得这是必要的。这封信先到此打住。

祝好！

林　达

"美国娜拉"的出走

卢兄：你好！

上一封信我曾经告诉你，我是在这儿住了不少日子之后，才搞清楚"美国总统是什么"的。但是，我有很长时间还是有些纳闷，不明白这是怎么发生的。在我们的概念中，那个拥有无上权威的这个世界强国的"首脑"，如何就落到了一个"行政大主管"的地步呢？但是，不论我多么迷惑不解，我却只能相信自己的眼睛。因为我这是看来的，而不是来自于什么理论的推算。

在中国的时候，我们就对"三权分立"这个词并不陌生。这个词所代表的理论，在中国上百年嚼下来，早已经被大家嚼烂了。要不，你我都是非专家学者的普通人，怎么会把这么一个如此专业化的词，当作一个普通常用词看待。可是，要是以为熟悉了这个词和它的理论，就真的能够推算出"美国总统是什么"的话，我跑到这里就不会感到惊讶了。

可是为什么我们这样的普通人心里，理论就是推算不出一个按说是必然的结果呢？究竟是什么障碍，使我们似乎是在本能而固执地不愿意顺着一个理论的指点，就去相信一个现实世界呢？让我还是先回到美国。谈谈美国这个正在竞选的"总统"。

记得刚来时，有一次，看到我们的一个美国朋友，一边看着电视上的总统，一边一脸悲天悯人的表情，他摇着头说，"可怜的家伙"。这一幕的确令我们莫名其妙。可是后来，我们对这种情况已经习以为常。有时候我们自己都会看着电视里的克林顿，不由自主地冒出一句"可怜的家伙"来。因为不要说美国总统只有一个"行政主管"的权限，即使是在行政机构的职权范围内，他依然处处受到监督和限制，常常四处碰壁。

举一个简单的例子。那是三年以前，克林顿总统刚刚上台，正值摩拳擦掌，打算大干一番的时候。好歹选上了，他至少可以在他的行政机构里，表现出自己的领导才干和工作效率。他要做的第一步，就是搭一个可靠而行之有效的班子。而任命行政机构各个部门的领导人，又恰恰是在他的职权范围之内。在我想来，这虽然不能给手下的"兄弟"都封个"师长旅长的干干"，但是，这实在是一个用权很痛快的时候。谁想到，事情并不那么简单。

当克林顿提出每一个行政分支的候选领导人的时候，他都必须依法送交国会批准，国会在批准之前，都会由专门机构对每一个总统所提名的候选人进行严格审查，以防总统以权谋私。

我知道，你看到这儿，准是在那里暗自好笑，我几乎都可以听到你遥远的笑声。如果我们现在是坐在你那间又小又挤的屋子里，你肯定是一脸狡黠地对我说，你把美国人的这点把戏都当真？总统的提名他们还能较真去审？也就是走走过场吧。

说实话，我写出上面这段话的时候，自己都觉得太一本正经，严肃得不像是真的。因为，我和你也有过差不多的经验。好像大凡是太冠冕堂皇的话就有点显得不实在，就总是有点像一副为了混淆视听而制作的完美假面具。可是，如果你也和我一样，看到过向全美国做电视实况转播的国会听证会，你就会把笑容收起来了。我第一次看到的时候，也是出乎意料。谁能想到，美国人偏偏是在那里玩真的呢？

一般对于总统提出的某一职务提名人的审查，国会都有专门的机构去进行，如果出现什么比较大的有争执的问题，国会就会要求举行听证会。在这个时候，听证会的格局完全和法庭没有什么两样。对提名人产生不同意见的双方，都会提供证人到听证会作证。同时，被审查的提名人也必须出席作证，回答各种询问，不论这些问题是多么令他难堪。说实在的，我第一次看这样的听证会，心里也不由自主地在那里嘀咕，怎么在美国审查高官提名人就跟审贼似的。

国会听证会和国会的大多数活动一样，都是向全国做电视转播

国会听证会

的。整个听证会的审理过程都在美国老百姓的注视之下,而且就像法庭一样井井有条,一丝不苟。所不同的是,最后不是由陪审团来做出判定,而是由国会审查委员会的成员投票裁决。但是,不论判定的问题有多么严重,这个判定只影响到提名被否定,与司法方面的判决无关。一旦国会的审查委员会确定或否定这名行政机构领导人的提名,这一个程序也就算结束了。只有在必要的时候,才会引发法律诉讼,转到与司法有关的部门,进入性质完全不同的另外一个程序。

我第一次看的那个听证会,听证过程非常长。美国人天天都像是看电视连续剧一样,守在那里看进展。最后委员会宣布结果,否定了提名人所受到的指控。当时,那个提名人的反应,跟法庭上的嫌疑人被宣判无罪时的反应没什么两样。他的亲友也在电视机前拥抱雀跃。我想这时候,"当不当官"他们大概都顾不上了。能洗清自己已经成了头等要事。我当时来美国大概才个把月,也不太明白怎么会这样。但是,留下的印象却非常深刻。

还是回过头来,让我继续给你讲克林顿任命行政官员的故事吧。

我前面说过,"立法、司法和行政"是美国政府整个权力构架的三大分支。但是,在属于行政分支的机构之下,也有一个司法部。这和美国政府的"司法分支"是毫不相干的。政府权力结构的"司法分支",指的是法院系统。而总统所执掌的"行政分支"下的司法部,是一个行政机构,处理与司法有关的日常事务。顺便要说的是,这也是语言翻译的问题。美国人自己所说的司法部,司法部长和政府的司法分支,三个"司法"用了三个截然不同的词,谁是谁一清二楚,汉语在这方面没这么讲究,我就只能啰唆一点了。

美国司法部长手下的基本队伍是一大群检察官。他们的日常工作，就是代表政府的执行部门，向各种刑事犯罪行为提出调查的要求，在得到法院核准之后着手调查。以及，在他们掌握证据的时候，向法院，也就是向美国政府真正握有"司法大权"的一个分支，提出起诉。

在美国，这个部门对于总统是极为重要的。司法部长管治安，治安有无改善是总统的一大政绩。更何况，我前面提到的，"总统"不是"皇上"。他只是美国政府的"行政主管"。也就是说，总统本人和所有的其他部门领导人，以及这块土地上所有的平民一样，也有可能成为司法部提出的法律调查的对象。同时，也完全有可能成为一场官司的起诉对象。总统毕竟是政府权力的一大分支的领导，一向是众矢之的。他时时都在用权，但是，他的权力处处都要受到约束，他的一举一动都在诸多种类的监督之下，以防他违法越权。所以，美国总统可以说是在一个布满地雷的草地上跳舞，他惹上一场官司的可能性，会比一个一般的美国平民要大得多。

当然，就算司法部长是总统安排的亲信，他在国会以及各方监督之下，也不能随心所欲地对总统网开一面。但是，总有一些可上可下，可进可出的边缘情况。在这种情况下，司法部是推还是拉，对于总统还是至关重要的。老是觉得自己像是踩在钢丝绳上一样悬悬乎乎的克林顿总统与夫人都是律师出身，当然深知其中要害，也就更不敢对司法部长的人选掉以轻心了。

话再说回来，在美国，总统如果想在如此重要的职位上安排一个亲信的话，也不是那么容易。因为这样一个以法制为原则的大国司法部长，至少要在法律方面具有完备的资格。这种技术性的资格，将会受到国会的严格质疑。这样，也就大大减少了任人唯亲的可能性。说实在的，像这样又要是亲信又能符合司法部长技术要求的人，能找到一个当属不易,哪里还可能找上几个放在那里备用候选的呢?

克林顿几番考虑之后,选了一位女士做他的司法部长的提名人。送交国会之后,料想其技术资格不会有什么问题。但是,国会对于此类候选人的调查和审查之严,远远超出了我的预料之外。

谁也没想到,这位女士完全可以说是在"小河沟里翻了船"。

她在法律方面的技术资格完全没有问题。至于个人的道德品质方面,相信克林顿在把她推出来之前,白宫方面也已经对她做了严格的审查。因为,如果推出去的提名人有问题的话,不仅是浪费时间,对总统本人和他管的那一摊的声誉,也会有所损害。结果,谁也没有想到,国会审查提出来的问题是:第一,这位女士曾经违法雇用没有合法工作许可的非法移民为她工作。第二,在雇用期间,她作为雇用这位非法移民的雇主,没有依法缴纳雇主所应该缴纳的那一份税款。

顺便向你解释一下。在美国,当雇主雇用工作人员时,会在发工资的时候,预先替他的雇员扣下雇员应交的所得税,代为上缴。同时,雇主自己还必须缴纳一份由于雇工而必须交的税金。

这么一来,这位由总统提出的司法部长提名人居然"双重违法"?顿时舆论哗然,成为一大新闻。各种追踪报道纷纷出笼。在美国,这样的部长任命过程,是不能做成"黑箱作业"的。通过无孔不入的记者,一切都是公开的。

克林顿尽管感到颜面扫尽,他也没有任何可能去阻止国会公开它的调查结果,私下再换一个提名人。他只能怪自己的一套班子事先的审查工作还不够细,出了一个大破绽。因为,还有什么比司法部长违法更可笑的呢?

也许你也挺好奇的。那位女士到底雇了什么样的工作人员啊？告诉你吧，她就是曾经雇了个没有合法工作身份的墨西哥小保姆。是不是"小河沟里翻了船"？你一定会说，这算什么呀。可是在美国，给查出来的话，这绝对就算是原则性的大事了。这在去年我给你写的那些信里，也已经介绍过了，这里只有两个概念，"合法"与"违法"。

这位司法部长提名人，可以说是够"洁身自好"了。因为如果她还有其他方面的问题，也早就让人给查出来了。可是，就是这么一个"小保姆"的问题，她不仅官没当上不说，税务局马上就找上门来，除了补交税金之外，还交了一笔罚款。

克林顿好不容易挑选的第一个司法部长提名人，就这么给否定了。

心里叫冤也没用，克林顿只能重整旗鼓，推出第二个司法部长提名人。这次又是一名女士。可是，真可谓时运不济。谁知道，国会还审查着呢，这位差一点当上未来司法部长的女士，自己举手投降了。原来，她家里也有过一个墨西哥小保姆！

我想，在克林顿把第二个提名送交国会之前，白宫的审查机构，一定会吸取上一个提名的教训，就那倒霉的"保姆问题"，查询过这名女士。到底是她的"官瘾"太大而隐瞒了真相，还是白宫的审查机构，认为那保姆反正早就不知去向，因此而心存侥幸？这我就不得而知了。但是，不管是他们哪一方做的"闯关"决定，总之，事实证明，国会审查这一关并不好闯。

在这里，我想顺便提一下。在今天的美国社会，最普遍的是临时照看一下孩子的临时保姆。其原因是那一条"十二岁以下儿童不得独处"的法律规定引起的。只要家有十二岁以下的孩子，父母需要临时外出，都会找一个人临时给看一下，而且通常得遵守联邦最低工资法付工资，那时是每小时四块二毛五，付高点当然可以，付低了又是违法的。所以，在家里雇用一个全日制的保姆，并不是非常常见的。至于仆人成群的家族，大概是屈指可数的了。

在今天，美国一般的工薪家庭，如果想要雇一个具有合法身份的全天候保姆，确实存在一定的困难。首先是合法居民在美国毕竟有许多机会。在众多的机会里，当保姆肯定在收入和个人前途上，都不算是上策。即使是同样的低工资，合法居民会去选择一个能够学些技术的工作。即使有人当了保姆，一般也是权宜之计，遇到好的工作机会，马上会跳槽而去。如果要付出对合法保姆也具有吸引力的工资，对一般的工薪家庭是根本不可能承受的负担。

即使是像克林顿提名的两名部长候选人，以及这样一些薪水收入高的家庭，相对来讲，他们的住房汽车等的分期付款费，也就是每个月的固定开支会大增，其他消费也会水涨船高，仍然未必能够轻松地雇一个长期保姆。所以在美国有一种家务公司就应运而生，他们定期来两三个人，如，一周一次。他们带来各种用途的洗洁剂和工具，突击吸尘清洗打扫。而平时的一些零星家务，就都是自己干了。由于美国人的"家"连房带花园的特别大，所以家务活也是够多的。

在这种情况下，大量如潮水般涌进美国的非法移民，以及有合法身份却没有工作许可的外国人，就自然成为一个保姆源。他们愿意接受较低的工资，不轻易跳槽，为保住这份对他们来说的好工作，也就相对会更尽力去做。这对想有个稳定的好保姆的家庭来说，不仅是最好的选择，而且几乎别无选择。

唯一的障碍就是法律了，而且在美国，这可以说是一个大障碍。在去年的信中我就谈到过，在这里，几乎只有中国餐馆会接受中国留学生非法打工，美国人开的餐馆一般是不会接受的。其中的障碍当然就是法律。保姆的情况又有所不同，一方面是几乎找不到其他的稳定来源，另一方面，总觉得自己的家不算一个工作单位，找保姆和非法招工总是性质不同。

再加上非常重要的一条，餐馆之类的工作场所，是有可能遭到移民局的突击检查的，而移民局想要进入别人的私宅可就麻烦大了，他们绝不会为了一个非法保姆惹这个麻烦。所以谁也没有听说过移民局上哪个家庭去查非法移民的。于是，这种雇非法工作的保姆的情况，就开始多起来。而且基本上是发生在一些收入较高的工薪家庭，也就是克林顿那两个"提名人"这一类的家庭。所以，这也是克林顿有可能会连续撞上两个"保姆问题"的原因。

不管怎么说，堂堂美国总统任命司法部长的精心策划，就这么栽在两个墨西哥小保姆手里。所以，现在我们所看到的，克林顿行政分支下的美国司法部长雷诺，实际上已经是他被迫推出的第三名人选了。

这一类的事情，确实天天都在美国这个大舞台上上演。在其他国家的老百姓，也许在他们一生的时间里，都不可能有一次在报纸上，看到国家一级的领导人遇到什么尴尬的事情。当他们在报纸上频频读到美国总统的种种"丑闻"时，一定会奇怪美国人怎么会容忍这样一个总统。他们甚至更会因此而得出"美国是一个腐败的国家"，这样理所当然的结论。你想，连他们的总统都频频出问题，遑论其他？

但是，在报纸上读到总统的种种反面消息，在美国却是司空见惯的。要找出一篇赞扬文章来，反倒十分困难。你也知道，克林顿自从上台以来，就官司一直不断。一开始，我们对周围美国人的态度也感到很奇怪。他们并不像我们一样，读到总统的反面消息就特别敏感。

后来发现，这是因为他们经常看到这样的消息，知道总统整天被国会、司法部门、反对党、新闻记者等等一大帮"专业人员"在那里盯着，"事儿多"是理所当然的。再者，他们也知道，这帮盯着总统的人，自会对这些问题从各个方向去发掘，直至掘个水落石出为止，否则绝不会罢休。作为一般的平民，他们只需等着结果出来，决定下次是不是再投他的票即可。

我们也逐渐习惯了在这样一个局面的国家里生活。以前我们常常听到人们把权力结构比作一张网。在这个国家里，从整个权力结构来说，也好像是结成了一张结实的网。但是，我们渐渐觉得，这似乎是另外一种性质的网。因为这张网上的各个环节，不仅没有按我们的想象，一致地勾结起来，所谓"官官相护"，如渔网般去网罗共同利益，反而不仅互相牵扯，而且都是向着不同的方向牵扯。最后，如一张蛛网一样，势均力敌而达到平衡，各个环节无一漏网地全被扯住，很难有什么特殊举动。谁也不可能就此挣脱出一只手来，居高临下地一手遮天大捞一把，总统当然也不例外。

我们自然会提出前面一开始的问题，这一切是怎么形成的呢？既然美国总统在这里不是一个独立的顶端人物，而只是这个政府结构的一部分，那么，脱离这个整体结构孤立地去谈美国大选，就意义不大了。所以我想，我们还是费点力气，探出一个究竟来。

如果去探究这一切的源头的话，我脑子里顿时冒出了一句话。这是今年老朋友送给我的《顾准文集》里，顾准所提出的一个问题："娜拉出走以后怎样？"

大家都知道，娜拉，是世界著名的挪威戏剧作家易卜生的名作《玩偶之家》中的女主人公。在剧终时，娜拉终于自我觉醒，从一个看

《玩偶之家》剧照

上去舒适的家毅然出走，摆脱一个"玩偶"角色，走向新的生活。

这个剧本写在一百多年前。一个原来像是洋娃娃一样被丈夫养在家里的一百年前的女子，没有外援（如已经久候的情人之类），仅仅为了个人的理想，就断然出走。这一事件怎么看都具有一种"革命"的意义。难怪一百多年来，同一个娜拉，已经被不同的人，不同的社会，从她的出走中看到了各种各样的，甚至是不同的"革命意义"。

娜拉被"带到"中国之后，不知有多少几十年前的新女性，从这个洋榜样身上汲取了无穷的精神力量，也一一冲出各自不同的家庭，造就了无数"中国娜拉"。由于娜拉不仅在出走的举动上具有革命性，更在广义的精神上具有革命性。因此，娜拉不但引起了众多个家庭的变故，还在引发着诸多场社会革命。于是，手无缚鸡之力的挪威女子娜拉，就这样演变成了各个时代不同社会的有力"象征"。她的"出走"也成了充满阳刚之气的革命的代名词。

《玩偶之家》是一个戏剧作品。我不懂戏剧，也不知道怎么给它做个归类分析为好。但是在我的印象中，这一直是归于"大团圆"的喜剧一类。因为它的主角是娜拉，倡导的是"革命"。因此，尽管它的结局是一个家庭的破裂,但是,作者在此之前,已经充分铺垫了一个有关极其自私的丈夫的情节,所以,丈夫"痛失贤妻"显然是"活该",孩子"惨失良母"也可以暂且不计。这又不是什么婆婆妈妈地从孩子角度去谈"破碎家庭"的儿童剧。大家的心理侧重点一直都在娜拉的身上。人们看到娜拉"出走"的胜利,就如同看到了一场惊心动魄的"革命"的成功。相信大家走出剧场时,都对这"圆满"的结果感到心满意足,都陶醉在娜拉身后那"砰"的一声关门声中。产生了这样的效果,你说不是喜剧又是什么呢?

喜欢看"大团圆"的结局,是一种普遍的观剧心态,无可厚非。但是许多聪明人常常想到,一个大团圆的结局实际上只是一个阶段性的结果。在现实生活中,一个经过拼死拼活才拼出来的团圆,只是另一场戏的开幕。下面这一场是喜是悲,就得看是怎么演了。于是,人们又想起了娜拉。

在娜拉的这场"革命"中,其他的一切皆可视为"革命的代价"而被忽略不计,可是,把一腔热情满腹关怀都倾注在娜拉身上的人们,怎么可以忽略"出走以后的娜拉"本人!于是,引出了不少话题。在中国,我们以前非常熟悉的,就是鲁迅对于娜拉出走以后的感慨。看上去,他是对为数众多的"出走后的娜拉"忧心忡忡。他觉得"出走"还不是最迫切的,最迫切的是改造社会。若是社会环境险恶,那么孤身一个弱娜拉,到最后不是哭哭啼啼重新回家,就是流落风尘,未见得就是好结果。这么一来,破坏了大家为娜拉喝彩的好心情。

实际上,鲁迅只是提醒大家,不要仅仅关心只是作为"娜拉"的"娜拉"是否"出走",而是更应该关心作为社会象征的"娜拉"是不是发生变革。这才是《玩偶之家》可以发掘的更深一层的意义。在诸多如鲁迅这样的提醒下,大家把全部希望都寄托在一场社会革命上,相信这才是一个根本解决问题的出路。

在实现一场社会革命时,由于它的过程十分漫长而且跌宕起伏,充满艰险充满牺牲。一场革命往往需要数代人的前仆后继。人们经历了无数次的失败后几乎已经近于绝望,每一次的几近绝望又强化了一次新的渴求。因此,在许多革命中,在这样的轮番刺激之后,革命不知从什么时候起,就悄悄地从一种实现目标的方式手段,在人们心中变成了目标本身。人们就像痴迷地坐在剧场里看《玩偶之家》一样,别无他求,只求"出走"。

于是,革命胜利最终成了大家梦寐以求的一个日子,一个突破点。当这一天到来的时候,大家在狂欢之中醉眼惺忪,看出去的一切都笼罩在五彩的光环之下,大家再一次弹冠相庆举杯互道:这下好了。

这样的欢庆,曾经出现在这个世界不同国家的广场上,庆祝各种不同年代所发生的性质不同的"革命成功"。我有时候会觉得一种深深的疑惑。我不知道为什么在有些地方,这样一杯欢庆的美酒会如此长久地起作用。因为,毕竟陶醉其中的各色人等都有,其中有不少人似乎是不应该久久地迷失在这样虚幻的光环里的。

这种庆典的气氛持续越久,当疑问升起的时候就越沉重。"这下真的就好了吗?"

在中国,终于又一次有人提起"娜拉出走以后怎样"。但是这一次的提问,比起当年鲁迅的沉重发问,更增添了何止百倍的分量。娜拉已经被升华为一个象征,天翻地覆般社会巨变的"出走"已经完成,既已如此,我们为什么还是摆脱不了相同的一个问题?

我突然联想到,两百多年前,美国不是也经历了一番如同"娜拉出走"般的独立革命吗?那么,这位美国娜拉"出走"以后又是怎样的呢?当初这位"美国娜拉"的一举一动,不就是我今天看到的美国的种种现象的根源吗?这种联想使我的好奇心油然而生。

我发现,美国娜拉在经历"出走"之前,对自己"以后将会怎样"这个后果问题,也是没有深思熟虑的。她也是迫于现实才静静地坐下来,非常理性也非常现实地认真考虑这个问题的。

美国在"革命"以前,是一个什么状况呢?它没有值得夸耀的年头长达四位数的深厚文化传统。不错,它的早期移民来自英国。但是,它确实并不因此就敢拉大旗作虎皮,在自己的文化与英国文化或是欧洲文化之间画等号。在独立之前,他们断断续续的是从英国带过来一些"文化",但是即使是带过来的这点文化,也早已被新大陆强劲的风迅速地吹散开来,吹得变了味儿。令人联想起"南橘北枳"这样的故事。

独立以前的美洲殖民地,如果说与今天我们所看到的美国,从表面看上去有什么相同之处的话,那就是生活在这里的老百姓那种"流动散沙"的状态。这种无规律的流动,既意味着新大陆的内部流动,也包含了蜂拥而来的外国移民对于流动的推波助澜。

虽然在殖民时期,也有英国派来的总督政府及其一套班子。但是,在这块土地上生活的人们,始终也没有遇到过一环紧扣一环,一层死盯一层的严密控制。其根本原因倒不是英皇不想对他的子民严加管束,而是在当时的新大陆,这种管束在技术上是做不到的。"天高皇帝远"这句老话,在这里有着最真实的意义。不仅皇帝远,皇帝所拥有的庞大管理体制远,甚至连产生皇帝的文化,都非常遥远。人们的分散与流动,又使得殖民地仅有的统治,其强度从中心向外迅速递减。

即使是从殖民统治者的角度来看,也远不像在英国本土那样有章法。照说,他们有着悠久的治理传统,只需开来一批人马,移植一个模式,照搬一套制度即可。而且,他们是在统治殖民地,背后,已经有现成的洋洋万卷各式英国法律法规在支撑。他们只需执行就可以了。但是,也许是情况太不相同,也许是人手不够,也许是交通不便。总之,就是管不住。所以,对许多在执行中被因地制宜篡改了的规矩,他们也只好眼开眼闭,听之任之。

更何况,北美的殖民政府对于到底如何去开发治理这样一块新大陆,也是心中无数。因此,在不同的时期,不同的地域,都有过一些实验性的管理方法。比如说,甚至有过在佐治亚州完全失败的如军垦农场一样的"开发实验"。

于是,在殖民时期的北美洲是一个自治程度很高的地方,严格的自上而下的条条管理,从来也没有真正实现过。在这里,作为个体的人是分散流动的,作为群体的人是分散的,甚至有时也是流动的。那么,这些来自不同国家、不同阶层和宗教理想的人们,也在一块块有着高度自治权的"小国土"上,进行过各种不同的理想实验。权力是分散的。在独立之前,这里已经自然而然地形成了十三个政治中心。

我想,如果真要把一大片国土比作"一张白纸",作"可画最新最美的图画"之类的比喻,那么,按说几百年前的这块地方大概是最像一张白纸,最适合按构想的蓝图去实践了。但是,在从一开始移民进入北美起,大凡仅仅是严格地按照一个完美的宗教理想、道德理想、政治理想,甚至是经济建设理想去实行的,最后往往碰壁,反倒是一些世俗的随遇而安的做法,更容易延续下来。于是,回顾殖民时期的北美历史,几乎是一部充满了各种理想实验,又同时充满了妥协、退让、放弃和变通的历史。

之所以能够产生这样的结果，大概因为生活在这里的人，都必须服从新大陆上无情的生存规律。在这里开发伊始的严酷生存条件之下，移民最重视的是生存。生存是首要的，理想必须退居其次。这一点，别说是几百年前站在蛮荒大地上的移民了，就是今天踏上这块已经变成了全世界最富国土的新移民，也很难逃避这样的生存规律。他们被迫变得比原来的自己，也比生活在其他地方的人更为实际。

有意思的是，另一个导致这样历史结果的重要原因，也是今天如我们这样的新移民们同样必须面对的。就是每一个进入这块土地的人，都必须学会如何与其他文化打交道，如何与完全不同的人打交道。在不同的个人和不同的文化群相遇的时候，妥协和变通是和平相处的前提。这也是我们和几百年来的北美移民们的共同课题。

这种北美新大陆特有的妥协、变通和实际，看上去确实显得"俗气"，所以也始终为欧洲的理想主义者们所不齿。

看到这里，你也许要问了，在这样一块殖民地上，老百姓事实上对英国并没有大的什么依赖性。北美的老百姓与英国之间的关系事实上是松散的，那么他们是靠什么维系了那么久远的关系呢？我觉得形象点说，这种关系几乎就像是娜拉对丈夫和家庭的感情维系。这是从哪儿说起的呢？

实际上曾在不短的时期里，除了欧洲人看不起美国人之外，美国人自己也是陷在很深的自卑里难以自拔。他们并不是"一生下来脑后就有反骨"。他们自己没有辉煌的文化，就希望能与古老的欧洲文化至少不要断了那点血脉关系。

说实在的，至今为止，在我们看到的美国，对于相当一部分建筑庭园设计、家具及手工艺品,"殖民时期风格"还是足以炫耀的广告用语。记得刚到美国的时候,看到这样的广告宣传颇不理解。甚至在很长时间里,我们一直对这种"殖民时期风格"的自豪广告,在感情上疙疙瘩瘩。按说我们是外国人,这块土地在两百多年前是不是英国的殖民地,与我们根本毫不相干。我们怎么会有这样的反应呢?

实际上,这是一种文化和观念上的差异。在我们的逻辑里,被"殖民"则意味着是一段屈辱的历史。如此的广告宣传就意味着"没有民族自尊心"和"把耻辱当光荣"等等一系列"殖民地奴隶心态"。"半殖民"都尚且不堪回首,何况是"全殖民"。凡是"殖民时期"外国人留下来的东西,只能充作激扬"爱国主义"的教材。这种逻辑和概念,已经随同我们的文化背景溶化在血液里。因此,我们是在本能地如条件反射一般,从心里抵制这样一种"辱国求荣"的文化现象。

但是,我终于发现,美国人对此从来不产生这样强刺激的联想。对于他们来说,殖民时期仅仅是一个历史的客观存在。殖民者有好有坏。大大小小的殖民总督和殖民者,他们的名字至今还是美国许多城市和街道的命名,他们的铜像依然在美国各地熠熠闪光。因为他们与这块土地的开发建设历史紧紧相连。至于文化艺术领域里的玩意儿,更与殖民不殖民没有关系,他们从不认为这是"文化侵略",或是"殖民外衣"之类可怕的东西。他们还巴不得能多弄一点这样的文化艺术过来做广告呢。于是,对于美国人,历史就是历史,它总是有某种原因才如此存在。这样一来,他们反倒一个个都是轻轻松松的。时间一长,我也跟着放松下来。本来嘛,跟我无关的事,我紧张什么。

所以,如果当初英国干脆松松地牵着这根跨越大洋的线,放这只"美洲风筝",这里没准到现在还是英国殖民地呢。可是,大概正是北

《玩偶之家》剧照

美殖民地人民所表现出来对欧洲文化的一往情深,使得当时的英国王朝产生了错觉。它像娜拉的丈夫一样以为她软弱可欺,并且在她面前暴露了非常自私和无情的一面。它在北美殖民地不合理的税收政策,以及对其人民自由的粗暴践踏等等,使得一场原本不会发生的"出走"就这样发生了。

在我们看来,这样发生的一场"美国革命",比起世界上曾经发生过的许多其他"某某革命",似乎总还有不少欠缺,还很不够"正统革命"的味道。

它好像没有一个系统的哲学上的理论和思考。它的领导人没有一个被后世尊为哲学家,它也没有从历史上或者同时代的哲学体系里,去寻找过自己革命的"坚实理论依据"。说句不好听的话,它看上去显得十分"浅薄"。因为它从没说要实现什么什么主义。它也没有说要追求任何一个从理论上经过严密推算的理想制度或道德王国。

这一切,和这块土地原先给其他国家留下的印象,十分相符:没有哲学、没有理论、没有思想,甚至没有文化。所以在大家的心里,这也就是一场揭竿而起的平民起义罢了。对于人类的进步,世界的文

美国革命

明,以及对于理想社会的探求,没有什么大的意义。"美国娜拉"在大家眼里,只是一个乡下姑娘的形象,大家对她"出走"以后的结果也并不怎么看好。

至于这个大家眼里的乡下娜拉到底要的是什么呢?最明确的答案只有一个——《独立宣言》。在《独立宣言》里,这个短短的朴素的要求,是今天我们看到的每一个美国学生都背得滚瓜烂熟的一句话,就是生命权、自由权和追求幸福的权利。

这就是新大陆"揭竿而起"时,那"竿"上的唯一旗帜。只是,和所有习惯皇帝文化的平民起义不同,他们的士兵和将领都没有在胜利逐步接近的时候,脑子里开始形成一个越来越清晰的皇帝梦,甚至都没有一个强烈的统一要求。

就像我在去年给你的信里已经谈到过的,这场"美国革命"一结束,整个军队就解散了。总指挥华盛顿又回到了自己庄园的马儿身边,恢复了"农民"的身份。军官们也各自两手空空地回到家里。其中一名校级军官还负了不少债,于是,他装了一船西洋参,辛辛苦苦运到中国，为自己卸甲之后的新生活，找到了一条出路。

不仅没有了军队，赶走了英国总督政府之后，他们也没有了中央政府，没有了总统，没有了一个新的国家权力象征。他们也不在乎什么国旗国徽国歌之类的东西。在很长的时间里，美国人搞不清楚国旗应该是什么样的，直拖至南北战争之后，才正式地确定了美国的国徽和国旗的式样。但是民间依然按照自己的想象，在节日里悬挂各色"美国国旗"，到1912年，才算真正统一了国旗。美国国歌更是到1931年才得以确定。

在这里我们看到，"出走"以前的娜拉远不像一个深思熟虑的女子，倒确实像一个感情冲动的村姑。她的要求非常朴质、简单，对于追求自己朴素的理想没有什么宏伟的构想，但是对于自己"不要什么"却非常明确，反应非常强烈。她不要皇帝、不要暴君，所以，有了"美国革命"，所以，她也不打算捧出一个新皇帝。

好不容易拧在一起，打了这么一场胜仗的美国，迅速回复到一盘散沙的状态。并不因为有了一个"美利坚合众国"的称号，大家就从此认为有必要齐心协力。每一个人在这里，他首先是一个人，有着自己"生命的权利，自由的权利，追求幸福的权利"。对于美国人，这就够了。

这种美国人极其朴素的感情，至今依旧。

记得来美国以后，一开始，美国年轻人常问我，你喜欢什么音乐，我当时在中国已经听过一些美国乡村歌曲，挺喜欢的。就老老实实地回答，我喜欢乡村歌曲。当我反问他们，他们几乎都是喜欢摇滚乐。我没想到，时间长了，"摇滚"也变成了我最喜欢的音乐之一。也开始明白了为什么我的朋友们喜欢"摇滚"远胜于"乡村音乐"。此后,我每逢长途开车,总是在几个播放摇滚乐、爵士乐、古典音乐的电台之间跳来跳去,很少再听乡村音乐。

今年夏天,我正好一个人开车穿过大烟山国家公园。我夹在山谷里,好多电台都收不到。我对付"愁肠百转"的盘山道十分紧张,也无心多去拨弄收音机。这时我的收音机里正在放着我已经很久不听的乡村音乐,我也就顺其自然。忽然,一个男声缓缓地唱出了我十分熟悉的一首歌,他唱道:这是我的房子,这是我的树,这是我的菜园,这是我的狗。这是我的院子,这是我的马,这是我的妻子,这是我的孩子。

歌声飘扬在大烟山美丽的崇山峻岭之间,我突然理解了两百多年前的美国人,他们为什么会发生这样一场"独立战争"。理解了他们为什么而"战",也理解了他们为什么而"散"。

好了,今天就写到这里。下次的信里试着给你写写,当美国人迫不得已非得有个中央政府不可的时候,他们是怎么办的。这个姗姗来迟的美国总统是如何被锁定在今天的地位上的。

祝好!

林 达

一个收银机的故事

卢兄：你好！

来信收到。你在信中提出了一个非常有意思的问题。你说，如果说那么多从深思熟虑的哲学系统里产生出来的"社会理想"，在实行过程中都会产生很严重的问题。那么为什么在"革命"之后，看上去还处于比较自然状态的，没有一大群哲学家的美国，在必要的时候，反而能够搞出一部二百多年不变的宪法，并且，平稳地选了四十几次总统，搞了几十次和平的政权交接呢？

在回答你的问题之前，我想先简单地给你讲一个典型的美国式的发明小故事。

在世界上，历史最悠久的商业活动之一，大概就是现金交易的大大小小的店铺了。但是在很长的历史阶段里，世界各地的店主们却无法解决两个颇为伤脑筋的事情。一是统计和计划。就是繁杂量大的库存无法经常清查盘点，结果也就无法有一个合理的进货计划。二是现金收入的记载。略具规模的店铺都雇有店员,他们天天时时和现金打交道。甚至每一个店铺都经常遇到这样的情况,就是钱箱里的零钱不够了,雇员掏出自己的钱包,先垫出一些零钱,然后再从钱箱里取回来。当一个雇员从钱箱向自己的钱包里取回钱的时候,谁也不否认,他面对的真是一个巨大的诱惑。

这真可谓是一个"世界性"的问题。但是,除了在偷窃被捉拿后由法律制裁以外,在如何预防的问题上,各种文化背景所产生的思路是不一样的。

除了互相监督、突击检查、鼓励检举等等,还有很普遍采用的一种方法,就是提倡从思想教育入手。这确实是一种思维方法。这种思维方法认定从技术上的监督,只是一种治标的方式,而很难从根本上解决问题。真正要杜绝这种现象,还是必须从改造人的思想品质,从根子上去解决。因此,在加强法律制裁的同时,更要加强思想工作,加强教育和学习。毫无疑问,这种方法肯定是基于对解决一个实际问题的更深层次的哲学思考,这种思考也肯定有它的积极意义。

我想告诉你的是,美国人通常是怎么考虑和解决这一类问题的呢?我们发现,在这类问题上他们的思维习惯往往是直直地从实际走向实际,而不做进一步的理论探讨。他们不习惯,大概也认为没有必要去进行更深的哲学思考。

他们想得很简单,既然放在眼前唾手可得的现金是一个巨大的诱惑,那么,常常有意志薄弱的人抵挡不住这样的诱惑也是非常自然的事情。对于美国人来说,他们只是在承认眼前看到的一个事实,就是,人是有弱点的,人是不可靠的。

这样的理解自然地把他们引向了另一条思路。他们会一心一意地从发明一个什么机制这样的角度入手。期待以一种机制解决人的不可靠性。他们认为关心人的"灵魂"这样的"重大课题",是教师和牧师的事儿,而普通人只能解决实际问题。

美国的小店主们也毫不例外,他们也经历了久久的"小问题带来的大困扰"。终于,在一百多年前,他们以自己的方式解决了这个问题。

大概在南北战争以后不久,俄亥俄州一位杂货店老板的儿子在自己开咖啡馆时,深为上述困扰所苦,在轮船上记录螺旋桨转动的一个机器的启发下,设计了一架能够把每一笔交易结果显示出来的机器,伙计和顾客都能看到显示结果。这样一显示,店员原有的小偷小摸的冲动就给打消不少。所以这种机器曾被叫做"廉洁出纳员"。经过改进,这机器功能迅速加强,不仅能够计算每笔交易的总金额,计算找头,还能把每天的每一笔账都记录下来。之后,詹姆斯卖掉了他的发明。

然后,新的专利拥有者,又使收银机有了一次关键性的改进。在收银机上设计了一个附有自动锁的放现金的抽屉,还有一个铃。伙计把每样东西的价格和数量打进去,机器自动相加得出总数,再把顾客递上的现金打入,机器自动计算找头,整个过程都显示出来。双方无异,一按键,随着一声脆铃,现金抽屉就自动弹了出来。如果你没按规矩做,那么现金抽屉是想打也打不开的。机器把每笔交易的全过程都记录在纸带上,在收银机的机制、顾客监督以及店主复查的三重管理下,你还怎么可能小偷小摸而不当天就被发现呢?

所以美国的顾客也很相信机器,几乎不对收银机算出来的结果质疑,更何况收银机印出来的收据有你的购物一览表,你回家后慢慢核对不迟。到美国后,从来没有看到顾客和售货员为价钱而有争执的。有收银机呢,争什么呀!

老收银机

虽然这个早期收银机是机械式的，也笨重得很。我们现在还可以在美国的古董店里，看到那个时代的各色收银机。也真亏他们想得出来，在没有电子显示器的年代，他们设计了一个个小钩子上挂着表明价格的小数字牌。下面一按，价格牌就被晃晃悠悠地钩上来了。价格牌是两面的，里面的售货员和外面的顾客都可以看到。这样的早期收银机虽然显得笨拙，但是已经具备了现代收银机最重要的功能。每天店主们可以从记录上核对现金。从此，在收银机当当的铃声中，一劳永逸地解决了小店主们的烦恼。在美国式的英语中，"响了一声铃"已经成了"做了一笔买卖"的同义词。

当时，美国生产收银机的公司宣称，他们的收银机铃声，就像美国革命的第一声枪响一样，将在几十年内就响遍全世界。尽管形容得有点夸张，但是，在一百多年后的今天，我们确实看到，就连遥远的中国也开始用上了收银机。

此后的收银机又经过了不断的改进。除了一系列的电子设备，在记录中还可以记上商品的代号，所有交易自动输入存货数据库，使得商店的统计与计划问题也得以一并解决。

收银机在一百多年前的美国，就这样被一个非专家的使用者发明出来了。正由于他是一个平常的使用者，他才会在登记专利之后，早早地就以很便宜的价格，卖掉了他的专利和收银机的生产权。对他来说，去开发生产收银机，还不如卖他的咖啡省事呢。在美国，很多发明都是在这样一种非常实用的思想动机下诞生的。因此，这样的发明在美国可以说是一件偶然的事情，也可以说是一件十分必然的事情。

我们以前在中国的时候，就听说过这样一种说法。说是美国人要是遇到一件棘手的活儿，会先花百分之九十的时间去发明一个机器，然后在剩余的时间里用这个机器把活儿干完。到了美国之后，我们发现，作为一种思维方式来说，这个说法是一点也不过分的。

刨去我们通常所理解的效率的因素，美国人好像确实比其他地方的人，更信赖一种机器或者说一种机制的作用，而不太愿意轻信人。

这怎么说呢？例如，从一个非常具体细节的角度来说，美国人的工具特别发达。哪怕你是再好的工艺师，他会承认你作为一个手工艺艺术家的技术水平，但是从技术本身的角度来说，他更信任机器和工具的作用。当他需要的不是一个必须从艺术角度去欣赏的艺术品，而是一个实用产品的时候，他毫无疑义会放弃手工操作。他会宁可去买一台机器或者是一套工具，以保障一个技术动作的成功，也不会去雇一个高超的手艺人。原因很简单，人总是会犯错误的。

刚来的时候，我们很喜欢逛这里的建筑材料商店。很快发现店里的油漆部向顾客提供几百种油漆颜色的色标。你从中选了自己需要的颜色，拿上这张色标，售货员就可以马上给你调制好同样颜色的油漆。看到这里，你千万不要以为美国商店里雇的都是技术高超的八级油漆工。相反，调制油漆的小姑娘对此根本一窍不通。她所要做的只是查一下实验室事先做好的比例配方，照方办理即可。所以在美国从来没有听说过在这方面可以"拿一把"的"老师傅"。美国逻辑很简单，小姑娘手里的配方是不会错的，再有经验的老师傅也有出错的时候。

这样，我们可以再进一步去看看收银机的意义。你可以看到，"人"的品质与素质，都不必再由雇主去操心。因为这一切都在收银机整个机制的监督控制之下。逻辑也很清楚。雇员必须做出交易记录，才能打开现金抽屉。必须按交易的实际情况做记录，才能通过以自己切身利益为原则的顾客监督。一天下来，店主核对一遍。不论是由于人的素质问题造成的差错，还是由人的品质问题造成的现金短少，都可以马上被发现。在发生几次之后，雇主就可以换人了。也就是说，是一种机制保障了雇员的工作质量。

之所以我把收银机不仅仅称作是一个机器，而称它为一个机制，这是因为收银机的设计者已经把顾客的利益和顾客的监督，也作为设计的一个部分给放进去了，实际上，就连雇主从利益出发的每日核查，也成了这个机制的一部分。少了任何一个部分，它就不可能如此成功。

于是，在这里，人可以是不可靠的，但是，一个收银机却保障了对于不可靠的人的筛选，以及对于不可靠的行为的监督和控制。

现在，我们再回到你所关心的问题。美国革命之后，当美国人也迫不得已需要建立一个中央政府的时候，他们是循着怎样的思路去做的呢？

上一封信里，我已经谈到过，独立以后的美国，立即又分散开来，回复到一种自治程度很高的状态。对于老百姓来说，与其说美国是一个国家，还不如说他们所居住的州是一个国家。事实上，当时的美国十三州，活脱脱就是十三个小国家，它们各自有自己的民兵，印刷发行自己的货币。它们之间的关系，也像是国家之间一样互不相让。例如，纽约州和新泽西州面积都不大，两个州紧紧地靠在一起。结果，纽约州决定对出入本州水面的外州船只收税，新泽西州就马上决定对纽约州建在他们州地面上的一个灯塔也课税。当时的美国人所关心的与其说是美国，还不如说是家乡、家庭和自己这样更为具体的东西。

尽管如此，美国毕竟已经是一个国家。国旗国歌这样象征性形式化的东西可以慢慢再说，但是，没有一个强有力的中央政府，已经事实上使美国面临危机。这样的危机当然有整个美国的财政金融市场无人协调的混乱，更有对于可能发生的外部侵略和内部冲突无人应付的问题。

1787年，在美国《独立宣言》发表十一年之后，在英国承认美国独立四年之后，"出走"的娜拉才结束一段散漫随意的生活，坐下来思考"以后怎样"。这一年，除罗德岛以外的十二个州的五十五名代表，终于集中在费城，关在一幢普通的房子里开会，他们在里头一关就关了几个月，这就是著名的"制宪会议"。

他们在干什么呢？他们在试图建立美国第一个中央政府。他们是循着怎样的思路去做的呢？现在，我可以回答你的问题了：他们只是在设计一台"收银机"。

现在想来，说是美国人没文化，在那个时候可也真没有冤了他们。直到这个时候，这些被今天的美国尊为建国之父的人们，仍然一点也没有考虑过要提出一张完美社会形态的蓝图。他们也没有想过，如果有一个美好的社会目标在前面指引，美国人民将会多么精神振奋、团结一致、有个奔头，而一改他们自由散漫、自行其是的"历史弊病"。

可惜，他们错过了这个重大的历史时机。所以，我们今天看到的美国人，也就和两百多年前的美国人在本质上没有什么区别。至今，他们也没有一个建设共同理想社会的奋斗目标，也没有类似的好东西在哪里指引着他们。一副走到哪儿算哪儿的劲头。

如果大家认为，今天的美国应该贴有一个某某主义的社会标签的话，那也绝不是当初的建国之父们给美国人民指点设计的完美目标。他们实在是自然而然地就走到这一步的。所以，他们将来还要往哪里去，他们也心中一点没数。

所以，我们的美国朋友们真的一点也不像我们那样，从小就对社会的发展形态了如指掌，心中时时有个科学的谱儿。知道自己现在正处于社会发展的哪一个阶段，已经从哪里来，正要往哪里去，而且是必然地要奔到那个社会去。这些对于美国人，纯属天方夜谭。他们知道世界上有那么一种对于社会发展的说法，他们觉得这只是一种说法而已，而且他们知道此外还有各种其他的说法。至于种种不同的说法，对于人类社会的将来所做的各种预测，他们很少有坚信不疑的，就是"信"起来，也都是各"信"各的。

从这个意义上来说，他们的建国之父们真是够不负责任的，我一直想不通，他们怎么就能够对这么大一个国家，一点不做目标规划，让老百姓们自己想怎么活就怎么活呢？

你一定也会奇怪，身为建国之父，一般自然就应该有建立一个"理想之国"和"完美社会"的雄心，他们怎么就偏偏是个例外。也许，首先，他们确实没有这样深的哲学理论思考。其次，他们的自我感觉并不是非常良好。他们甚至没有认识到自己是高于美国大众的一群"领袖级人物"。他们感觉自己只是被本州老百姓推出来的人民代表。他们和普通美国人一样，对于《独立宣言》上面代表着他们朴素要求的那句话，"生命权、自由权和追求幸福的权利"，居然已经十分满足，再也没有更高一层的理想和抱负了。而我看来看去，还是觉得《独立宣言》那句话所表达的理想，只是一种低一个层次的个人理想，而远不是一个宏伟的社会理想。

再看他们的制宪会议，其气氛与你我所想象的一般类似情况，也实在相去甚远。

我曾经想象过这样一个场景。一群开国元老功臣坐在一起。他们好不容易经过浴血奋战，如今江山在握，又重聚一堂，共同策划建立一个中央政府。怎么说这也是大展宏图的喜庆场面。可是，事实上，几个月的制宪会议，始终气氛凝重。一份沉沉的忧虑始终压在每一个与会者的心头。对于他们来说，如果给美国建立一个新的中央政权是一件"喜事"的话，他们早就该急急忙忙去操办，也不用拖到几年以后的今天了。

照说，他们既然没有什么"崇高的社会理想"，设计蓝图的任务也就轻得多了。那么，他们还忧虑什么呢？他们忧虑的竟然就是那个《独立宣言》里简单的个人理想不能实现。他们要的东西很简单，没有什么深奥的。所以，他们对于自己不要什么，也就比较容易搞清楚：他们不要阻碍上述的个人理想能够得以实现的东西，这样的东西就是专制与暴君。

但是，一个集中的中央政权如何就能保证不演变成一个专制的暴君呢？这是几年来他们一直没有解决的难题。所以，他们也一直在躲着这个难题。如今，他们并不是已经找到了解答，怀着胸有成竹的轻松心情而来，他们是被现实逼到这个制宪会议上来的。所以，会议桌上始终笼罩着一团愁云。

这团愁云并不是毫无来由的,他们眼前有一个现成的前车之鉴。这就是发生在一百多年前,他们都很熟悉的英国革命。当时,北美还是英国殖民地,所以,这段历史就如同是发生在自己"兄弟"身上,对大家都意义非凡,产生的刺激也特别强烈。

在英国革命中,有一个众所周知的重要人物克伦威尔。他在国会反对国王的革命中,从一个国会议员到组织一支无往不胜的军队,成为一个传奇式的英雄。但是,在革命获胜、共和之后,他很快持军权实行独裁统治,宣布自己是"护国公",成为英国历史上无数暴君中的又一个暴君。当时的英国早已熟悉了三权分立的理论,既有国会也有大宪章的传统,但是克伦威尔照样独揽了国家的一切实权,动辄解散国会,宪法形同虚设。英国"革命"硝烟未散,英国人就又一次失去了自由。"革命"的结果只不过是换了强权人物,只是不叫"皇帝"而已。

如今,他们坐在一起制定美国宪法,克伦威尔的幽灵就在他们面前飘荡。他们一定预见到了"中央政权"一经形成,就会利用手中的国家资源自我扩张。政权本身就会变成一个具有最强生命力的怪物。但是,我常常会怀疑,在一切技术都还处于初级阶段的美国,他们是否可能预见到后来这个国家的发展。如果他们能够预见到今天美国的模样,预见到今天美国政府的超级规模,他们是否还会有勇气,为这样一个"巨无霸"的诞生做助产士?

不管他们何等忧虑,几年来的事实使得争执变成共识。他们没有退路,只能一起坐下来,不完成宪法,不走出这间屋子。

说真的,我第一次读著名的美国宪法,才读了一会儿,就改"读"为"翻"了,一翻就速速翻完放下,再也不想去碰它了。它和我原来想象的太不一样。这个宪法文本极其枯燥，里面甚至一点没有通常的国家最高大法都应有的关于立国之根本的大道理，也没有什么华丽漂亮的说辞。这个宪法真可谓典型的美国风格，它是用大白话写出来的，活像一张权力结构的设计蓝图。一句句话单调得如同设计图上的线条和数字。

你知道我这个人，最怕看单调枯燥的东西。所以这一放我就放了很久。直到很久以后，我看着美国政治舞台上一幕幕活生生的演出，终于意识到这眼花缭乱的悲喜剧都是有规律的，而这些规律是和这部两百年来不曾修改的宪法有关的，我才硬着头皮正襟危坐，认认真真把它读完。然后，居然又读了一遍。这一读，还真从枯燥中读出不少味道，真是出乎我自己的意料之外。

我的感觉，这就是一个设计精巧的"收银机"。它的设计思想说穿了非常简单，这和我前面介绍的收银机的设计思想别无二致。那就是，坦白地承认一个事实，人是靠不住的。必须用一种机制去删去不可靠的人，同时用这种机制去限制和规范人的不可靠的行为。

因此，用不着对权力本身去做什么定义和思辨，这些对于美国人都成了多此一举的废话。他们只知道实实在在地想，如果这个"收银机"的设计是成功的，那么，权力自然还控制在老百姓手里，不说也罢。如果整个设计失败了，那么，你在宪法里再废话说这个政府是民主的，也是白搭。于是，一番本来可以放着看看蛮漂亮的话，就让他们给省略了。

他们设计的第一步就是权力的分割。立法、行政、司法这三大权力的分割，就是这样产生的。他们还远远不满足于此。还对这三大分支又一层层继续切割。使得这三个权力分支活像菜刀下的三根胡萝卜一样,被切得节节分开。联邦、州、市、县,直至鸡毛小镇,都拥有自己一套完整的权力构架。它们之间没有条条结构的上下级关系,它们都是独立的,各自为政的,各由当地的选民直接选出的。

例如在美国的司法系统中,联邦法院对地方法院并不存在领导关系,司法系统并不是一根完整的胡萝卜。各个州有他们自己的州宪法,州一级的最高法院大法官和联邦最高法院的大法官之间也没有什么关系,前者并不是后者任命的,而是该州的老百姓根据他们的州宪法选举产生的。

权力切割的原则就是,宁可切得支离破碎、自相矛盾,也不要全面统一、高度集中。

尽管有了权力的分割,他们仍然担心,统一的联邦政府是否会变得大权独揽,像英国国会一样,向地方上课以重税,使各州日子难过。他们还担心经过分割以后的权力,其中的某一分支仍会伺机自我膨胀。他们已经看够了英国的政治闹剧,在那里,尽管有着类似三权分立的结构,但是,权力各个分支时时都会膨胀,行政一膨胀就解散国会,国会一膨胀就推翻行政,搞得国无宁日。打开英国历史,一大堆走马灯一样的上台下台,还没看头就晕了。他们可不想让美国也蹈其覆辙。

在联邦政府的三个权力分支里,最让他们不放心的就是行政机构的总统了。因为,尽管经过了权力的分割,要使行政分支成为政府一个有效的执行机构,仍然必须使它握有诸如军队、财政等等大权,而总统就坐在这些大权的顶端。这些权力,在他们看来,无异于钱箱里的现金,怎么才能防止总统不被诱惑,不在条件合适时也利用这些权力做一回帝王梦呢?

对这样的担忧你一定不会感到奇怪,也不大会有哪一个中国人认为他们是杞人忧天,因为这样的历史对我们都不陌生。这使我想到袁世凯称帝的故事。你想象一下,他看着皇帝的龙椅,知道自己只要向前走那么几步,一转身,坐下,从此,所有的人就都得给自己叩头了。对于他,这是多么挡不住的诱惑。而他身边那些文官们,只需轻轻推他一把,从此,也就从一个普通官员变成一人之下万人之上的大臣了。他们又怎么会不伸出手去推。那帮小妾们,只要上前一扶,一回头,她们也就都成了王妃娘娘了,她们怎么会不去扶。这是多么迷人的魔术。

大家此后对于袁世凯"短命皇帝"的嘲讽,我常常怀疑只是一种自我安慰。我可从来不敢低估皇帝的生命力,更不敢低估中国人对于皇上的接受能力,而且,总会有一帮人孜孜不倦地告诉老百姓,这可是一个难得的好皇上。

我们还是回到美国的制宪会议吧。美国的建国之父们知道,他们的生命是短暂的,而美国这个新生儿却会生长并且长久地存在下去。子孙后代的美国人将要经历无数个总统。在他们的能力范围之内,他们不能不为他们的后代,以及在未来怀着同样理想将要进入这个国家的人们做点什么。否则,这些人的个人理想无疑迟早会被葬送。

我们都很熟悉聪明绝顶的本杰明·富兰克林。我们小时候都是从《科学家的故事》之类的书里读到他的。避雷针就是他的发明。但是,实际上他还是一个著名的政治家。他曾经参与《独立宣言》的讨论,成功地在独立战争中到法国为美国募款。他这时也是制宪会议的代表之一。他当时说过一句颇有代表性的话。他说,我们知道我们自己选出的第一个总统是个好人,可天晓得以后将会出来些什么货色。

他们不愿意寄希望于对未来的总统们个人品质的信赖。在他们眼里,"权力"无疑就是强腐蚀剂的代名词。权力导致腐败,绝对权力导致绝对的腐败，对于他们这个道理是如此简单。他们仍然坚信，人是靠不住的。即使选上来的确信是个好人，如果没有监督机制，依然不能保证在权力的腐蚀之下不发生变化。

在这里，你可以发现，美国开国者们对于腐败的忧虑，从根本概念上来讲，和我们从小所熟悉的要"拒腐蚀"的忧虑，是不在一个着眼点上的。他们的出发点，不在于定位一

本杰明·富兰克林雕像

群"革命者"有可能受到来自外部社会，诸如"香花毒草"或"大染缸"之类的"腐蚀污染"，而是着眼于来自权力机构本身可能发生的内部变化。

对于他们来说，如果没有强有力的制度保障，在威权的催化作用之下，无法不保证"总统"不逐渐演化为事实上的"皇帝"。因此，即使是被他们公认为是"好人"而推选出来的第一个美国总统华盛顿，也从一开始就被置于他们所设计的整套机制的监督之下，没有过上一天随意用权的日子。

基于上述考虑，他们又着手改进他们的"收银机"。除了分权以外，他们又在整个权力结构中设计了一套内在的、与整个权力结构同时存在、同时工作的"安全刹车装置"，以防止联邦政府演变成联邦暴君。

这套"安全刹车装置"就是美国权力结构中的所谓"制约与平

衡"，或称之为"制衡"。也是在经过了一系列的争执和妥协以后，在宪法中故意做出一些规定，使得政府任何一个分支的法定权力都要受到另外两个分支的制约，三大分支互相制约，任何一个分支都不可能在权力的比重上大于另外两个分支，从而不可能掌握绝对的权力。

我上次信里曾经讲过的克林顿选司法部长遭遇的困境，实际上就是总统和国会互相分权与制衡的结果。行政和立法两大分支的工作密切相连，他们之间每分钟都在演出合作和反对的戏剧。宪法给他们规定了各自的地盘，他们谁也离不开谁，同时又谁也不能越界。

相比之下，最高法院的大法官们看上去要清高得多了，他们不大抛头露面，也并不在电视上大出风头。但是偏偏就有这样的时候，参众两院好不容易通过了法案，好不容易让总统也签了字，眼看着可以实施了，却突然冒出最高法院宣布，此法案违宪，就这样作废了。

美国最高法院的这一独特的对于立法的"生杀大权"叫做"司法复审"，它没有在宪法中明确规定，却是分权与制衡的一个极其重要的一部分。可以说这是后来的美国人在宪法的实行过程中，根据宪法的精神，对"收银机"设计的完善。也就是地道美国产的"收银机"上附带的又一个制动闸。

就在这个装了大量制动闸的"收银机"设计即将圆满完工的时候，就像我在去年的信中所谈到的，他们仍然对人民的个人理想能否得到保证不能最后放心。尽管在当时，联邦政府的规模还小得可怜，但是，他们深知它潜在的巨大能量。再三讨论之后，终于在原定只讨论政府结构的宪法中，补充确定了人民自由权利的十条宪法修正案。它所起的作用我已经在去年给你的信中详细介绍过了。在这里，我想

美国政府立法分支——国会

美国政府行政分支——白宫

美国政府司法分支——联邦最高法院

补充的是，这十条修正案从正面看，它是以法律的形式保障公民权利，而从另一个角度去看，它是在政府权力结构之外，在限制政府权力的同时，又以民间制约的方式，再加了一套监督机制。

对于美国人来讲，什么是宪法呢？宪法只是一个契约。就是大家在没有政府这样一套机构管理就可能陷于混乱的情况下，大家做出一个约定组成政府。在这个约定中，人民以契约的方式把权力交给大家选出来的这些管理人员。美国宪法的前后两个部分的性质是不同的。前者虽然有对于权力的约束限定，但是，它的性质是美国人民向政府"授权"，而作为"权利法案"的十条宪法修正案，它的性质完全是人民对美国政府"限权"。

在美国的经济、政治、文化、社会生活中，分权和制衡远远不止所谓的三权分立。宪法中规定的权限划分和规则也仅仅是美国这个大社会分权与制衡的一个缩影，一个象征。两百年来，分权和制衡的原理已经渗透到了社会的各个方面，只不过没有像在宪法中那样明确规定罢了。同时，宪法所依托的原理，也已经成为美国人思维方式的基础。理解这种"宪法文化"也是理解美国的一个基本出发点。因为，对于这样一个契约自上而下的共识，是五花八门的美国人最大的一个共同点。这无疑也是美国这个地域辽阔、人口众多、来源复杂、文化多样、最有理由不稳定的国家，却始终十分稳定的原因。

"收银机"终于设计完成了。美国的建国之父们，在三个多月的会议之后，终于离开了这幢历史性的小房子。在离开的时候，他们依然神情凝重。他们谁也没有真正意识到他们为历史做了什么，也顾不上去多想这一类的问题。

在几个月的会议期间，他们不知道为了整个设计的条文细节，发生了多少争执，也不知道为了争取州一级的权力和本州民意的表达，费了多少口舌。最后，为了权利法案能早日进入宪法，又争得面红耳赤。此时，他们却只顾匆匆地赶回各自所属的州去。因为，只有在各州表决通过之后，也就是在各州的人民都认同这份契约的时候，这部宪法才能正式成立。他们必须赶回去，向家乡的人民解释他们的设计，取得他们的理解和支持。这个工作就整整耗费了他们后来的三年时间。直至1789年，这部宪法才正式被宣布为美国的基本大法。

我看着他们匆匆离去的背影，总是觉得这儿有些什么东西有悖常理。

首先，一般的国家虽说是一班人打下的天下，但是，总有一个领袖气魄的人冒在上面。所以在最终，总是能够确定一个人称之为国父。但是在美国，居然出来几十个国父！华盛顿是在独立战争中自然"冒出来"的。但是，战争一结束，还没等人们从战争的惊怵中缓过神来，考虑什么国父不国父的问题，他早已经交出军权回家去了。于是，后来的美国人习惯把制定宪法的这五十五位人民代表尊为国父。这总使我感觉有些不太寻常。

其次，不论从会议的情况，还是这五十五名制宪者此后的表现，都看不出他们对于自己在独立战争或是建立政府的过程中的功绩，有什么起码的正常认识。尽管包括华盛顿在内，他们中有好几个人先后当选总统，但是都是后来像所有其他候选人一样，竞选后通过正常程序被老百姓选上去的。整个制宪会议，政府的章程就是他们给定的，居然他们没有一个人想到，这是给自己占一个"位子"的大好时机。他们为自己州的利益去争了，他们为每一个美国人的个人理想去争了，

1787年美国费城制宪会议

然后,制宪会议就这样结束了。没有论资排辈,没有为今后的政府席位做出任何安排设想,甚至就连一点暗示都没有。他们竟然就这样草草上路,匆匆离去!

也许,正是他们的离去,给这个"收银机"的正常启动,按下了第一个启动按钮。

但是,这个"收银机"是否就能正常运转下去呢?

等我在下一封信中再回答这个问题吧。

祝好!

林 达

一个荒谬的夜晚

卢兄：你好！

很高兴这么快又收到你的来信。你信中提到一个很现实的问题，就是美国的制宪会议在两百多年前设计了这么个"土收银机"，它怎么可能适应两百年来的巨大变化。另外，你很想知道这几乎是闭门造车搞出来的机制，是否能够真的迎接现实的挑战。

确实，我在读美国宪法的时候，也常常从字里行间读出两百年前美国的荒野，美国的泥泞小道，以及在这样的历史条件下，美国建国者们对未来发展预测的局限和他们的种种无奈。

事实上，他们只是定下了一个最基本，但却是非常聪明的设想和构造，而后来的美国人在他们建立的基础上，又进行了不断的改进和完善。

例如，我在上封信提到的，最高法院的"司法复审"。

又例如，美国的宪法规定，总统副总统都是任期四年。因此每四年选一次。但是，对于总统连任，或是多次当选，宪法最初并没有限制。可能考虑既然是每四年选一次，连任也是再选举选出来的，只要选举公正，连任也不会有大的问题。干得好就再干下去呗。所以，美国历史上有过当选三次的总统，如罗斯福总统。

罗斯福是美国历史上当得比较成功的总统之一。他和美国人民一起渡过了非常艰难的三十年代经济大萧条。他每天在收音机里主持的"炉边谈话"，也给困难中的百姓带来极大的精神支持。在第二次世界大战期间，他被美国人民推选出来，带领大家走过战争岁月。他是在大战即将结束之前，在总统任期中去世的。

但是，随着时代的发展和美国本身的发展，美国政府的行政机构迅速膨胀，总统所掌握的财力、人力、物力甚至军力也水涨船高，无形大增。美国人又一次感到不安全。尽管有罗斯福总统这样良性的例子，他们还是觉得应该在总统的连任上也加以限制。因此在1951年的宪法第二十二条修正案中，规定了一个人在总统的职位上只能任职两次（即连任一次）。这也是美国人对于"收银机"机制的又一次改进。这一修正案事实上更强调了对于"人是不可靠的"这一基本出发点的坚持。

美国人认为让一个凡人连续多年处于这样的权力中心，无论如何都是危险的。即使这位总统看上去干得很出色，也得请他下来。即使换上去的新总统相对更没有经验，能力也不如前任，那也要换上去。因为，对于美国人来说，安全第一。只要能够让防止出现专制和暴君的整个"收银机"机制能够正常运作，其他都是次要的。

这条宪法修正案，实际上对"四年一度选择一次总统"这个选民抉择机制，也做了修正。也就是说，当多数民众连续选一个人，并使他当了八年总统之后，他们对一个固定对象的续选权就被中止了。他们被迫中止一股持续的热情,被迫冷静一下,再重做选择,以防止被哪个高明的政客给灌了迷魂汤。而这种灌迷魂汤的现象在各国历史上都是并不罕见的。

这条修正案发生在第二次世界大战后的1951年。美国人刚刚领教了德国迷魂汤的作用。在参观华盛顿的浩劫博物馆时,最使我震惊的还不是惨绝人寰的集中营,最使我震惊而沉思良久的是当年德国人民、希特勒的追随者们,排山倒海般的呐喊声。博物馆的设计者让这种激昂狂热的呐喊声时不时地伴随着参观者,犹如身临其境。"人是不可靠的"有了新的含义。不仅处于权力巅峰上的当权者有可能是不可靠的,监督群体的"人",同样也可能是不可靠的。因此,不断改进整个监督机制,使得一切不可靠因素处于制约与平衡的系统之中,一种权力的恶性扩展和群体的疯狂行为,才可能被抑制,在整个社会处于最弱势的个人的自由,才可能不被吞没。

历史的发展确实是惊人的。我们只需举个简单的例子。当制宪者们在宪法中确定美国总统为军队总司令(但宣战权在国会手里)的时候,不仅仅因为他们推举的第一任总统华盛顿原来就曾经是独立战争的总司令,并且一致公认他既无政治野心,也无军事野心。更在于当时的美国事实上还没有什么军队,因此,这个权力看上去尽管可怕,但是还不能说是绝对无法控制的。但是,他们想象力再丰富,也一定没有想到,今天的美国总统,作为一个宪法所规定的军队总司令,手中能够握有怎样的军事力量。

短短两百年以后,美国总统手中可以控制的军队已经超过三百五十万,手里掌握的军费已经超过七百五十亿美元。当初的美国建国之父们,更不会料到核武器的诞生。他们绝不会想到,今天的美国总统会掌握一个叫做氢弹的玩意儿,而一个氢弹的破坏力,就能超过在他们以前几千年来所有战争破坏力的总和。

因此,美国总统虽然已经被宪法限制在"行政主管"的定位上,但是,随着政权的行政分支本身的膨胀,即使是"行政主管",他也是一个超级的。

我也和你一样感到怀疑,如果在当初的制宪会议上,能预测到两百年后的世界,他们还会放心地交出这部宪法,交出他们的设计图吗?但是,我们确实看到一个难以置信的事实,二百多年过去了,世界和美国都已经发生了翻天覆地的变化。许多国家宪法改之又改,甚至几经推倒重来,却还是无法避免政局动荡。

与此同时,美国却在这部一字不改的宪法之下,稳定地按照两百年前的设计,正常地进行政权交替,三个权力分支始终维持平衡。有了氢弹的总统也没有因此而作法作怪,一到四年,若是选不上,就会乖乖下台,把一切大权连同氢弹一起交给竞选对手,然后搬出白宫,从哪里来,回哪里去。这和美国深入人心的"宪法文化",有着密不可分的联系。宪法在美国不是一张纸、一个文件。在美国人心中,这是他们得以在这块土地上自由生存的保障。因此,任何一个与宪法相违的动作,都显得触目惊心。这使得在意选票的政府官员很少做这样的尝试。

话说回来,第一任"开国元勋"对于宪法和权力的态度还是非常重要的。因为在他的头上戴着一个特殊的桂冠,人们往往习惯于对他"另眼相看"。那么美国的第一任总统华盛顿,是如何在美国的权力和平交接史上,走出他历史性的第一步的呢?我们曾经提到过他在独立战争之后的"解甲归田",那么在他正式执掌了总统权力之后,他又是如何对待这份权力的呢？

如果华盛顿沉溺于权力之中，他有着最优越的双重天然屏障。首先是他"开国元勋"的功绩，其次是当时的宪法对总统任期没有设限。但是，华盛顿在当选并出任了第一、第二两任总统之后，坚决地谢绝了再一次作为总统候选提名人。他又一次回到了他静静的庄园之中，只带回去了他在总统任期内的那个坐椅。这把坐椅如今还在华盛顿简朴的故居里，两百多年过去，已经十分陈旧了。

对于华盛顿的这一举动，美国人并没有对他做什么很特别的赞誉，在这块土地上，人们把这样一个举动看得很平常。但是，我却不能不联想到世界上许多国家的开国元勋，他们对权力依依不舍，使人叹为观止。

这当然并不是说，在二百多年来，这部美国宪法没有遇到过具体

美国第一任总统华盛顿

的挑战，或是四十几届总统恰恰都是恪守本分。在美国历史上，向宪法做出最大挑战的总统大概就是尼克松了。对于尼克松总统，我们都非常熟悉，他在中国几乎是大家最熟悉的美国总统之一了。由于七十年代历史性的中美建交，他对于中国有着非常特殊的意义。

此后不久，大洋彼岸传来消息，大家都知道他因为"水门事件"下了台。当时，我和许多中国人一样，对劳苦功高的尼克松总统，为了这么一件区区小事就丢了总统宝座，感到颇不以为然。甚至，还有不少中国人在心里暗忖，这家伙该不是在权力暗斗中喝了对手下的药吧？当时在中国，几乎很少有人想到，他的下台和美国宪法有什么关系。

到这里以后，我们发现有关尼克松事件在美国引起的震动，远比我们想象的要大。它的意义也远远超出了一个"水门"。如果我想向你介绍美国宪法如何遇到一个权力分支的挑战的话，尼克松的故事大概是最合适的了。

去年，美国邮电部门按照惯例发行了尼克松总统的纪念邮票。大概总是为了防止个人崇拜之类愚蠢的把戏吧，美国有这样的规定，对于任何一个曾经任职总统的人，只有在他去世一年之后，才能够发行纪念他的邮票。所以，当我看到这张印有尼克松头像的邮票时，不由感叹，时间过得真快。到今天，尼克松离世都已经两年了。确实，一场轩然大波已经过去，这里的人们已经可以平静地坐在火炉旁，翻阅一本本有关"水门事件"的史料了。

印有尼克松头像的邮票

在美国的政治制度下，如果你想当一个

政治家,那么,你一生中消耗精力最多的是什么事情呢?是竞选。别说要想当总统了,就是想当一个小镇的地方治安警官,都必须一次次地经历竞选和选举。

每到选举年,如果你漫步美国的城镇居民区,或是乡村角落,你会发现家家户户沿路的草地上,都低矮地"生长"着一块块色彩鲜艳的牌子。上面漂亮地印着"某某,治安警官","某某,参议员",等等。有时上面还附有一张照片。这是他们自发地在为他们所支持的各种候选人在做宣传。如果你留意找找,会发现总统候选人的牌子也混在其中,你会找到一块看上去差不多的牌子,只是上面印的是"克林顿,1996"。

相邻的两家人家,他们插的牌子完全可能是不同的,这表明了他们所支持的候选人是不同的,也说明了他们的政治态度也有可能是不同的。但是,他们完全可以是好朋友。他们谁也不会在意。我的好朋友杰米和达尼拉,他们夫妇二人从来就是一个选民主党一个选共和党的。两百来年,美国人早就习惯这样的一种和平的政治表达方式了。同时,他们也早已习惯,不同的文化背景的和平相处,也必须包含着不同的政治态度的和平相处。

面对阳光下的这样一片无声的色彩斑斓的草地,任何一个美国政治家都不会也不敢忽略这牌子后面的一个个平民。也许他是一个黑人,也许他是一个同性恋,也许他是昨天刚刚宣誓入籍的只会说西班牙语的新移民,也许他是在这里生活了五代的虔诚的白人基督徒。美国的政治家的竞选,确实比在世界上任何其他地方的竞选更为困难,因为牌子后面是一群可以任意表达自己见解的、有着世界各国文化背景而且还主意特大的分散的百姓。

因此，竞选也就特别重要，哪怕你有天大的抱负，有扭转乾坤的能力，你所做的第一件事，还必须是说服这些百姓，使他们的草地上自然地"长"出代表着你的一块牌子来。所以美国的政治家也就必然一个个都是演说家。"公共演讲"课也就成了美国的中学和大学都非常重要的课程。

尼克松和所有的美国政治家一样。他一生中有大量的精力也是消耗在竞选上的。他的政治生涯一开始可以说是相当顺利的。但在他的竞选历程中，也不乏惨败的经历。我前面说过，他曾经当过艾森豪威尔的副总统，上任的时候他只有四十岁。艾森豪威尔在美国是一个相当受欢迎的总统，连任一次，一直做满了八年的法定任期，尼克松也就因此"沾光"当了八年的副总统。从这个角度去看，确实是一个十分顺当的开端。可是为什么说他这个副总统是"沾光"的呢？这是美国的政治制度决定的。

副总统在美国就是一个轻松的角色，没有什么实权。根据美国的宪法规定，副总统是美国国会参议院的议长。但是这个规定，只是在立法和行政两个分支之间，加上一点联系的意思，绝不表示行政可以干预立法。因此，宪法也规定，副总统平时在参议院中没有投票权。只有当投票持平，一切陷入僵局的时候，副总统才可以投上一票，以打破僵局。而且，如果他不投这一票，票数持平则法案按照规定被否决，所以他如果想投一次反对票的话，投不投都一样。只有他想投赞成票的时候，他这一票才显得有点用。曾有个副总统自我嘲笑说，让我投票的时候，我也只有半个投票权。尽管参议员按宪法规定是一州两名，永远都是双数，但是，还是很少出现僵持局面，因此，副总统也就很少有机会对某项立法行使他的半个一票之权。

在美国，大家都知道，副总统的角色只是象征性的，参与的活动也往往只是礼仪性的。在竞选中，重头戏也全在总统那一头，而副总统只相当于一个"托儿"的作用。但是，任满退下来之后，美国副总统的待遇也是非常好的。如果在政治上没有非常大的抱负的话，能够圆满地做完副总统的任期，安于一个退休副总统的良好生活，写写回忆录，或是继续参与一些活动，也已经是一种非常理想的结局了。

但是，作为政治家，很多副总统都不满足于这样一种荣誉性的"功成身退"。他们总是觉得，自己距离"总统"这个真正的权力，已经只有一步之遥。更何况，在副总统的任期里，他并不用担当什么大的责任，却有充分的机会表现自己，在全国范围内大大增加自己的知名度。如果在他任期之内，一切都"风调雨顺"的话，他在副总统的任职期满时，再顺势向前跨一步，接手竞选总统，总会在各方面占不少优势。

所以许多副总统在他们任职期间，就像在做"见习总统"一样，暗暗较着劲为自己政治生涯的最后冲刺做准备。比如现在的克林顿的副总统戈尔，就是一个相当具有实力的未来的总统候选人。因此，野心勃勃的尼克松跟在一个极佳的"开路先锋"艾森豪威尔后面做了八年副手，接下来就开始向巅峰攀登，谁也没有感到意外。

只是，他竞选没有成功。他败在著名的肯尼迪手里。我们现在还可以在电视上看到他们当时的竞选辩论，那个时候，他们可真是年轻。这是1960年，尼克松只有四十七岁，肯尼迪则更年轻，他那年只有四十三岁。应该说，当时票数差距不大，他只是一次"险败"。但是，"险败"也是失败。

应该说，作为民主党的肯尼迪的这次"险胜"，是有他的历史必然性的。在六十年代美国的大变革前夜，肯尼迪的"开明"倾向很能顺应一个变化中的历史潮流。但是，当时美国的主导潮流还是保守的，尤其是在南方。于是，他又十分聪明地拉了一个来自南方的约翰逊充作他的副总统"托儿"。这样，左右两方都能够接受。比起一向以极右著名的尼克松，就略高一筹。

肯尼迪的当选，实际上给美国六十年代的变革发出了一个预告的信息。

另外我想借此说明一下的是，在美国，总统和副总统常常有类似肯尼迪和约翰逊这样平衡的关系，而表现出亲密关系的搭档反而是少见的。

这次失败给了一直比较顺利的尼克松非常沉重的打击。他退而求其次，又开始竞选加利福尼亚州的州长一职。在美国实际上还有一次中期选举，时间是在两次联邦总统选举中间。在中期选举中，各州必须依照宪法，改选全部众议员和国会中三分之一的参议员，以保证权力中心不停地在那里换人。这也就是我前面提到的，政治家们老是在奔忙竞选的原因。

各州选举州长的时间不同，有的也在大选年，有的是在中期选举时。州长的任期也是四年。加利福尼亚的州长换届恰在中期选举时，在总统选举后只有两年，所以尼克松退而求其次，几乎是马不停蹄就马上投入了另一场州长的竞选。可是，1962年，他又一次竞选失败，没有能当上加州州长。新闻界那些对他竞选不利的报道使他颇为沮丧，两次失败，似乎也已经宣告了他政治生涯的结束。他不无灰心地对记者说，这下好了，再也没有一个尼克松可以给你们踢来踢去了。

我想，换了别人，也许就从此打退堂鼓，享受退休副总统的好日子算了。可是,尼克松确实是一个极有韧性的政治家。六十年代中期,他又开始在政界活跃。1968年,又一次鼓起勇气参与总统竞选。这次,他居然以微弱多数"险胜",终于实现了他的总统梦。

尽管他胜利了,但是以往的竞选经历,使得"竞选"二字永远成了他的敏感点。尤其这一次,他不仅是险胜,而且,他知道自己的胜利是由一连串的偶然事件造成的。

当时,正是越南战争和反战的高潮。第一个偶然就是肯尼迪的被暗杀。以致造成了第二个偶然,就是这位南方来的十分专注的约翰逊当了五年总统。如果肯尼迪不死,他很可能提前使美国人摆脱越战,使民主党赢得人心。而从保守的南方来的约翰逊,恰恰走了一个相反的方向,他似乎不懂"退一步天地宽"的道理,总是一厢情愿地希望一个更光彩的结局,以致不断使战争升级,越陷越深,也使得民主党大失人心。

于是,1968年这一个大选年,当民主党在芝加哥开大会的时候,反战抗议的游行队伍与警察在会场之外发生严重冲突。会场内,也由于民主党内部主战与反战两派的激烈争执而陷于混乱。这些事的发生,使得民主党"谈芝加哥色变",近三十年不敢去芝加哥开大会。直到今年,民主党大会终于第一次重返芝加哥,为他们拾回失落了二十八年的信心。这已经是后话了。

在这种情况下,尼克松仍然只是"险胜"。因此,与其说他圆了总统梦之后是更充满自信了,还不如说他对自己的"竞选"能力是更没有信心了。这正是四年以后的"水门事件"的一个最初起因。

尼克松在当选以后的四年中,应该说,不论他作为一个美国政府处理日常事务的领导人,还是作为一个政治家,他都是十分出色的。

尤其是他极其小心地处理在越战问题上美国的"转弯子",这是一个处处都是陷阱的艰难动作,但是,他还是做得尽可能得当。无可否认,这是需要相当高的政治技巧的。

同时,在外交上,他显得十分老辣。我们最熟悉的当然就是他打开了中国的大门。对于美国人来讲,还有更重要的外交交锋,就是尼克松在美苏"冷战"的僵持阶段,顽强地一步一步在谈判桌上向前迈进,使得一系列限制军备升级,降低双方冲突危险的条约得以签订。这使得一直对于世界大战非常恐惧的美国人民,看到了两个对立的世界阵营之间和解与和平的曙光。

就在一个多事的年代,在非常紧张而忙碌的日子里,尼克松度过了他第一个为期四年的总统任期。回顾这四年的政绩,他是有理由对自己的竞选连任持有信心的。但是,他是给过去的竞选经验弄怕了,他依然没有信心,他总觉得竞选的形势变幻莫测,无从把握。

但是,他渴望着能够得到这个连任,他已经走过了最困难的前四年,许多事情只做了一半。更何况,一些政绩的效果是要通过时间才能充分表现出来的。再说,作为一个雄心勃勃的政治家,他有一个看上去有点虚荣,但是确实是非常辉煌的梦想,如果他能够连任,他将有机会在1976年,作为美国总统,主持美利坚合众国成立两百周年的庆典。

这一个大选年是在1972年,但是,从一年以前,双方的竞选已经紧锣密鼓地开场了。随着竞选的逐步展开,也随着大选日的逼近,尼克松日益感到不安,他总觉得手下人没有充分了解竞选对手民主党的动向,他希望在正常的竞选活动之外,还能想办法更多地掌握对方的一些动态,以便他能及时准备对策,增加"保险系数"。他的这种愿望无形中就成了他周围的一些人的压力。于是，也就自会有人积极地去筹划些什么，而这种从"立意"开始就"不正"的动作，自然越演到下面就越离谱了。

于是，一个极为荒谬的夜晚就这样悄悄逼近了。

著名的"水门"，原来只是几幢普通办公大楼的名字。这样的办公楼在美国首都华盛顿可谓无数。在美国，一般的机构和组织都不可能拥有自己的专用办公大楼，而只能在一个普通的综合楼里租几个办公室，或者租下一层。一到下班时间，外面的大门锁就调成只出不进的状态。也就是从里面可以打开，不论加班到多晚，都出得去。可是，想从外面进来的人就打不开门了。就这样一个大门锁，解决一幢大楼成百上千不同办公室的夜晚安全问题。有些大楼晚上有一个值班的警卫。其他的很多大楼，晚上既没有值班的，也没有防盗警报系统。

我们刚来时，曾经有一次就在这样一幢大楼办事，由于干得很晚，就成了这整幢楼里最后的出门者。我们望着这幢灯火通明，空无一人，只剩下我们自己的大楼，十分惊奇。大楼里有的是高级计算机之类的好东西，真奇怪那些办公室的主人们晚上怎么还睡得着觉。实际上，一幢大楼的安全，靠的当然不仅仅是一把只出不进的门锁，主要还是依靠基本良好的社会治安。因为谁都知道，如果真的有什么人想打主意的话，这么一把门锁实在是太好对付了。

"水门大楼"就是这样普通的综合办公楼。美国民主党总部就在它的六楼租了办公室。我记得去年在信中已经向你提到过，美国的政党组织是非常松散的，一个人同意一个政党的观点，就可以自我宣布"我是某某党的"了，从没听说过要申请入党和批准入党这一说。哪一天他"改主意"了，也就"自动脱党"，同样没有任何手续。绝对可

"水门事件"发生的办公楼"水门大楼"

称作"聚散无常"。哪怕像"共和党"、"民主党"这样的大党,也是如此。他们的总部,也就远没有我们所想象的那么戒备森严。他们也就在普通的办公大楼租用一部分。平时,也就和一般的公司、律师事务所差不多。

可是,谁会想到,这幢普通的水门大楼经民主党这一租,就变得永远"青史留名"了。

这幢大楼晚上有一个警卫,但是,还是有几个被招买来的散兵游勇,只用了一小块简单的胶带轻轻一贴,就使得那个"聪明的门锁"失效。他们溜进大楼,然后在民主党总部的两个电话机上安了窃听器,然后顺利撤退。他们指望此举可以带来大量有关民主党竞选时期的内部情况,以助于共和党尼克松的竞选,如果就此成功拉倒,也就没有

"水门事件"了。

问题就在于这是一帮非专业的散兵游勇,他们的活儿看上去干得非常"糙"。在此后的两个多月里,两个窃听器一个失灵,另一个质量也有问题,噪声太大无法录音,勉强窃听了一大堆毫无价值的电话之后,他们只好承认失败。如果他们能够彻底认输,也同样不会再有"水门事件"。

不幸的是,他们有一个非常急功近利、被过度拔高之后完全忘乎所以的现场指挥。此人绝对不会轻言放弃。在他的指挥下,"水门事件"终于在一大堆"偶然"之中,必然地发生了。

那天,并不是一个月黑风高、看上去要出事儿的夜晚。公正地说,那是一个相当晴朗美好的晚上。也许,促使他们再一次行动的原因之一,正是那个太好对付的门锁,似乎一小块胶带就足以解决。可是,成也萧何、败也萧何,这一次,恰恰是一小块胶带把他们给毁了。

这一次,他们可以说是轻车熟路了。还是原来的老一套,他们白天到这儿遛一圈,趁机用胶带在门的侧面贴住门锁,使得他们天黑以后可以从外面打开。在楼里办公的人们确实谁也没有注意,他们走出大楼,总以为身后的大门会像往常一样,"聪明"地拒绝进入者。他们都一个个放心地带上门,就回家去了。

唯一的一个例外,是那天值夜班的警卫弗兰克。这是一个年轻的黑人,也许是职业的关系,他比别人更仔细一些。总之,他发现了门锁被人用胶带给贴住了。他顺手撕去胶带,按职责给他的上司打了一个电话。他得到的指示是再检查一下其他的门。

当时,弗兰克并不感到紧张。因为在楼里上班的人那么多,常常有人加夜班,他们都没有大门钥匙,他们也都知道,下班时间一过,出去之后就进不来了。所以，弗兰克想，也许有人临时要出去一下，怕进不来才采取了这么个临时措施。所以，他并没有马上去检查。他出去买了点吃的，打算吃完以后再查。

就在这个时候，那几个家伙又出动了。这时已经是半夜了，他们胸有成竹地向已经贴好的门走去。那是一个从地下车库进入楼梯间的门，直到他们伸手去开门，才出乎意外地发现，门是锁上的。这一下，他们感到紧张了。

门锁是他们亲手贴上的，现在又锁上了，说明那张贴上去的胶带已经被人发现。大楼人多手杂，他们吃不准是下班的人发现后撕去的，还是专职的警卫人员发现了情况异常。如果是后者，他会不会已经报警？他们不敢轻举妄动，先请示了坐在对面旅馆里的那个头儿。

前面已经说过，这位现场指挥完全是一个急于邀功请赏的人物，绝不会轻言放弃。他孤注一掷地下令进入大楼。门已经锁上了，他们花时间用一套特技开锁。值得庆幸的是，开锁的过程中居然没人发现。也许，他们开锁费了太大的事儿，好不容易打开了，就本能地想把它贴上，以免碍事。实际上，他们应该知道这锁是"可出不可进"，既然已经进了，这一贴完全就成了画蛇添足之举。这真是命中劫数。

待到警卫弗兰克想起上司的关照，再一次检查门锁的时候，他站在又被贴住的门锁前愣住了。他几乎不能相信自己的眼睛，刚刚被他亲手撕去的胶带居然又回来了！他不得不立即在出鬼和出贼之间做出一个理智的判断。此时已经超过凌晨一点半，他再也不敢找任何理由安慰自己。他马上在报告上司的同时，向警察局报了案。

再说这些闯进去的家伙，就像任何千篇一律的电影情节一样，他们自然也不会忘记在大门外面派一个望风的。这个家伙觉得自己得了一个最轻巧的活儿,悠悠地待在那里欣赏夜景。一点没把渐渐驶近的一辆普通汽车放在眼里。车里下来两个嬉皮士打扮的年轻人。那个望风的居然就没想到他有必要向里面的人通报一声。

说句讲故事的俗套话,这叫"无巧不成书"。偏偏这两个"嬉皮士"就是便衣警察。原来警察局接到报案之后,立即通知在"水门大楼"附近当班的巡逻警车,可是巡逻警车正好汽油不足需要去加油。警察局值班的没办法,只好通知就近的便衣警察过去看个究竟。就这样阴差阳错,反而使得两名"嬉皮警察"逃过了望风者的眼睛,不至于打草惊蛇。

两名警察在和警卫通报情况之后,就先上到八楼的联邦储备委员会的办公室。然后兵分两路搜索过来。这时候,闯进来的那几个,正因为打不开楼上民主党办公室的门锁,正在那里卸门呢。当他们进入办公室的时候,便衣警察也寻声摸过来了。他们隐约看到一个黑影,举枪大叫一声"不许动",只见办公桌后举起几双手。没有格斗,没有任何精彩情节。几个笨蛋乖乖地就给逮住了。

那个望风的家伙,直到看见楼里突然灯光大亮,警车尖叫着开来,才知道大事不好。他和里面的人已经联系不上,只能仓皇逃回他们作为据点的旅馆房间。接下来就是据点里乱作一团。

尽管他们明明知道根据美国的宪法,警察即使已经知道了这个据点,他们仍然必须取得法院许可的搜捕证,才能前来搜捕。而这些手续办妥,至少还需要十二个小时。但是,那个一直觉得自己是被委以重任忘乎所以的头儿,此刻已经慌不择路。否则,他们至少会销毁带走一些重要证据。

结果是,他们留在旅馆里的岂止是蛛丝马迹,简直就是罪证累累。他们的出逃狼狈到什么地步,只需看看他们留下的东西就可以知道了。那里有联号的百元大钞,连同文件的文件箱、电话号码本(里面有白宫的电话号码),当然也少不了窃听器材,等等等等。

根据这些物证,调查人员立即就确定这个案子绝不是一般的撬窃案,这是一个与竞选有关的政治案件,而且它有可能与白宫有某种牵连。

这就是"水门事件"发生的整个过程。我在中国的时候,一直以为是尼克松出于竞选目的,指使手下的人闯入民主党总部搞窃听,责任难逃,才导致下台。但是,看了当事人的回忆录等史料,发现完全不是这么回事。

首先,当时的尼克松总统确实急于获取竞选对手的动向,可是,对于下面拿着鸡毛当令箭,究竟蠢事干到什么地步,他是不知情的。也就是说,到此为止,仅限于"水门事件"本身,并不能说尼克松本人犯了哪一条规。只能说是有一些与白宫有关系的人在外面触犯了法律。

那么,在这种情况下,根据我们现在所看到的美国政治运作情况,这当然会给竞选中的总统带来麻烦,可是,绝不至于就必然导致总统下台。"水门事件"是在大选几个月之前。事情出来以后,也立即成为竞选中的大丑闻上了报纸的头条,民主党自然也不失时机地全力对竞选对手的违规作业发动攻击。但是,事实上,这并没有影响尼克松在几个月后以绝对优势又一次连任总统。

这是为什么呢?尼克松确实曾经在"水门事件"发生以后,做过这样的表态。他表示自己也是从报纸上才读到"水门事件"的,他当时认为报道十分荒唐,就把报纸扔在一边,没当回事。两天以后,他才知道有一些共和党竞选总部的人涉案。总之，他要人们相信，他对此并不知情，他也谴责这种做法。那么，他的优势获胜连任是不是说明，美国人民就很相信尼克松的这番话呢？甚至是不是说明他们对于尼克松本人就持绝对信任的态度呢？

我想，答案是否定的。那么如何解释尼克松的连任呢？

我想先谈谈究竟是什么在决定美国人的选举抉择。当然，影响美国人选总统的因素确实是非常复杂的，这使得每一次选举以前，候选人下面总有一大套班子在那里天天分析，其中不乏各种专家。竞选之前，在各种地方发表分析的学者也不计其数。美国是一个那么令人眼花缭乱的国家，一人一个主意，如果要投大家之所好，几乎是做不到的。但是，我的感觉，这里面也不是完全无规律可循。

美国人选总统，并不是在选一个完人，而是在选一个理念。也就是说，每个总统候选人对于美国和这个世界给出一种解释，给出一个方向，也给出走向这个方向的一些具体路径。与此同时，总统候选人的个人行为必须基本符合这样的理念。否则，他也就无法说服老百姓，他确实会带领大家向这样一个方向去走。这也就是美国总统通常在竞选时，都标榜自己有一个完美家庭的缘故。这并不意味着大家在选举完人，而是意味着家庭价值至今还是美国人所重视的理念的一部分。

这也就是当年的尼克松连任的"秘密"。他在前四年的任职期间，他的内外政策所代表的理念得到了大多数美国人的认同。尤其是他对于和平所做的努力。这里包括结束越战和缓解"冷战"。同时，国内也在逐步从六十年代的动荡中安定下来。

那么，当时的美国人究竟如何看待竞选中发生的"水门事件"呢？他们坚信其可靠的绝不是尼克松，他们是对美国的整个制度持有信心。在大的方向上,他们通过选举,选择了当时尼克松所提出的理念。对于刚刚发生的竞选丑闻,他们并不是不在乎,而是把它交给这个制度去继续调查和处理。也许,一切如尼克松所说,这只是共和党内的个别激进分子,在竞选中自说自话采取的犯规违法行为。如果是这样,在法律面前他们是咎由自取。如果有更高一层的人员介入,这个制度的运作也会逐步寻根问底,使他们绳之以法。

也就是说,"水门事件"出来的时候,在美国并不是一件非常了不起的事情。大家也并不排除是个别激进分子所为的可能性。之所以大家相信有这种可能性,就是因为美国的这些政党,从我们的眼睛里看出去都可称"乌合之众",他们对党员既不审查又不控制,个人的行为是由自己负责的。任何一个政党出一些行为出格的激进分子,都不是什么稀罕的事情。

但是,人们也在拭目以待,等待进一步的调查结果。这一类的事情一出来,整个设计好的机制就会自动进入调查程序。美国人知道总统有可能撒谎,问题是,他们并不怕他撒谎。

不知你是否意识到,"水门事件"有一点是至关重要的,那就是这一事件与白宫的关系。因为,尽管尼克松总统是共和党的人,然而,他已经是美国的总统。所谓的"白宫系统",应该是美国的行政系统,而不是共和党的什么部门,更不是共和党的竞选机构。在今天的美国,尽管所有的总统都属于某一党派,但是,党政之间的界限是必须划得非常清楚的。竞选属于政党范围的事情,总统是无权利用国家行政机构的财力人力来搞竞选的,哪怕是合法的竞选活动都不可以,当然就更休谈什么非法的竞选活动了。

我在上面已经介绍了,"水门事件"本身尼克松总统可能并不知情,他也不是一个策划者。但是,这一事件到底是否和白宫有关系呢?究竟有多大的关系呢?这都牵涉到尼克松总统领导的行政系统是否违法的问题。当然,如果只是白宫的低级官员本身违法,总统虽然有责任,但是问题也并不是非常严重。你也许要问了,既然尼克松在"水门事件"中责任并不大,那么,他究竟栽在哪一个"坑"里了呢?

等着我的下一封信再介绍吧。

祝好!

林 达

从欲有所为到为所欲为

卢兄：你好！

从上封信中你也看到了，"水门事件"本身是非常简单的。说真的，当我看了全过程之后，一开始，我都想象不出这么一件荒唐之极的"事件"，会和白宫的高层领导有什么关系。其原因正是在于整个事件的荒唐愚蠢和明显的非专业化。

我们还是先看看在"水门事件"中，让人给连赃一起缴获的是些什么人吧。他们之中的四名是古巴在美国的难民，就是古巴革命以后逃到美国的古巴人，他们大多住在邻近古巴的佛罗里达州，另外一人叫麦克考尔德，他是早已离开中央情报局的一个顾问，也属于闲散人员一类。从这几个作案人员来看，他们确实与白宫没有什么关系。

问题出在"水门事件"发生时，蹲在对面旅馆里指挥的那两个头儿，他们是什么人呢？他们居然真的是尼克松时代白宫里的雇员。这两个人，一个叫亨特，另一个叫李迪。

在这里我想谈谈，在美国所谓"白宫里的人"是什么意思。从一般意义上来说，白宫就是总统在任职期间的家，美国总统一家在这几年期间就住在这里面。但是，在白宫里有一个非常著名的椭圆形办公室，它是总统日常办公的地方。这一来，白宫就不再是一个单纯的住宅了。既然总统在里面办公，也就有一套最密切围绕总统工作的班子，在白宫内设有办公室。比如说总统的秘书、安全、旅行安排班子等等。

因此，除了白宫主楼，白宫的院子里还有这些人办公的行政大楼，尽管如此，在白宫里面工作的人也并不多。你一定记得，我曾经讲到过克林顿总统任命一个司法部长也要国会通过，搞得屡屡碰壁，十分吃力。相对来说，对于任命白宫雇员，总统的权力就大得多了。这一套人马相当于总统的私人班子，一般他自己说定了就可以了。但是，话说回来，尽管这些人是在一个象征着权力中心的白宫工作，也在给总统出谋划策，但是对于一个国家来说，他们并不掌握什么权力。

因此，历届美国总统往往就在白宫里面安排他的一些亲信，这是众所周知的。当然他们也从国库领一份薪水。但是，一是他们实际上没有什么权力，二是人数也不会多，国会也不能对总统这种特权多做干预。结果，在白宫里，就会出现一些职务模糊的雇员。他们通常被任命为"白宫助理"、"白宫顾问"。毕竟，总统也是凡人，遇到头疼的事儿，也总要找几个信得过的人商量一下，这也无可非议。说他们是"顾问"，也没有什么不恰当。

问题在于，总统是在找什么样的人充当"高参"。人们从晃在总统周围的"顾问"们身上，往往可以看出一个总统的行事风格和他的作风倾向。

亨特就是尼克松总统的一个"白宫顾问"。他的工作背景是曾经做过长期的中央情报局雇员。李迪也有过情报工作的背景，但是，他之所以被尼克松看中，除了他的工作背景之外，就是他极端的保守派观点，以及带有幻想型的想要"为国尽忠"的劲头。讲起这个李迪，我实在是想再多说几句。

李迪这个人，有一阵真可以算是我的"老朋友"了。你可别误会，我并不是说我认识他。那是有一段日子我一直在一个仓库打工，我一边干活，就一直听收音机里的"谈论节目"，以加强英语听力。李迪如今是保守派"谈论节目"的第二"名嘴"，我几乎天天都可以在收音机里听到他。

今天收音机里的李迪，可以说还是一个最极端的保守派。想当年，别人把李迪推荐给尼克松总统的时候，尼克松先看了他的文章。看了之后，就连自以为已经够保守了的尼克松，都笑着摇头说，这家伙可真是保守。多年之后，李迪一点不改初衷。他始终在"谈论节目"里，以最激烈的语气攻击任何他认为是"自由派"的观点。

比如说，有人提议要政府增加对艾滋病的研究经费，他就猛烈抨击。他说，艾滋病是由于某些人的"丑恶行径"（指同性恋）造成的，凭什么要用

后来成为电台"名嘴"的李迪

纳税人的钱为他们研究该怎么治。又如,他说,所有有关地球环境被破坏的说法,都是"自由派吸血鬼"给编造出来的。他们是借此企图剥夺土地所有者的权利(因为在美国,有一系列保护环境的法律与土地所有者的利益有冲突)。当然,他也激烈地反对堕胎,他愤怒地说,谋杀与堕胎之间只有(婴儿产前与产后)十厘米的距离等等。

我一开始并不知道这个"谈论节目"的"名嘴",就是大名鼎鼎的"水门案件"的关键人物之一。可笑的是,他的节目里还一直有大量的法律宣传,可以说我还从他的节目里学到不少美国的法律知识,而且他始终口口声声在那里保卫宪法。终于有一天,我突然明白他就是"水门事件"里那个没心没肺叫人哭笑不得的李迪,这才明白他为什么一提起民主党的克林顿总统夫妇,就像是提到了什么不共戴天的仇人似的,一股子"杀气"。也明白了为什么他每次节目前,总要大叫一声自己"回来了"!闹了半天,敢情是因为"水门事件"坐了牢,现在是从牢里"杀"回来了。

那么,尼克松总统为什么要在白宫里面雇用这么两个具有情报工作背景的人呢?他们在白宫的作用究竟是什么呢?他们又怎么会离开白宫,在共和党的竞选活动中插了这么要命的一手呢?这一切,和尼克松的行事作风是分不开的。也正是尼克松的对待手中权力的态度,最终导致了"水门事件"的必然结果。

应该说,尼克松在历任美国总统中,是一个非常突出的讲究实效,但是不择手段的政客。这并不仅在于他做了些什么,更在于,他在内心深处没有作为一个美国总统必须具备的基本起点,那就是对于宪法,对于人民与政府之间的契约的敬畏。

我先从这两个最终闯下大祸的家伙——亨特和李迪,如何会进入白宫讲起。

那还是尼克松刚刚上台不久的1969年。他很清楚，摆脱越战是安定国内民心的重要步骤。但是，一开始他撤军的计划受挫，他只能改变策略，打算先攻后撤，于是他下令轰炸柬埔寨。同时他又非常害怕此举会引起美国国内的民众抗议，因此，这个轰炸令成了白宫的最高机密。当时十分奇怪的是，越、柬、中、苏均保持沉默。就在眼看着即将安然过去的时候，《纽约时报》对这次白宫的轰炸命令做了详尽报道。

这就是我去年信中说起过的，美国政府如果有什么东西想要保密的话，唯一的办法就是自己看牢点，别让新闻界给弄了去。一旦已经到了新闻界手里，几乎没有任何办法可以阻止它发表。

尼克松的观点是相反的。他一向认为，一个文件或者一个消息，应该是政府，而不是新闻界来决定它是否可以发表。可惜，在美国说了算的是宪法而不是总统。

在尼克松任职期间，始终处于和新闻界不断交战的状态之中。尽管他私下对新闻界恨之入骨，表示绝不能手软。但是，事实上，尼克松心里十分清楚，在美国的宪法第一修正案"言论自由"的绝对权威之下，他是一点奈何不了新闻界的。所以，最终，他所能够做的，还是尽量设法先管住自己住着的这个白宫。

因为，新闻界是守在白宫系统外面的。任何总统认为是高层秘密的消息，都是先在白宫各条不同的管道里走。如果白宫的工作过程中消息管道都是封闭的，"管子"是不漏的，那么，新闻界也就无机可乘。他们也只能眼巴巴地空守在白宫的篱笆外。

但是，包括我上面提到的《纽约时报》所得到的消息之外，时有其他的白宫消息外漏。因此，尼克松下决心在白宫抓消息管道的"防漏堵漏"。他想知道是哪一个环节走漏了消息。当然，谁都知道，最简单的方法就是在白宫的工作人员办公室安装窃听器了。可是，尼克松知道，他要合法地窃听的话，必须得到美国政府另一个权力分支，即司法系统，发出的窃听许可证。他也同时明白，在美国有关个人隐私的宪法第四修正案的保障下，他休想以保护国家秘密之类的理由，从司法系统取得这样的许可证。那他怎么办呢？

谁都知道，今天美国的联邦调查局和中央情报局，拥有世界上最先进的装备和一批受过专业化训练的最精干的情报人员。从理论上说，它们都是政府行政这一分支的。它们的局长都是总统任命，然后由国会通过的。如果白宫想干什么勾当，难道还不是招之即来吗？

但是，在美国的权力结构中，联邦调查局和中央情报局都是所谓的"独立的联邦机构"，它们和联邦储备委员会、联邦通讯委员会、联邦航空管理局一样，并不真正属于总统行政分支的管辖。它们的章程必须受到政府权力的立法分支国会的批准，运作也必须受到国会的监督。美国的中央情报局的责任范围完全是对付国外的，原则上它直接对总统负责。联邦调查局的职责是调查国内（跨州）的犯罪活动，理论上是在行政分支的司法部之下。尽管它们相当独立，但是，和政府的行政分支还是有一定的关系。

问题是，国会对于它们的活动有严格限定。例如，根据1947年的国家安全法，国会严禁中央情报局进行国内情报活动和干涉国内事务。而联邦调查局也必须在法律许可的范围内操作。也就是说，首先是总统不能利用中央情报局调查国内案件。其次，如果他要用联邦调查局，也必须遵循法律规定的既定程序，照章办事。结果就还是必须取得合法的司法许可。这样，一个圈子又绕回来了。

去年我在介绍美国宪法修正案的时候，你可以看到，由于宪法条文本身非常简洁，不同的时代又产生不同的问题和理解。因此，美国最高法院在一直不断地对这些条文做出进一步的明确界定和解释。尼克松初上台的时候，最高法院对于国家安全利益与宪法保障的公民权利冲突的问题，还没有一个明确的判定解释。因此，尼克松一开始就想钻这个漏洞。

他最初说服联邦调查局在这个漏洞之下，以国家安全这一特殊理由，在他们没有司法许可的情况下，偷偷在白宫的工作人员办公室安了窃听器。在当时，这的确是一个法律漏洞，但是，具体执行者在做的时候，也知道这不是什么堂堂皇皇的行为，对于这样做了之后，将来能否真正逃避法律追究，也感到心中无数。因此，当白宫再一次提出增加窃听器的时候，终于被当时的联邦调查局局长胡佛拒绝了。

不久之后，最高法院在判例中，就以全票通过明确规定，美国政府为国家安全案件而进行电子窃听时，也同样必须首先得到法院的许可证。一下子堵住了这个漏洞。尼克松这时毫无办法，只能眼睁睁地看着联邦调查局的人匆匆赶来，立即拆走了全部窃听器。

在此期间，尼克松与新闻界进行了一场世界闻名的较量。那就是"五角大楼秘密文件案"。文件发表前一天，正是尼克松的女儿结婚，总统高兴地与夫人翩翩起舞，大家都在电视里收看了婚礼实况。可是，第二天的《纽约时报》上，就在尼克松父女的照片旁，有一个大字标题《越南档案：五角大楼研究，追溯三个年代美国的卷入》。在此标题之下，《纽约时报》开始连载著名的"五角大楼秘密文件"。

这一文件的发表，给尼克松带来了越来越多的麻烦，尼克松感到深受伤害。最后，美国有十二家大报卷入，系列报道美国政府在越南问题上的种种作为。尼克松一方面下令白宫人员不得与报界接触，一方面，尼克松的政府行政部门向法院起诉，要求政府的司法系统以国家安全为理由，判决报纸中断发表这些秘密文件。

经过地方法院审理和一级级的上诉之后，终于经美国的最高法院一锤定音。新闻界赢了。最高法院的大法官雨果·布莱克，针对这个案子说了一段著名的话：每一次企图用法庭判决去阻止报界，总会导致对于宪法第一修正案的恶名昭著以及不可原谅的违背。

有一点你一定注意到了，就是在整个过程中，新闻界是受到宪法第一修正案保障言论自由的条款保护的。但是，那个"漏"出国家机密给新闻界的人，应该并不在这一条保护之列。

在这里我想说明一点，在美国，保密工作确实比其他国家要困难得多。因为国家的各种机密计划乃至国防工程，都有大量的民间企业和机构的参与，也涉及大量的民营企业机构的工作人员。而且在这些人里头，还有大量的新移民甚至外国人。不要说向新闻界泄密是一个问题，向国外的间谍机构泄密的都时有所闻。美国的间谍罪是判得很重的。如果不是间谍，而仅仅是向新闻界泄露国家机密，政府机构当然也有权向法院起诉，要求依法惩治。

在这个"五角大楼案"里，就有这样一个泄密者，他叫艾尔斯伯格。他就是在民营的研究机构工作时，偷偷复印了大量政府秘密文件。他的泄密动机并不是想用这些文件卖钱。他只是一个理想主义的反战者。艾尔斯伯格虽然曾经也是一个主战的"鹰派"，可是他后来转变了自己的立场。秘密文件公布之后，他还自动向联邦当局投案，以表明自己的反战动机和无怨无悔，并在法庭外受到反战者们迎接英雄般

艾尔斯伯格

的欢呼。这也是美国一些政治机密很难保密的原因之一,在美国,各种各样自有主张的理想主义者确实特别多。

这个艾尔斯伯格就是一个为反战宁可坐牢的理想主义者。他宣称自己不仅把秘密文件给了报纸,还给了国会参议院的外交关系委员会主席。通过这一举动,我们可以看到,他的思路十分清楚,也很美国化。意思就是,一是要让新闻监督在越南问题上起作用;二是要让美国政府的立法分支(国会),通过对行政系统秘密文件的审查,履行他们对于行政分支的越南政策的监督。这是非常典型的美国式思路。

尼克松之恼怒真是可想而知。在法庭上向新闻界挑战,不仅没有阻止"五角大楼文件"的发表,反而大长了新闻界的威风。再加上收到艾尔斯伯格文件的那个国会参议院外交委员会主席,一直被尼克松视为政敌。因此,在尼克松看来,这个艾尔斯伯格就等于是在把攻击尼克松的武器提供给了他的政敌。可是,尼克松身为总统,只能目睹这一切的发生,却一点办法也没有。

这个时候,尼克松还是必须履行总统的职责,正在忙于和越南及中国接触。但是同时,他一方面下决心狠狠整治一下艾尔斯伯格,杀鸡儆猴;另一方面下狠心要抓"堵漏"的工作。可是,虽然艾尔斯伯格是犯有"非法拥有有关国家防卫情报和偷窃政府财产罪",可依法审判却是司法分支的范围,该判多少是多少(这些罪名不会判得很重)。至于尼克松的行政分支,根本连插嘴打声招呼的可能性都没有,更不用提什么插手干预了。

尼克松唯一可行的办法,是在自己管得到的领域里,让行政分支的调查机构不择手段地寻找出艾尔斯伯格的其他罪名,然后让手下司法部的检察官依证据起诉。如果能找到的证据越多,能证明的罪名越大,司法部门当然判得就越重了。可是,所谓的不择手段,就是要运用手中的调查机构进行一些违法调查。因为,像艾尔斯伯格这样的理想主义者,并不是什么一般鸡鸣狗盗的罪犯,采取正常的调查很难查出什么来,必须想办法在鸡蛋里挑骨头。

但是,这也非常困难。其原因是这些调查机构不一定肯进行违法操作。一提违法,总统的指挥棒就往往连自己下面的行政机构也指挥不动了。这是因为,在美国的制度运作中,最起码的一条就是,每个人在执行公务时,都必须以自己的行为对法律负责。出了事儿的话,任何一个人都必须使陪审团相信,他在执行命令时是确信该项命令不违法的,否则,执行者照样有自己的一份法律责任,该坐牢还是得坐牢。在这条规则之下,美国的高层领导就很难在一项违法行为中,任意推动自己的下属。

例如,前面所提到的尼克松的"白宫顾问"亨特,就曾经"顾问"出这样的招数,让国税局去调查尼克松所讨厌的激进分子,以偷漏税款的名义找他们的碴儿。结果被国税局断然拒绝。因为对于国税局的法定运作中,这样做是违法的。因此,尽管国税局是在尼克松的行政分支之下,事涉违法,他们照样拒绝,他们犯不上为此冒一个坐牢的风险。

因此，在尼克松试图运用他的调查机构的时候，遇到了中央情报局和联邦调查局的双重不配合。例如，艾尔斯伯格也曾为中央情报局的越南"太平"计划工作过，所以他们有他的全套档案资料。当他们被要求提供这套资料以供分析时，他们很不愿意地回答说，提供卡斯特罗的资料是一回事，涉及一个美国公民并且卷入政府案子就是另一回事了。最终迫于压力他们只提供了一些零星资料。

联邦调查局也表现了不配合。事实上，美国的中央情报局和联邦调查局在历史上，是有过相当多的违法操作的。我记得去年还在信中特地给你讲过一个这样的故事。这两个机构始终是美国人深感疑虑的地方。所以，美国政府的立法机构对这两个机构的立法和监督都在逐年加强。这从联邦调查局局长胡佛的态度转变也可以看出来。他在尼克松上台之前就几乎停止了一切违规作业，遣散了为违规作业所训练的一批工作人员。胡佛晚年在"犯规"的问题上变得非常谨慎。

因此，在整个制度的限制下，尼克松发现，自己手中的权力说大也大，说小就小，他并不是可以为所欲为的。在这种情况下，如果尼克松执迷不悟，一定要一意孤行的话，他还有什么办法呢？他只能去找白宫里那有限的几个亲信想办法了。很不幸，尼克松真的跨出了这一步。

几个"白宫顾问"表示可以"自己干"。尼克松同意了。这样，以厄理其曼和海尔德曼为首的一个"白宫特别调查组"就这样成立起来了。他们的任务是调查艾尔斯伯格和调查防止秘密泄露。因此，这个小组的代号叫"管子工"，就是对"消息管道堵漏"的意思。

有个"管子工"小组并不要紧，问题是"自己干"到底是"怎么干"。他们所谓的"自己干"，本来就是白宫推动手下的联邦机构去做违法调查却推不动的结果。因此，也就是别人不肯干的事，"我们自己干"。这么一来,"管子工"们就开始踏上了危险的路途。当然,尼克松本人只是同意了这个小组的成立,形成之后的许多具体操作他并不一定清楚,他只是等着得到"管子工"的工作成果。也许,"管子工"们将在违规的路上走得多远他也不清楚,但是,他们出发的方向,尼克松肯定是清楚的。

那么,"管子工"找谁去干呢?虽然这是在白宫里面拥有办公室的一个"调查小组",但是由于它一开始就打算"违法操作",因此,它不能像其他的行政机构一样招募和调动工作人员。它只能通过一些私人关系,寻觅一些可靠的人。问题还在于这些人必须愿意违法。结果,当然就几乎找不到脑子清楚的人了。这也就是"水门事件"中表现得如此混账的亨特和李迪,居然会进入白宫上班的原因。

李迪这个家伙,一方面是一个非常憎恨"自由派"的保守主义者,他曾经说过,如果让他同意自由派的生活方式在美国占上风,他觉得,这就像让他在二次大战中向日本人投降一样。他也算是一个极右的"理想主义"者吧。同时,我怀疑他是看多了"007"之类的电影,他似乎是狂热地在寻求一个"特工英雄"的感觉。凡是他出的行动方案,差不多都是一个个胆大妄为的"馊主意",充满了风险感。他大概一辈子都没想到过自己会被如此重用,也没有想到过自己会有机会实现他各种荒诞不经的幻想。

不幸的是,就是这样一个李迪,成了"管子工"许多具体操作的决策指挥人。李迪在调查"五角大楼文件"泄密者艾尔斯伯格的时候,他们实际上已经预演了一次"水门事件"。他们曾经让艾尔斯伯格的心理医生交出他的资料,遭到那位医生的断然拒绝。

在美国,心理医生就像律师一样,他是依法为他的客户全部保密的。而且，这也是美国的一个特点，就是老百姓是自己过日子的，除了法律和工作场所的规则之外，他们是不受任何其他约束和影响的。只要不犯法，谁来了他也不会买账。这也是一个普普通通的心理医生，会根本不把来自官方的要求放在眼里的缘故。

于是，李迪决定夜闯心理医生的办公室偷资料。"管子工"办公室的人员肯定不能进，怕万一被发现牵出白宫，就临时找了几个古巴难民。结果，除了把心理医生的办公室弄得一团糟之外，他们一无所获。由于没有被当场抓住，所以，在很长的时间里，这个案子一直被当作是一个普通的撬窃案。

当李迪事后向他的上司、"管子工"负责人厄理其曼汇报时，他显然被李迪的胡作非为给吓坏了。他马上下令立即停止这个行动。实际上，在调查艾尔斯伯格的过程中，李迪提出过更为吓人的计划，例如，为了在布鲁克林研究所得到艾尔斯伯格的资料，李迪甚至提出过想要扔个燃烧弹，然后再雇人冒充消防员冲进去抢文件之类。只是这些计划都被他的白宫上司一口回绝了。

最终可谓事与愿违。他们这些违法调查，在艾尔斯伯格的案子里不但没有起到什么作用，反倒是帮了艾尔斯伯格的大忙，这也是后话了。更可笑的是，在"管子工"中有一个叫科尔森的，由于故意将他通过不正常途径取得的一些艾尔斯伯格的材料，透露给华盛顿的记者，企图影响对艾尔斯伯格的审判。结果，在美国的司法制度和保护被告权利的宪法下，科尔森此举竟变成了搬起石头砸自己的脚。后来他自己反而为此被送进监狱，罪名是：在艾尔斯伯格的公平审理过程中，侵犯了他的公民权。

可以说，李迪这样的人一旦进入角色，他的直接上司应该马上就对他的危险性看得很清楚了。但是,他为什么在白宫还待得下去呢?这是因为尼克松和他身边的几个亲信,还是不愿意放弃身边有几个忠心耿耿的调得动的人。的确,如果那些专业情报人员一上手,这点活儿还不都是小菜一碟,至于要闹出这种笑话来吗?可是,别看美国总统手下指挥着庞大的政府行政机构,有着"千军万马",但是,一旦想"越线"操作,他完全可能一个人都指挥不动。而能够连犯法都不顾去效忠总统的,大概也就是李迪这样的水平了。他们也是出于无奈。

结果,李迪不仅待下来了,而且越走越远。1971年春天,负责尼克松连任的那一届共和党总统再任竞选委员会成立了。在美国,总统白宫和政府的行政机构是一回事,政党推出的候选人参与竞选又是另一回事。这二者是不能混淆的。因此,当时尼克松的司法部长米歇尔为了全力投入政党的竞选事务,协助尼克松连任,辞去了司法部长的职务,领衔出任那一届共和党的总统再任委员会主席。这个米歇尔是一个使我至今没有想通的人物。当然,我知道他是尼克松的亲信,但是,他毕竟当过两年司法部长,按理不太可能在违法的事情上涉入得那么深。

从尼克松身边的这些亲信身上,你几乎可以嗅得出尼克松的白宫里那种可疑而危险的气息。

此时,"管子工"的负责人把自己手下一个叫麦格鲁德的官员调到总统再任委员会,在前司法部长米歇尔手下负责,担任副主席。自从这个委员会成立,李迪就一直很想在这个对抗性挑战性都很强的竞选战中露一手。最后他如愿以偿,离开白宫调到总统再任委员会的财务部当顾问,他当然远远不满足这样的工作。他主动冲到前沿,积极地提出一个比一个离奇的以各种宝石命名的"行动计划"。他的计划里充满了电影情节，从绑架、破坏、色情引诱，直至谋杀专栏作家，应有尽有。

当然，这些异想天开的计划立即被曾经当过司法部长的米歇尔否定了。他事后悔恨不已地说，他当时真是应该把李迪从窗子里扔出去的。作为共和党总统再任委员会副主任的麦格鲁德，尽管他自己也是从"管子工"调过来的，但是，他也对李迪这样的"特工狂"受不了，可是，上面却叫他"把个人好恶置于一边"。

在美国的权力构架设计中，总统可以回旋的余地是受到限制的。但是，尼克松和他的一些所谓亲信，已经在尽可能的范围内，结成一个非正常的滥用权力的小圈子。这些人之所以这样做，也就是希望结成这个圈子以后，今后能够瓜分权力所带来的利益。这种小圈子正是试图将权力扩张到一手遮天的一个起点。李迪这样的理想主义狂热分子，正是他们所需要的工具。这个小圈子中的一个人甚至这样说过，"李迪的确是一个希特勒，可他毕竟是我们的希特勒"。

李迪的确是热情过火且难以控制，但是，这些真正属于尼克松小圈子里的官员们，是不可能亲自去指挥那些"脏活儿"的。正由于这些都是危险的违规操作，其中环节越少越好。因此，这里出现了正常的行政领导结构所不可能产生的现象，就是一种不可思议的大跳跃式结构。你可以想象，在那些从街上招募来的临时小卒子们和白宫最高层小圈子之间，中间有着一个多么遥远而摸不着边的巨大空当，而中间的这个空当居然就只填了一个李迪进去。

这样一个角色，又要白宫高官们至少能看得过去，又要能够领导街头小混混之类，还要又靠得住又敢犯法。能找到这么一个李迪就不错了。这也是前司法部长米歇尔虽说恨不得把李迪扔出去，却最终不仅没有扔，还留下他委以重任的原因之一。

在李迪的种种计划被否定之后，他只能逐步收敛自己的"英雄幻想"，以求被上司通过。"水门"方案就是这样产生的。直至这个方案，仍有人坚持不值得这样冒险。但是，在尼克松周围的某些"顾问"急于获取竞选情报的心态下，这个方案不幸迫于来自上方的压力，而被前司法部长、现任共和党总统再任委员会主席米歇尔批准了。我不知道，那一天晚上他是否能够睡着，因为两年的司法部长照说是不应该白当的。"水门事件"就是这样一步步向着大家逼近。这里还有最后一个问题，就是"钱是从哪里来的"。我前面已经说过了。美国总统是被允许在白宫里雇用有限的几个亲信的。也就是说，这几个名额有限的"顾问"、"助理"，是被视为政府雇员的。他们的工资，是被允许从政府的行政经费中开支的。但是，总统和白宫其他的费用，国会是说查账就要查账的。它的用途一分一厘都必须经得起国会的检查，都必须是交得出账的，是不可能无故被拿出白宫去的。

同样，在美国，各个政党的竞选经费都来自于政治捐款，政治捐款的用途也受到国会越来越多的监督。因此，作为总统再任委员会工作人员的李迪是有工资的，可是，他再雇人的时候，兜里就没有这份钱了。更何况，搞窃听之类的，还必须有作案工具，用什么钱去买呢？

在"管子工"非法调查"五角大楼秘密文件案"中的泄密者艾尔斯伯格的时候，他们就已经一次次地为经费问题伤脑筋。曾经有一次为了搞五千美元的钱，都费了很大的周折。他们最后动用了共和党的政治捐款，但是后来又想办法用政治游说的钱还了一部分。

之所以要费这样的周折，其原因在于，钱总是有办法的，但是，在美国的制度下，你很难让一大笔钱的进出了无痕迹。即使上面提到的区区五千美元,一旦开始查,也很快就查出来龙去脉了。

美国的政府是富的,因为它有巨大的税收。但是,美国的政党却是穷的,因为它的活动经费全仗着捐款,而每次竞选又需要巨额的费用。在这些人试图进行一些违法活动而动用经费的时候,虽然政府是富的,可前面已经说了,就连总统也动不了那份政府的钱去进行违法操作。至于政党的钱呢?他们所接受的政治捐款,不像政府的税收那样,是全民纳税的钱,因此,尽管对于政治捐款也有很多规定,但是在国会监督方面,一开始并不像管政府的钱那样管得严。

这和美国政党的逐步发展也有关系。当美国搭起一个政府构架和制定宪法的时候,还没有什么党派活动。此后,经过很长的时期,党派活动才建立和扩大起来,并且逐步成为政治活动的主角,政治捐款的金额也开始剧增。因此,国会对于党派政治捐款的监督,也是随着不同的时代需要,而在逐步增强的。

在1925年,美国国会有一个《腐败活动法》,该法规定,对于已经获得提名的总统候选人的竞选经费,都必须接受监督。这个法规使得在初选和提名大会之前的筹款和费用就不受监督,也不必报告了。对于各个政党来说,这笔钱可以说是一个漏洞。之所以会留下这个漏洞,也是因为在1925年,这还不是一个非常严重的问题。

但是,正在尼克松竞选连任期间,1972年,国会又根据新的形势通过了《联邦竞选法》,该法生效以后,隐名政治捐款将成为违法行为,所有捐款者和政治捐款,不论在提名前或者提名后,都必须接受国会的监督了。

《联邦竞选法》的生效期在1972年4月7日,所以,就在这项法律生效的前一天,1972年4月6日,李迪拿到了用于"水门行动"的活动经费，这笔钱就是来自共和党收到的政治捐款。因为哪怕是在新的《联邦竞选法》生效之前一天，还是按照1925年的法律规定。也就是说，当时尼克松还没有被正式提名为总统候选人，在新法生效前一天的账，按老规定一般还是不会被检查。这样，他们抓住最后一个机会非法使用政治捐款。

不过，这里还是有问题。就是之所以他们动用了这笔政治捐款，并不是因为它用得无懈可击、用得正当。而是这笔钱虽然是非法使用，但是一般不会被检查，也就是"希望"不会被发现。这就是说，它的"安全性"完全基于"水门行动"的顺利进行。如果一旦"水门行动"本身被抓住，批准动用这笔经费的人还是摆脱不了法律责任的。因此，他们在转这笔钱的时候，还是费了一番脑筋，甚至转到美国境外，通过了一家墨西哥银行。可是，"水门事件"一爆发，联邦调查局通过现场留下的联号百元美钞，还是很快就追到墨西哥，顺藤摸瓜一路摸了过来。

现在你一定理解了，为什么我说"水门事件"存在许多偶然因素，但是它的发生又是必然的。像尼克松这样的总统，掌握了一定权力就试图滥用权力，结果就是：第一，他在整个制度的限制下，滥用权力的范围将有限，从尼克松这里你就可以看到，他始终没有超出国会监督较松的总统白宫私人班子的范围。第二，他很难成功地瞒天过海。

尼克松的滥用权力事实上是在试图钻漏洞，挑战这个制度，挑战整个"收银机"的运作是否真正有效。尼克松总统对于美国的权力制衡，始终处于这样一种跃跃欲试的挑战姿态，那么，他即使不跌进"水门"，也迟早会跌进其他什么"门"。但是，一般来讲，人往往会存侥幸心理,尤其是掌握了很大权力的人,会产生一种错觉,总以为自己会有可能一手遮天。尼克松就是很典型的存有这样的侥幸心理。

不管怎么说,"水门事件"就这样发生了,但是,我一点也没有想到,这只是一个"序幕",真正的好戏全在后头。而美国制度中"制约与平衡"的作用,也由于尼克松这样一个挑战宪法的总统,在此后充分地进行了一次实战演习。

下一封信再谈吧。

祝好!

林 达

马歇尔大法官的远见

卢兄：你好！

来信收到了。你说，我在以前的信里不止一次地提到，美国政府的司法分支有一个"司法复审权"，你很想了解得更多一些。在信里你还说，你确实很想知道，一个已经结束了的"水门事件"，怎么会仅仅成为一个大故事的"开篇"的。

我先谈谈你所问到的"司法复审权"吧。你的问题使我不由得想起了我第一次去美国最高法院的经历。

那天不仅冷，而且还刮着大风。我们刚从旁边的美国国会图书馆出来。国会图书馆的主楼，是一幢非常富丽堂皇的建筑，尤其是它的中厅，可谓美轮美奂。当我们走到相邻的最高法院，它却给了我们完全不同的感觉。

那天，最高法院的建筑物给我的印象也非常特别，这不仅是因为这是一幢非常简洁的仿希腊神庙的建筑，还因为那天奇冷的大风刮走了所有的闲杂人等。于是，我眼前呈现了这样一幅画面，在清冷碧蓝的天空下，稳稳地坐落着一幢巨大的神庙般的白色大理石建筑，在正中的台阶下，站着一个微微叉开双腿，穿着深色制服的黑人警卫。与建筑物的体量相比，这名警卫的尺度显得微不足道，但是你仍然可以感觉得到他的力度。就在那一瞬间，空间的冰净宁洁，尺度力度与黑白的反衬，使得这个特定场景深刻地在我的脑海里定格下来。

我犹豫了一下，就开始走进这个画面，我一边向那名黑人警卫走近，一边开始怀疑他是不是会马上过来请我走开。因为我自己也知道，最高法院和我刚刚出来的国会图书馆，性质上实不可等而论之。所以，越走近，我的脚步越显得迟迟疑疑缺乏自信。直到最后，我终于站在了那名黑人警卫面前，这才发现他实际上十分魁梧。

这时，我眼前的画面里，蓝天已经退出，魁梧警卫的背景，就是那洁白的水平伸展的无数台阶，以及垂直高耸有着典型的科林斯柱头的大柱廊，说实话，这时我几乎已经打消了要进去看一眼的念头，觉得这实在是不太可能。但是，已经站在这儿了，决定还是问问。

所以，当警卫客气地问我想看什么的时候，我反而愣了一下。他微笑着又补充说，你是想参观展厅呢，还是要进法庭。我说，我能进法庭看一看吗？他的回答是："当然，请进。"他没有向我问姓名，没有要求看身份证，什么也不需要，我们就可以进去了。这时我才看到柱廊上端，刻着那句著名的话："法律之下，人人平等。"

我直直地就向着台阶的高处攀登，一边走我一边想，这次可以看到美国最高法院的法庭是什么样了。越过那扇重达六吨半的青铜大门，我进入大厅，两边都是历任大法官的大理石半身像。匆匆穿过整个空无一人的大厅，只听得到自己的脚步在空荡荡的大厅里的回声。到了大厅的另一端，我已经站在最高法院的法庭之外。一位衣冠楚楚的年轻人拦下我，压低声音轻轻地问，你是公众参观吗？我说是的。他轻轻拉开一扇大门，把我让了进去。

一进法庭，我居然顾不上按照原来的打算，好好看一看建筑内部的装潢设计，我只觉得万分惊讶。这不是我所期待的一个寂静无声，陈列着一排排空旷坐椅的法庭。这居然是坐了黑压压满满一厅旁听者，正在进行紧张法庭听证的正式工作场所。我第一眼看到的竟然是鼎鼎大名的九名最高法院大法官！

这是一个四周有一圈大理石柱廊的大厅，天花板很高，足有十几米。在紫红色的帷幕前，大法官们身着黑色法袍，一字排开高高地坐在法官席上。首席大法官理奎斯特坐在正中，我在电视听证会上所熟悉的第一名黑人大法官托马斯正坐在右边一侧。还有新任不久的女性大法官金斯堡。我在那里细细辨认这九名掌有美国联邦政府司法分支最高权威的大法官的时候，其他的旁听者显然更关心的是正在进行法庭辩论的案子，除了大法官和律师的问答，法庭一片肃静。

联邦最高法院的听证会

这时我才悟过来,以前看到过的,根据美国的"案例法",规定法院为"公共场所","必须对外开放",具有它真实的意义。后来我才知道,在天气好的时候,要求进入最高法院法庭的人是很多的,甚至包括来此接受法制教育的许多青少年,先来先进。通常大门广场上民众排成两个队伍,一队是打算从头到尾细细旁听的,另一队是只打算听三分钟见识见识的,法庭的最后两排旁听席就规定给三分钟的旁听民众。按照法律的规定,只有在法官和双方当事人一致同意的情况下,才可以拒绝公众和新闻记者的旁听。最高法院的听证平时就是这样在各色人等川流不息的大厅里进行的。任何一个人,你要想听,都可以听。

那么,最高法院一般都是审理些什么案子呢?事实上,美国的最高法院每年要接到近七千件的请愿申请,大法官们是不可能处理完的。他们每年处理的案子一般只能在一百到一百二十件左右。因此,这些案子是事先经过挑选的。挑选的原则就是,这些案子一般都是牵涉对宪法和法律的解释产生争议的。案子并不在其大小,也不在于涉案人的地位的高低,而是在于这个案子是否有代表性。

实际上,美国的最高法院虽然处理的案子有限,但是,正由于这些案子都在解释法律的意义上具有代表性,而且它的判例又可以被各级法院援引,作为判决依据。因此,这些有限的判案,往往起到了疏导的作用。就是说,一个典型的案例被最高法院判决之后,在全美国范围内,诸多郁积在同一个法律疑难点上的案子,也就迎刃而解了。这也是美国最高法院的作用所在。也就是说,美国最高法院大法官的工作,与其说是在"判案子",还不如说是在不断利用典型"案子"对法律本身引发的诘问、对现存法律做出他们的理性的解释和判断。

以上谈到的情况,是最高法院对现存法律所做的工作。同时,还有政府的立法分支,即国会,在建立新的法律引起争执时,也是由最高法院来判定这些新的法律能否成立。对各项法律的判定解释,在美国通常是以宪法来衡量的。因为美国宪法的本质,就是美国人民维持这个国家存在的最根本的一个契约。因此在美国,当任何现存法律或是新建法律发生疑问的时候,就是由最高法院用宪法这把"尺"上来衡量一下,顺宪法者存,逆宪法者废。这也就是司法复审。

在这里,你也看得出来,既然宪法成为唯一的准绳,最终自然也要引发对于宪法本身如何解释的争执。而这个宪法解释权,就在最高法院的九名大法官的手中。这下,你一定理解,为什么当我看到九名大法官会那么惊讶了。他们实在是这个国家最为举足轻重的人物。

这样,一个政府权力的三角构架,就在根本上变得如金字塔一般沉稳了。国会是拥有立法的权力,但是,它的立法受到另外两个分支的限制,尤其是司法复审这一关键的制约。同时,国会立法之后,它也无权执法。至于以总统为首的行政分支,尽管拥有执法的"实"权,但是,它既不能任意建立对自己有利的法律,在法律的实行中又无权任意诠释和歪曲法律。至于九名大法官,他们给所有的法律下判定,为宪法做出解释,但是,除此之外,他们没有任何其他权力,他们与立法以及政府的行政操作都毫无关系。

这个三角构架基本上是势均力敌的。但是,在美国历史上,司法这一支曾经是比较弱的。你一定也意识到了,某一个分支比较弱,也就意味着另外的两个分支相对过强。因此,它的问题也就不会只是一个分支的问题,而是整个构架是否能够维持平衡,一个稳定的整体是否会遭到破坏的问题,千里之堤也有毁于蚁穴的忧虑。

在1789年3月,美国宪法才被各州通过正式生效,政府也渐渐正常起来。你可不要把当时的美国想象成现在的模样。那时,美国新生的政府刚刚开始试着运作,许多运作中才产生的现实问题,都在它产生之后才逐步提上如何解决的议事日程。

在这个"初级阶段"里,最高法院大法官的任务就是在那里"判案子"。一方面,他们在宪法的规定之下,成为独立的一个权力分支,行使司法权力。但是另一方面,宪法制定的时候,仅仅考虑了国会是人民的代表,由他们制定法律是合理的,却没有进一步为法律本身产生问题怎么办着想。例如,几项法律之间有可能相互矛盾。又例如,一项具体的法律可能与宪法的精神相违背。

也就是说,在当时国会的力量显得过强,当它的立法有问题的时候,缺少了一个限制力量。

也许,正是因为这是一个刚刚建国的混乱局面,各地有许多案件有待处理,而地方法院的水平还很不整齐,最高法院的协助成了大法官们很重要的一个任务。国会在立法中规定,大法官们必须花很长的时间在全国"巡回审理"。现在大家回想起来,都怀疑国会的这项立法,是否存有强化自己权力的私心,他们是不是存心想把大法官们逐出京城去。因为行政分支是执行机构,碍不了立法的大事,而最高法院那帮专职管"法"的家伙,弄不好可真的会出来"管头管脚"。

于是,在最初的岁月里,美国最高法院的大法官就是几乎一年里有多半时间奔波在路途中。那时哪里有什么高速公路和汽车,他们白天颠簸在马车的车厢里,夜晚就落脚在乡村的简陋小客栈。因此,在那个年头,美国竟然有人以身体状况不堪长途辛劳,而辞谢首席大法官职位的。在今天听来,这简直像是神话故事般不可置信,最高法院的首席大法官,这在今天是一个令多少人羡慕不已的职位啊。可见当时美国的整个状态,包括政府在内,都还处在一个草创的初建阶段。

美国国会和最高法院之间最初的不平衡关系,我想,也许和它的历史是有一定关系的。在美国独立之前,许多地方的政府建制是仿英国的。那时,与国会功能类似的"议院"也担当一部分司法的功能,尽管有法院,可是司法是不完全独立的。现在,虽然美国的建国者们强烈地意识到,必须在这个新的国家使司法完全地独立出来,成为一个与其他两个权力分支旗鼓相当的力量,宪法也有了这方面的内容,但是,由于没有历史先例,一开始,在具体如何实现这个设计的问题上,他们还在摸索。

但是,当时美国国会的强盛和最高法院的相对弱势,已经引起了一些有识之士的不安。在十九世纪开始的时候,美国政府的运作才开始了十来年,当初的那批建国者们,多数还身强力壮,还在各个不同的位置上工作。但是,依据他们自己制定的宪法,他们之中没有一个人具有一言九鼎、超越宪法的威力。他们和其他人一样,也只是作为一名政府官员或是议员,参与这些问题的思考和讨论。整个讨论中,基本上还是和当初制宪时一样,分成所谓的联邦派和反联邦派两种意见。

这两个派别一直就有,联邦派主张强化联邦政府的权力,他们中的一些人,也主张增强联邦最高法院的实力。而反联邦派,则希望各州拥有真正的权力,联邦政府不要多加干扰。因此,他们对加强联邦最高法院没有什么兴趣。例如当时已经退休的前总统华盛顿,就是持有联邦派观点的,而即将成为十九世纪新上任的第一名美国总统的托马斯·杰弗逊,就是反联邦派的。尽管美国建国初期历时多年的两派争论一直非常激烈,有时也很伤感情,但华盛顿和杰弗逊却始终维持了很好的友谊。

当十九世纪开始的1800年,在美国也是一个大选年,联邦派的亚当斯总统在竞选中失败了。继任的将是反联邦派的托马斯·杰弗逊。就在这个政权交替的时节,出了一个美国司法史上最著名的案例,这个案例居然还是由于政权交替而引起的。

现在看来,当时的这些政治家较少有个人的私欲野心,所以,并没有什么安排亲信、结党营私的权力斗争故事。但是,他们对于自己的政治理想却十分认真。事实也是如此,一旦卸任,他们就真正地回归田园了。但是,对于他们来说,他们各自的政治理想却是有关美国前途的大事,在任内,他们会不遗余力去竭力推行。这个故事就是这么发生的。

联邦派的亚当斯总统和他的国务卿马歇尔,都是对联邦政府的司法分支现状忧心忡忡的,他们几年来一直在为加强这个分支而努力。但是还没有实质性的进展。就在亚当斯总统即将离任之前,联邦最高法院的首席大法官出现了一个空缺。亚当斯总统在提名几经周折之后,终于在离任前提名了他的国务卿马歇尔出任此职。

亚当斯总统本人是有着哈佛大学学位的学者型律师。可是马歇尔虽然在出任他的国务卿之前,担任过国会议员和美国驻法大使,却没有受过正规的法律教育。他不仅获得提名,而且得到了国会审查的通过。这在今天都是不可想象的。这一方面反映了北美大陆的现实,在很长时间里,这里的法律人才一直还很缺乏;另一方面,也折射出建国初期一切都还留有战争时期的遗风,人们注重真实才干甚于学历。可以说,这是一个时势造英雄的机会,可是,没有受过正规教育的马歇尔真的能够胜任吗?

马歇尔和总统亚当斯一样,对于反联邦派将要接管这个国家的行政机构,他们最不放心的一点,就是他们不会重视司法分支的增强。本来,随着亚当斯的落选,国务卿马歇尔也只能壮志未酬,打点回家了。现在,这个突然而来的任命使他激动不已,他一直耿耿于怀没有人担当的强化司法的重任,终于可以由他自己亲自担当起来了。

美国第二任总统约翰·亚当斯

他在给亚当斯总统的一封信中写道,"我迫不及待地想搬入我的办公室就任新职,使得你没有机会后悔做出这个提名"。

马歇尔急于迁入的那个办公室是什么样子的呢?那时候,美国最高法院可没有我们所看到的庄严雄伟的法院大厦。严格地说,大法官们甚至没有什么办公的地方。在马歇尔的再三奔走之下,首都的规划委员会才向国会协商,能否暂时借一个地方给最高法院容身。国会答应了,却挑了一个才二十二英尺见方的一点点大的房间,而且还是在地下室里。对此,马歇尔已经十分满意了。

在亚当斯总统离任前,他已经在马歇尔的建议下,向国会提出要进行司法改革。这项称之为"一八〇一年司法法案"的改革,如果被国会通过的话,美国就将产生十六名新的巡回法官,担当起在全国巡回审理的任务。这样,最高法院的大法官就可以从疲于奔命的状态中

马歇尔大法官的远见　107

解脱出来，马歇尔认为，这是最高法院可能有所作为的先决条件。

你由此可以看到，在十九世纪初的时候，美国距离真正的司法独立司法监督的理想还很远。有了宪法，还必须有后人在宪法精神之下的努力。

可是，亚当斯总统并没有应马歇尔的要求，让他立即搬到那个小小的地下室去上班。倒不是总统要后悔自己的提名，而是他还有两个星期就要离任了，他还需要马歇尔在自己国务卿的岗位上再坚持两个星期。这两个星期的重要任务之一，就是协助总统完成对于四十二名首都地区低一级法官的任命，这些人将有五年的任期。这也是他们对于加强司法的一个努力，因为亚当斯总统想尽量提名一些能力强的法官。

于是，他们为了赶在亚当斯离任之前的最后时刻，办完了这四十二名法官的任命手续，几乎天天忙到深夜。以至于后来人们把这些法官戏称为"夜半法官"。到了最后一夜，马歇尔总算干完了。他已经筋疲力尽，在办公桌上留下一大堆文件就离开了他的国务卿办公室。这堆文件里，包括了最后十二名法官的任命书，它们都已经经过总统签字，封在信封里了。对于马歇尔来说，他觉得这些任命都已经完成了。

谁知，正是留在国务卿办公室的最后任命书，引发了这个美国历史上最著名的案子。

第二天，联邦派在行政分支的官员，都随着亚当斯总统离开了首都华盛顿，只留下了这个新任首席大法官马歇尔。对于他，这不仅仅是换个办公室的问题，他是从行政分支跳到了司法分支，面临的完全是一场新挑战。可是他一定也没有想到，他面对的第一个大的挑战，就是由他作为国务卿的最后一夜留下的法官任命书引起的。

这是怎么回事呢？原来，接任的杰弗逊总统的国务卿麦迪逊，在前任的桌子上拿到这些任命书之后，却并不认为这些任命已经完成了。现在是他们当权了，他不把任命书送出去，就等于还没有任命，这些法官不就可以让新总统来任命了吗？这里出现了一个谁也没有去想过的问题，就是，你说这任命是总统签完了就生效，还是送到被任命者手中才算数呢？

本来，这个问题是不会产生的，既然总统签了字，任命书当然就会被送出去，一直送到被任命者手里。可是偏偏这些任命书还没送走，就"改朝换代"了！于是，问题就这么出来了。

一开始的大半年里，问题并没有公开。因为那些失去了当官机会的法官们，既然没有拿到任命书，也就不知道自己有一个煮熟了的鸭子飞走了。所以，他们依然照常过日子，没有什么心理不平衡，更不会想到要去"讨个公道"。可是到了年底，终于有一个名叫玛勃利的人，不知怎么知道了这个消息，得知曾经有过关于他的一份法官任命书没有被送到。他可不认为总统已经签了字的任命还可以作废，就决定找个律师为自己伸张正义。

这名律师直直地就奔向了最高法院。为什么他一告就告到最高法院呢？这算个什么司法程序呢？他有他的道理。因为在美国国会通过的"一七八九年司法法案"中，有一个第十三条，该条规定，授予最高法院一个额外的权力，就是最高法院可以直接向行政官员发出强制执行令。也许，这是1789年国会对于实行"司法制约行政"所做的一个尝试吧。

既然这条法律明文规定，最高法院有权直接强制新的国务卿送出那张任命书。所以，玛勃利的律师当然就直接奔最高法院而来了。但是，不知你是否看出这样一个问题：这个"第十三条"只规定了最高法院有发出强制执行令的权力，却没有解决一个"怎么强制"的问题。

美国最高法院只有那几个大法官，既无行政分支所拥有的兵权，又没有立法分支所拥有的财权。也就是说，如果大法官真的发出强制令的话，万一行政分支不服从，那时，大法官既派不出兵去强迫它执行，也不能以切断行政分支的开支相威胁，他有什么办法去保证强制令的执行呢？

在看这个故事的时候，你一定要时时想到，这是发生在两百年之前。在美国，那还是一个颇为"蛮荒"的时代。你只要想想那些美国西部电影就可以有个大致印象了。更何况，这时连大规模的西部开发还没有开始呢。所以，这个刚刚找到一个临时小办公室的最高法院，还显得弱不禁风。它还没有多少如现代美国的法律文化资源可以利用。也就是说，最高法院在当时的美国，远没有建立起今天这样的权威性。因此，在它的权威建立之前，就一下子和政府权力的另外两个分支碰僵在十字路口上，其局面就像是一个还没成熟的少年与两个壮汉的对峙，形势十分紧张。当时的美国还没有电视，甚至连个收音机都没有，所以老百姓还不可能很关心这些事情。可是，至少在政治中心的首都华盛顿，大家的注意力很容易被这个案子吸引过来。

更何况，这个案子又是如此具有戏剧性：告的是新国务卿压下了老国务卿留下的任命，而老国务卿偏偏又担任了审这个案子的大法官。还有比这个更有好戏可看的吗？我却常常想，这事正巧是发生在建国初期，才给了人们一个看好戏的机会，若是发生在今天，没准儿法院一接这案子，马歇尔这样的"当事人"就该回避了。

可这是在两百年前，还没那么地道的规矩。案子就是落在马歇尔手里了。可是，他该怎么处理为好呢？

马歇尔如果对这个案子不予审理,那么,最高法院就活像是在十字路口主动畏缩退让的少年,今后出门也休想再抬起头来了。如果他发出强制令,行政分支不予理睬,这就像那个少年对着壮汉大喝一声"让开"之后,壮汉纹丝不动,他仅仅是白吆喝了一声,除了会引起围观者的一阵哄笑,什么结果都不会有。不论发生的是这两种结局中的哪一种,都会与马歇尔强化司法的理想背道而驰。这可真是考验一个人的政治智慧的时候。

马歇尔的第一个动作,只是给现任国务卿麦迪逊发了一份通知,代表最高法院要求现任国务卿陈述理由。这份通知,就像是这个少年主动站到了十字路口,华盛顿的"观众们"立即像过了电一样感到十分刺激,纷纷"围了上来"。

也许,马歇尔的这一举动是想在不示弱的前提下,先拖一段时间。也许,他还希望就这个问题,引起人们对于政府权力的一场讨论,让人们有机会对其司法分支和其他两个分支之间关系做一个反思。结果,这一举动首先是引来了一批人对他的围攻谩骂。指责马歇尔是恶意攻击国务卿。同时,国会果然引起了一次次的争论。争论的内容正是司法分支的独立和权力到底应该到什么程度。

我想,这正是一个国家面临的最困难和关键的时刻。定下一个大原则之后,还有大量的工作要做。如果丧失了对于一个原则的分寸和度的把握,很可能同时就丧失了这个原则本身。

照说,这个案子是发生在政府的行政分支,与国会没有什么关系。但是,司法分支的权限和独立性问题,一直是国会关注的议题。这个案子又一次引起了国会对于老问题的讨论,而且国会的讨论是非常激烈的。不少议员认为马歇尔主持的最高法院管过了头,主张推翻有关司法改革的"一八○一年司法法案","把大法官们送回他们的巡回职责中去,使他们没有机会出来误导"。

但是也有持反对意见的,一个参加过独立战争、后来在车祸中致残的老兵、当时的纽约州州长莫利斯,吃力地撑着他的木腿,神情激动地告诫大家,必须给予司法分支足够的独立性,使之有能力制约立法和行政分支。他尤其指出了对于立法分支监督的重要性,"以防止一些违宪的法律损害宪法"。他在最后几乎是嚷着向在场的议员宣称:"你们如果撕去了这份宪法,你们将永无机会再得到另外一份!"

在美国,有一个传统做法是很有意思的。那就是,凡是这一类的国会辩论,每个议员的态度不仅在当时是公开的,而且,他的发言将会记录在案,随时备查。任何一个老百姓都可以查到。这样,没有一个观点是在当时就能够一锤定音的。美国人把一切都交给时间,让历史去对一切做出再判定。

任何一个历史事件,都会随着岁月沧桑,斗转星移,逐渐脱出历史局限的外壳,显露出它的真实面貌和真实意义。在不同的年代,不同的历史学家会一遍一遍地去写书,去引用这些人物的发言,去重新给它一个新的认识和定位。这时,他们会去美国国会图书馆,免费的,不需要任何介绍信的,查出那些当年历史人物的发言和论断的原件。孰是孰非,也就会越来越清楚地呈现在后代的面前。

在美国,没有一个历史事件和历史人物,能够逃脱得了这样一种历史的检验。其关键不仅仅在于政府论坛历史记录的准确和保存,还在于这些记录都是公开的。没有一个历史人物,可以因为他是总统,或者因为他是一个大家公认的英雄,就在历史档案中,隐去或者修改不利于他的形象的某个部分或某些发言,甚至连封存某个部分,想贴上"不得查阅"的标签,都是做不到的。

同样,美国最高法院的判决,除了投票结果之外,也是由所有的大法官,不论对判决持肯定意见的,还是对判决持否定意见的,分别写下一段他的观点,陈述他表决的理由。然后,存档备查。现在,我们坐在家里,就可以通过计算机联网,查到美国历史上所有重要案例中最高法院大法官的判词。因此,当岁月拂去历史尘埃之后,他们是历史英雄还是客观上的千古罪人,会突然变得一目了然。

例如,在我们参观最高法院陈列室的时候,那里有一部介绍最高法院历史的录像片。该片强调地提到,在南北战争之前三年的1857年,在一个案子里,当时以塔尼首席大法官主持的美国最高法院,就曾经做出了支持奴隶制的恶名昭著的判决。宣称"黑人不是公民",即使当黑人已经住在非蓄奴的自由州,他们也无法享有任何宪法权利。这个判决成为美国南北战争的一个重要起因之一,也成为在今天人们回顾美国司法史的一个重要组成部分。

在美国,一个或一群历史人物,可以风云一时,权倾一时,但是,他们无法不感觉到历史老人正非常耐心地坐在一边,默默地观看和等候着他们。等着浮华和渲染退去,等着真实渐渐地裸露,在阳光下烁烁闪亮。

这样一种对待历史的传统做法,也在一定程度上塑造了历史本身。因为,公众人物有没有历史感,这对于他的行为是有影响的。当他感觉到历史目光的逼视,他的言论和行为会更审慎和负责任一些。因为他的一言一行不是被记在纸上,而是被刻在光天化日下永不磨损的碑上。

但是，与此同时，在美国，还有一个很有意思的现象，就是他们承认世界上确有"历史局限性"这么一回事。因此，也就能够以历史眼光看待历史人物，以平静的心情对待历史事件，不给古人扣现代大帽子。我们此后还会不断遇到"历史局限"这样一个字眼。

当我们回到1803年的美国国会，首先看到的，大概就是它的历史局限性。最终，在联邦派观点占上风的国会，还是推翻了"一八〇一年司法法案"。最高法院的大法官们又必须踏上巡回审理的路途。立法机构甚至还取消了法院的1802年的几次会议，并且规定最高法院的下一次开庭，将在1803年的2月中旬。

大法官马歇尔看上去并没有做出抗争，他默默地等到了1803年的2月。这时，他宣布开始这个称之为"玛勃利告麦迪逊"的案子。

案子一开始，原告先花了大量时间精力以证明，亚当斯总统确实曾经签过这样一份法官任命书。对此能够提供最确切证词的应该是首席大法官马歇尔先生。但是，首席大法官本人当然不能自己从法官席上跳下来，跑到证人席上同时兼做一个证人。所以，还是费了一番周折。最终，提出决定性证词的居然是马歇尔法官的弟弟。当时马歇尔还是国务卿，他的弟弟当时正巧就在国务卿办公室，亲眼看着这份总统签过字的任命书被封起来，但是没有送出。

案情确定之后，法官允许原告律师进行法庭结辩。律师说，事实证明，他的委托人已经被任命为法官。因此，他要求最高法院根据"一七八九年司法法案"，发出一份强制令，强制现任的国务卿完成他应该完成的"行政动作"，把这份法官任命书送出去。

法官希望被告方也出来做个答辩。可是，政府的行政分支却没有一个作为麦迪逊的发言人出来应对。也许，行政分支正等着马歇尔的那张"强制令"?

我前面已经说过了,这是在一个两百年前的新国家发生的打官司的故事。当时的美国人也觉得这样的事情很新鲜。"平衡和制约"的原则还只是刚刚实行不久的宪法里的一个理想,是那些建国之父们的一个理性设计。它还远不是今天在美国深入人心、理所当然的一个基本常识。因此,当时一般的美国人,既没有面临"宪法危机"的紧张,也没有建国之父们高瞻远瞩的忧患意识。甚至可以说,大多数人对于这场普通人状告国务卿这样的"民主官司",只是怀着看热闹的好奇心。他们巴不得看到马歇尔大法官发出这么一张强制令,同时,也巴不得看到国务卿麦迪逊不予理睬。本来嘛,只有当他们僵到了十字路口上,才有好戏看。

1803年的2月24日,美国最高法院的首席大法官马歇尔,在国会那间借来充作法庭的地下室里,宣读了他代表美国最高法院亲自撰写的历史性的判决。今天,我们在现在的美国最高法院大厦的展厅里,可以看到马歇尔的全身塑像。在整个最高法院里,这是唯一的一座全身塑像,凸现了他是公认的美国历史上最重要的首席大法官。在他的黑色塑像后面,还有一块白色大理石的墙面,上面用金字镌刻着马歇尔大法官在各个不同时期,在不同的案子里写下的最重要判词,一共只选了短短的五条。其中第一条,就是摘自在这一天,1803年2月24日,他在"玛勃利告麦迪逊"案子中,宣读的判词。

马歇尔大法官把这个案子划分为三个不同的问题。第一个问题是,被告是否有权得到这张任命书?他的给出判定是肯定的。因为他的任命是在新的总统上任之前,所以老总统签过字的任命就是合法任命。

于是,引出了第二个问题,既然原告的权利受到了损害,这个国

联邦最高法院内的马歇尔大法官雕像

家是否应该予以补救?对此,马歇尔大法官说:"由法律保护每个个人的权利,就是公民自由的根本所在。不论他受到的是什么样的伤害,政府的首要职责之一,就是提供这样的保护。"即使官位高至国务卿,也不能侵犯他人的权利。如果他试图这样做,他就必须准备站到法庭的被告席上。马歇尔大法官宣布,因此,法庭有权接受此案,他同意强制令是妥当的。

但是,这里还有第三个问题,最高法院就应该发出这个强制令吗?马歇尔大法官指出,宪法规定,只有在涉及外国使节和州为当事方的案子,最高法院才有最初审理权,其余的案子最高法院只有受理上诉权。所以,原告虽然在理,可是他是走错法庭了。他应该先上低级法院去告。

那么,不是有那个国会通过的"一七八九年司法法案第十三条"

吗？不是根据这条，最高法院就有了直接发强制令的权力，原告不是就奔着这条来的吗？马歇尔大法官解释说，这个"第十三条"，给予最高法院超越了宪法规定权限的额外权力，因此，他不能同意。

马歇尔进一步阐明了自己的观点。就是，美国政府各个分支的权力都是有限的。这个限度以宪法为准。任何违背宪法原则的法令都必须取消。据此，他宣布，"一七八九年司法法案第十三条"因违宪而取消。接着，他念了那句历史性的判词，就是今天的最高法院用金字刻在大理石上的那句话：

> 必须强调，认定什么是合法，这是司法分支的职责范围。

也就是说，马歇尔大法官通过这个案子的判词，清楚地表达了两个最基本的概念，也是向美国政府的另外两个分支，分别传达了这两个明确的概念。

首先是，他向政府的行政分支宣告，司法机构有权监督和判定他们的行为是不是合法，如果司法机构认定他们是在"执法犯法"，有权按照法律予以制裁。

其次，他向政府的立法分支宣告，不仅宪法高于其他所有的法律法令，而且，"认定法律本身是否合法"这样一个"法律鉴定权"与立法机构无关。立法机构不得随意立法。

从此，美国"收银机"增加了至关重要的一个制动开关。最高法院有了"司法复审权"。这使得美国的司法机构第一次明确独立于政府的另外两个分支，也因此历史性地确立了最高法院的地位。从此大家清楚地意识到，给鸡毛小案断是非，并不是美国最高法院的职责，最高法院不是一个放大了的地方法院。最高法院的职责是解释法律和判定法律，是从司法的角度对政府的另外两个分支进行制约。这就是"司法复审"的意义所在。

马歇尔大法官完全理性的思维和判定，终于不仅被原告玛勃利所接受，更重要的是，这一切也被政府的另外两个分支所接受了。也许，马歇尔的判词首先是从取消最高法院的违宪权力开始，也就是说，他是先从自己身上开刀，令人信服。也许，如现在有些学者的猜测，是由于这个判决没有当场给国务卿开出强制令，原告玛勃利也因为法官任命书的任期已经过去多半，决定放弃起诉，使得行政分支没有给逼急，而比较容易接受这样的结果。

也许这样的推论都有道理。但是，我也相信，这和当时行政分支的主管以及国会大多数议员，在理性之下的权力退让，是不可分割的。这种退让建立在这样一种共识之上，就是大家必须合力建立一个"分权的、制约的、平衡的政府"。有了这种共识，才可能在权力问题上产生妥协和退让。而这种妥协和退让并不是从这个时候才有，当初的制宪会议，就是依靠这样的理性精神才得以成功的。

这种理性的精神又是建立在这样一个基础上，就是，这些分据于政府权力不同分支的当权者，他们确有观点的不同，这种不同观点所产生的争执和冲突，有时甚至表现得十分感性和冲动、激烈和过火。然而，这里没有充斥私欲私利的权力斗争。

不论是联邦派还是反联邦派，不论他们主张的是加强联邦政府的权力，还是加强各州的自治权，他们不是为了增加个人手中的权力。这对于一个建国初期的国家是非常重要的。因为我们已经看到，即使在宪法建立之后，整个机制还需要在实践中修补和完善，还需要一个正反馈的几度循环。如果在这个关键的时候，权力的欲望已经淹没了理想的追求和理性的精神，那么，权力斗争的恶性循环会很快摧毁一个尚不完善的制度，剩下来的只能是一场在虚假理想旗帜之下的争权混战。一切的一切，都会随之扭曲，最终成为这场混战的陪葬品。

从上封信讲的"水门故事"，你已经看到了。美国的建国者们对于"权力是私欲和犯罪的酵母"这样的顾虑，不是没有道理的。但是，与两百年前相比，我觉得有一个十分有意思的变化。那就是，在美国，也许是由于权力本身的巨大膨胀，政府手中所掌握的各项权力，不论是财权、军权、人才资源等等，都和建国初期的美国政府无法相比。总统本身也随之给人越来越"靠不住"的感觉。而这个制度和美国民众，与两百年前相比，却变得成熟起来。两百年的宪法和历史教育，使得美国民众已经不再是一群看热闹的围观者。"平衡和制约"的运作，也比两百年前有章法得多了。

下面，我再把"水门事件"讲下去，回答你信中的第二个问题，为什么说看上去已经结束了的"水门事件"，却只是一个大故事的"开篇"。

确实，事情已经发生了。如果，此刻白宫和盘托出，承认共和党及白宫的一些高层人士涉入此案，这的确会是一个够大的政治丑闻，寻求连任的尼克松总统的声望也会因此受损，甚至有可能影响他的连任。但是，鉴于我已经提到过的，尼克松本人对"管子工"类似"水门行动"这样的具体策划并不事先知情，因此，总统本人有道义上的责任，却没有人能够指责他负有法律责任。虽然事情很糟，但是对于尼克松，这还不是一个完全无法收拾的局面。

可是，在这个关键时刻，如果朝错误的方向再迈出一步，接下去就只能一步步走下去，很难再刹车了。这一切都起于一个也许只是本能的念头：掩盖真相。

我真的相信这里很重要的原因之一，就是出于保护自己的本能。

当时最紧张的莫过于批准"水门行动"的直接责任者了，也就是李迪这次行动的直接上司、共和党总统再任委员会的正副主任，米歇尔和麦格鲁德。因为他们是浮在面上的。轻轻一扯，就会把他们给扯出来。

米歇尔是前任司法部长，一方面，他比谁都清楚事情的严重性，另一方面，他知道联邦行政系统的结构。不论是案件的调查还是起诉，都与司法部有很大的关系。他们立即想到给现任司法部长打招呼。考虑再三，他们派李迪火速赶去面谈。

在尼克松周围，确实很少有人知道这些非法活动。因为除了那几个少数亲信之外，绝大多数行政官员都不会接受或赞同这样的做法，所以也就不会让他们知道。比如在中国大家都很熟悉的基辛格，他和尼克松的关系是非常近的。在尼克松考虑同中国开始秘密接触、商讨恢复外交关系这样的重大举措时，基辛格是尼克松所能够相信和依靠的少数几个官员之一。大家都可以看到，在尼克松执政期间基辛格的重要性。但是，那些违法活动基辛格在事前几乎一无所知。因此，尼克松在他的总统生涯里，似乎同时在经历双重操作，指挥着两套不同的班子。"水门事件"发生时，尼克松的当任司法部长克雷迪斯特就是这个事件的圈外人。

克雷迪斯特本来是司法部的副部长，也就是前司法部长米歇尔的副手。你在前面也看到了，米歇尔在尼克松那里就完全是"小圈子"里的人，而克雷迪斯特则不是。他们两人虽然曾经是正副手，可是，实际上所处的位置却完全不同。米歇尔最后辞去司法部长的职务,去出任共和党总统再任委员会主席,一方面表现了尼克松对他超乎一般的信任,他自己当然也是下了一个更大的政治前程的赌注。

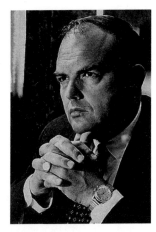

尼克松的司法部部长克雷迪斯特

在离任时,米歇尔推荐了他的副手克雷迪斯特顶他的司法部长的位子,可见他们之间的关系还是不错的。因此,在"水门事件"发生的最初时刻,米歇尔觉得向他的前副手打招呼,还是有可能得到某些"照应"的。尽管作为前司法部长的他,知道这种"照应"在美国的制度下其实是极其困难也极其有限。但是,这不是已经到了病急乱投医的地步了吗?至少,他觉得,他的前副手即使帮不上忙,也不至于一听到真相就公事公办地向有关方面公开。所以,李迪就这么找上门去了。

"水门事件"一开始,调查人员就感觉到这是一个政治案件,尽管他们还没有摸清真正的来龙去脉。因此,这个案子马上就上报到了司法部长那里。我想,对白宫的违法操作一直蒙在鼓里的司法部长克雷迪斯特,收到这样的报告也一定没往心里去。在他的眼里,这种一看就很荒唐的作案手段,即使是政治案件,也只可能与某些低档的"政治小蟊贼"有关,不可能和什么大人物挂上钩,更不可能发展下去和自己发生什么关系。因此,收到报告当天早晨,他仍然心情愉快地驱车前往高尔夫球场,开始他十分正常的一天。

可是,司法部长克雷迪斯特的好心情很快就被李迪的来到给毁了。也许,李迪虽然由于一个历史的错误被挂上了"顾问"之类的头衔,但是,在他骨子里毕竟还是一个不知天高地厚的市井"小混混"。也许,是尼克松周围那帮小圈子里无法无天的"顾问"们,使李迪失去了正常的判断能力。总之,他根本不想明白这对于一个司法部长到底意味着什么,就在慌慌张张地谈了"水门事件"真相以及和米歇尔的关系之后,自以为聪明地加了一点"压力",他要司法部长设法放人,还说,事情虽然难办,但要是不办,你以后也不好办。

这个规规矩矩辛辛苦苦凭本事才做到了这么一个官的司法部长,以前哪里会看得起李迪这样的"顾问",今天听到如此活见鬼的一个"水门故事",还要他接受李迪几乎是带有威胁意味的"违法要求",他顿时火气不打一处来。他愤怒地回答李迪的"警告"说,我?我不好办?我要是去干这样的蠢事总统才是不好办!这是我这辈子听到过的最混蛋的事情了。他甚至气得连脏话都一起跟了出来。他断然拒绝了李迪的要求,并且对他说,告诉派你来的人,不论是谁,告诉他们,我不能这样做,也不会这样做。为了总统,我会像处理其他案子一样处理这件案子。

然后,也许是他们以前毕竟是认识的熟人,也许他想到,可能真的如李迪所说是奉他原来的老上司米歇尔的派遣来的,因此,最后他还是出于礼貌和李迪握手告别。

就是这样一个与犯罪分子握手道别的场面,以及此后的知情不报,使这位司法部长最终被判有罪服刑一个月,在牢里不知他是否想起,他当时的副手曾经对他说过:"头儿,我们要是能够摆脱这个麻烦而不进大牢,那我们可真是撞大运了!"

这时,所有涉案的人,都开始拼命销毁证据了。同时,两个从

"水门"对面的旅馆里逃脱的现场指挥,李迪和亨特,已经知道法律将找上门来是迟早会发生的事情,因此,都为自己找好了律师。

从1993年公布的录音带中可以了解到,在"水门事件"发生后的第一个星期日,尼克松就已经从部下那里知道了事情的全部真相。那么,他为什么不是下决心让那些人交出真相、听候法律的处理,而是决心掩盖,从而把自己也拖入一个无法摆脱的漩涡呢?是的,尼克松并不是这个事件的策划和直接责任者,可是,不仅出事的这些人都是他的亲信,而且很容易使人们对于他的知情程度质疑。

如果按正常程序调查下去,那么,从已经在"水门"现场被逮住的古巴人和麦克考尔德开始,马上就可以扯出"水门"对面旅馆的现场指挥亨特和李迪,从他们两人又可以马上扯出批准"水门行动"的共和党总统再任委员会的正副主席,这四个人又都是从尼克松这个行政分支过去的。一个原司法部长加上三个原白宫顾问。这将是多么难堪的局面。

更何况,这三名出自白宫的"顾问",都是"管子工"的成员。如果再用力拖一下,"管子工"就可能会被拖出来。那么,从白宫为出发点的那些违法"小动作"也就很难再瞒下去,那时候,尼克松如果仅仅说自己对手下人是"管教不严",大概是很难说得过去了。

但是,"掩盖"这个动作将有可能带来更大的危险,"妨碍司法"对一个美国总统意味着什么,尼克松是不会不知道的。他之所以下决心去做,当然和他一向不择手段的行事风格有关,同时,肯定和他毕竟迷信手中的总统权力也是有关系的。小小一个"水门事件",是尼克松自己管辖的司法部和自己任命的司法部长在那里负责调查起诉,还硬是不能大事化小,小事化了?如果自己动用手中的一切权力去遮,还真怕它就遮不住?这么一想,尼克松就跨出了第一步。一念之差,尼克松就亲手把自己给毁了。

他先下令把共和党总统再任委员会副主任麦格鲁德调回来,主持"掩盖"。为了"掩盖",他们一开始商量出了种种设想。

例如,让那些已经被抓住的古巴人给担下来。又如,让在旅馆指挥的李迪和亨特出国避风。在一次讨论"掩盖"的会议上尼克松本人甚至提出,干脆一盆子全扣在民主党头上,因为那些被抓住的古巴难民都曾经参与过失败的"猪湾事件",而六十年代愚蠢的侵犯古巴的"猪湾事件"正是民主党当政期的"杰作"等等。但是,这些设想都由于风险太大或是操作困难,一一都被否定了。

最终,参加"掩盖"的人都达成一个共识,就是"掩盖"的第一步,至少应该试图和李迪断线,一方面,因为由于李迪在"水门"对面旅馆留下的大量证据,他基本上已经是"死老虎"了。另一方面,李迪是通向上面几条线的一个"麻烦源"。于是,又一个"白宫顾问"出场了,他的名字叫迪恩。他原先对于前面发生的事情并不知情,但是,在整个"掩盖"工作中,他却起了越来越大的作用,成了一名主角。

迪恩先和李迪谈了一次。这是他第一次真正知道全部真相,包括"管子工"的种种胡作非为。说实在的,乍一听来,他自己也给吓了一跳。他还是稳稳神,开始了谈"掩盖"的具体条件。李迪提出对已入狱者的"照应",包括筹一笔"堵嘴钱"。

"掩盖"也是一项"行动",没有"活动经费"是根本办不了的。比如,保释、律师、家属等等,这一切都需要钱。前面已经讲过了,凡是违法的钱,筹款本身就很困难,而且一般来说,筹款本身也是犯罪行为。迪恩本人此后很快卷入"堵嘴钱"的筹集,在泥沼里越陷越深。

在迪恩找李迪谈话中，最戏剧性的一刻莫过于李迪突然提出"若是有必要毙了我，只要告诉我该站在哪个街角上"，着实把迪恩又给吓了一跳，说是我们可还没到这地步呢。李迪当时知道自己是通向上面的一个"祸根子"，但是，他之所以会这样提出，一是他知道自己是混在一个违法圈子里，他也不知道这些人在自己面临暴露的时候，到底会走得多远。其次，他也知道，他的这些上司尽管是白宫高官，却不可能动用正规受过训练的特工人员。多年之后，李迪在回忆中写道，他当时觉得，即使他的上司要干掉他，也是"合理的"。只是他觉得他们不可能动用得了专业枪手，他可不想让哪个"业余的"打歪了而伤着他的家里人。

这些人正在忙着"掩盖"乱作一团，可是在白宫里，包括尼克松总统在内，却谁也不敢真的向负责调查的联邦调查局去"打招呼"。因为在这个制度下，联邦调查局是独立的联邦机构，在操作时并不受司法部多大的控制。相反，由于真相还没有暴露，尼克松在记者招待会上，一方面一口否定白宫涉案"水门事件"，一方面还必须要求联邦调查局和华盛顿的警察按法律程序严肃调查。尼克松眼看着应该说是自己下面的调查机构，正按图索骥步步向自己逼来，却碍于这个制度和全美国百姓的关注，不仅不能阻止，还只能做出欢迎调查的高姿态。

即使是行政体系下的司法部，在法律的制约下，也不见得就对白宫言听计从。正在干着"掩盖"活儿的白宫顾问迪恩，曾经向司法部长克雷迪斯特提出要求，把联邦调查局有关此案的文件调来看一下，却遭到拒绝。因此，调查仍然在一步步深入。在"水门事件"中那个漏网逃跑的"望风者"，又在律师的劝说之下，去联邦调查局投了诚。同时，各种报纸杂志的记者们，又在以他们的方式，各显神通，从外围包抄过来。可是此刻尼克松仍然心存侥幸,"管子工"的一个负责人海尔德曼曾对尼克松说,这事妙就妙在干得如此操蛋的糟糕,没人会相信我们会干出这种事来。尼克松深表同意。

问题是,哪怕是一个再"操蛋"的球,也总是有人踢出来的。如果不能令人信服地解决这个"踢球人"的问题,这个"球"就还在联邦调查局和记者们的穷追猛打之下。因此,尼克松亲自下令,要他的"白宫顾问"让中央情报局"认下账来",并且由他们出面让联邦调查局中止调查。

他们找了两个他们认为比较能够控制的中央情报局副局长。一开始,他们拒不肯"认"这份本来就不是他们的"账",后来迫于来自总统的压力,松口应承了下来,也做了一部分。但是,回去一想,就知道苗头不对,他们根本承受不了今后的法律责任。于是,他们马上刹车了。

他们开始向白宫顾问迪恩解释,他们尽管是白宫提名的副局长,但也不是想干什么就能干什么的。在中央情报局里,都有特定的指挥链,不在他们职权范围的事,他们也一样无能为力。更聪明的是,他们看出了这件事的危险前景,为了在将来出事的时候有个依据,他们开始把每一次白宫顾问迪恩与他们交谈的情况都写下备忘录。

一边这里没人肯认领这个"球",另一边"掩盖行动"的筹款问题又迫在眉睫。除了白宫顾问迪恩之外,这一违法活动把尼克松的私人律师也给牵进去了,后来他由于从事为"掩盖"行动的违法筹款,被判刑六个月。

由于1972年4月7日《联邦竞选法》的生效,堵住了尼克松动用竞选经费的最后可能。所以,总统的私人律师和顾问迪恩只能寻找一些秘密捐款者,取得的现金又像做贼一样送出去,结果,还是有两个为"水门"嫌疑人工作的律师,拒收这种一看就来路不正的"律师费"。

在联邦调查局的搜索之下,不到一个月,李迪知道必然要发生的一刻终于来到了。两名联邦调查局探员来到了共和党总统再任委员会,要求约谈李迪。他在里面拖了半天,然后出来,表示拒绝回答一切问题。从我前面已经介绍的情况中,你一定已经注意到了,在整个事件的涉案人员中,上上下下,包括尼克松在内,实际上都或多或少在灵活地按照自己的利益行事。倒是这个李迪,确实表现出狂热的甚至有时可怕的理想主义。他打一出事就表白自己将是"一堵石墙",不管别人信不信,他都把这个自定原则一直奉行到了审判结束。

在美国,政党机构一般都有这样的政策,就是他们本身必须在法律允许的范围内活动,他们的雇员也必须与司法人员合作。李迪公然当众违抗这一条基本政策,共和党总统再任委员会也就不可能再雇用他了。

李迪出事三天以后,这个委员会的主席、前司法部长米歇尔也找了一个借口辞职了。李迪的暴露虽然在意料之中,但是作为李迪秘密行动的直接上司,他深受刺激,他必须摆脱委员会的日常事务,全力投入"掩盖"行动以挽救自己。再说,作为李迪公开职务的上司,李迪一被扯出来,他立即会自然成为两股强劲的调查力量的目标。

这两股调查力量一是专业的联邦调查局,另一股则是"业余的",就是新闻媒体和无孔不入、不计其数的记者们,这两股力量看上去互不相干,但实际上却是"协同作战"。如果米歇尔继续坚持,留在总统再任委员会主席这个惹眼的位子上,绝对就是跟自己过不去了。

更何况,此时,这个国家监督机制的一个重要按钮,已按照预先设计的程序，自动打开。在"水门事件"的案发地，美国首都华盛顿，由二十三名随机抽选的华盛顿市民组成的大陪审团，已经开始进行对"水门事件"的秘密听证。

你也许要问了，为什么是秘密听证呢？大陪审团是怎么回事呢？

去年，我曾经向你介绍过美国的陪审团，但是，大陪审团和一般的陪审团是不同的。他们的任务是根据美国宪法修正案第五条，在检察官起诉之前，代表人民对案情进行秘密听证。根据听证情况，再决定是否需要继续追究调查，是否可以对该案的涉嫌者起诉。如果通不过这一关，政府行政分支的检察官就无法对涉嫌者提起公诉，也就根本谈不上审判了。因为原则上，在刑事案件中，检察官是代表人民在向被告提起公诉。但是，由于政府机构和政府官员通常会产生异化，成为人民之外的一种独立集团。因此，大陪审团和陪审团都是对这种异化的一种监督限制。

之所以要秘密听证，是因为在这个时候，涉嫌者还没有被批准起诉，他还不是法庭上的一名被告。在这个阶段许多证据还不适于公开，以保护涉嫌者。因为他完全有可能最后被大陪审团判定不被起诉。法律在这个阶段还必须保护他的隐私权。

但是，在大陪审团听证期间，涉嫌者必须积极配合大陪审团的听证，如实回答一切问题。这个阶段还不是刑事审判，因此，涉嫌者也不能借口引用宪法修正案的第五条，即公民"不得被强迫在任何刑事案件中自证其罪"这一条，而拒绝回答问题。一般在这个阶段也不能由律师陪同出席听证会。

在这一阶段，一切证据都只引向"起诉"或"不起诉"这样两个结果。在大陪审团听证期间发生的一切都是保密的，也并不影响今后有可能发生的审判。一经得出"起诉"或"不起诉"的结论,大陪审团就完成了它的历史使命,立即解散各自回家了。如果该案被判定必须起诉的话,那么,为此后的审判,将根据同样的随机抽选方式,选出新的陪审团参加起诉后的审理过程。

我们再回到"水门事件"。从共和党总统再任委员会辞职的,还有一个出纳员。前面已经讲过,尽管说在1972年的《联邦竞选法》实施之前,未提名为总统候选人的竞选者,他所收到的政治捐款按规定不受监督。但并不意味着就可以违法使用政治捐款,一旦有违法嫌疑,还是会被查账。因此,他们赶在《联邦竞选法》生效前一天交给李迪用于"水门事件"的活动经费,随着"水门行动"的败露,也必然会水落石出。因此,参与了这个违法动用政治捐款过程的出纳员,也辞职下来,开始为自己寻找律师,并且等候法律找上门来。

这个时候,事情还只到李迪为止。但是,可以看得出来,李迪身后的人们已经非常紧张了。司法部长和刑事局都在按程序推动联邦调查局继续查下去。在这种情况下,尼克松和手下那几个亲信商量的时候,甚至说,我就是吃不准是否能干脆把司法部长和联邦调查局副局长找来,让他们停止调查。

尼克松之所以会这么想,就因为不管怎么说,他可是司法部长的上司。难道一个上级就无权给下级下一个命令吗?再说,这部长好歹还是他提名任命的呢。话再说回来,司法部长毕竟是总统的行政系统的一个雇员,他的政治前程在一定的程度上确实是总统给的。如果尼克松连任下一届总统的话,那么,他将来的前程也可以说是在尼克松手里。不仅司法部长有这个顾忌,其他的一些关键的官员应该说都有类似的考虑。这也是当这些官员,甚至一些检察官,在发现此案有可能与白宫有瓜葛的时候,多少都有过些犹豫和彷徨。

但是,在美国这样的制度下,一个案件一旦进入司法程序,它就如同卫星进入了运行轨道。它会自动地按预想的顺序往前走。要一反常态地中止运行,或者拖它偏离轨道,都不是一件容易的事。根据分权的原则,行政分支的一个高级官员做得再大,也不能干涉司法程序,即使是很低级的法庭的程序。哪怕是企图拖时间,延缓它的进程都并不容易。略一过火,这种拖延的行为本身就成了犯罪,更不要说制造什么口实中止调查了。

美国的司法部长都是老资格的法律工作者。他们一般都是律师或法官出身,对"妨碍司法"一词意味着什么心里很清楚。他们更明白,在美国,作为一个政府官员,是很难做到向外界彻底隐瞒什么不寻常举动的。调查一拖延,他就必须回答国会的质疑,说出拖延的正当理由。因为他虽然是总统行政分支下的一个官员,但是,按照宪法的精神,他的行为并不是只对总统负责,而必须是对美国人民负责。

司法部长还知道,整个调查不可能自始至终处于"黑箱操作"的状态。也许,某一个阶段,某一小部分可以暂时隐瞒,可是,在新闻界的包抄之下,一点一点都会登上什么报纸和杂志。总有一天,毫无秘密可言。到那时候,那些登在报纸上的"真相报道"里,曝光出来的属于他的那一部分,必须是经得起敲打的。否则,他就也要准备请律师面对法庭的被告席了。

所以,司法部长也罢,联邦调查局长也罢,众多由总统任命的官员们,他们之中不乏有一些顾忌总统压力和顾忌个人前程的人。

可是，在犹豫中摇了几摇之后，他们几乎都在总统与制度之间，选择了服从这个制度。遵从这个制度，他们必须根据法律程序按部就班地查下去，哪怕查的就是自己的上司，他们也会公开地正常地查下去。

在美国，妨碍司法是最明显的刑事犯罪，而且是重罪。尽管尼克松和他的手下人在"掩盖"行动中的每一个动作，都已经是犯了妨碍司法罪，但是，总统如果直接强令停止调查，将是历史罕见的严重妨碍司法罪。这就是尼克松吃不准也不敢这么干的原因。更何况，这样的强制命令是否会有效果，也是尼克松同样感到吃不准的。

可是，他这么一说，手下人居然心领神会，把这个意图至少是暗示了下去。在联邦调查局和中央情报局明确了总统手下人的意图之后，两个局的副局长见面坦率交换了一次意见，并决定把他们接到的暗示向总统汇报。最后，是联邦调查局的副局长格雷和尼克松打电话谈了这个问题。这个格雷应该说也是尼克松的亲信之一。在联邦调查局的局长拒绝向白宫顾问交出"水门事件"的调查文件后，作为副局长的格雷却多次向白宫透露过一些调查进展。

不过，透露一点调查情况是一回事，接受来自总统方面的暗示或者指示就停止调查又是另一回事。格雷可没有这个胆量走得那么远。他只能向尼克松摊牌。他终于明确地告诉尼克松，这案子掩盖不了，必将引向上层，总统应该脱身于那些涉案的人，干涉调查只可能导致毁灭。尼克松在电话里久久不语，然后，他只能说，你还是充分积极地进行调查吧。

至此，尼克松阻止联邦调查局的念头，大概是彻底打消了。这么一来，尼克松就还剩下两条路可走，一是中止"掩盖"行动，尽量脱清与涉案违法人员的干系,听任法律程序的进行,也就是该怎么样就怎么样,向法律投降。第二条路就是继续依靠自己的小圈子进行"掩盖"行动,阻止不了调查就干扰调查。权衡之后,尼克松选择了第二条路。也许,正因为他是总统,在知道"掩盖"的全部困难和危险的同时,他还是相信一个总统应该有足够的权力和能力"掩盖"这样一件"小事"。从这时开始,越来越得到尼克松信任的白宫顾问迪恩,正式成为"掩盖"行动的负责人。

"水门事件"发生已经三个月过去了,调查还停留在李迪这里。而李迪不管和白宫关系如何深,可从他调到共和党再任委员会开始,名义上他总是已经离开白宫了,只能算是白宫的前雇员。这时,距离大选只有一个多月了。于是尼克松稳住神,通过新闻发布会向全国宣称,在"水门事件"中,没有任何白宫的雇员涉案。然后,尼克松咬咬牙,把"水门事件"称为"一个可怕的事件"。并且为了做出姿态,使外界不至于认为李迪与司法抗拒的根源是出在白宫,他甚至一副正义凛然的样子,大言不惭道:"真正恶劣的不是事件本身,因为竞选中可能有过激的人会做出错事,真正恶劣的是企图掩盖真相。"

这么一来,至少暂时大家把"水门事件"都当作几个"政治小蟊贼"的杰作了。在大家的心目中,"水门事件"本身的级别也就随之大大降低。人们尽管还是将信将疑,可是在大选之前,公众的注意力被成功地引开了。一般的民众并没有把"水门事件"当作一个什么了不起的大新闻。

就这样,不久以后,尼克松如愿连任,再一次被选为美国总统。在这近半年的时间里,他下面的那几个"顾问"竭尽全力四处为"水门事件"灭火。刚刚担任"掩盖"行动负责人的白宫顾问迪恩,曾经向尼克松保证,在大选之前,"水门事件"肯定不会出来坏事。看来,也按计划都做到了。

尼克松竞选连任成功

尼克松又当上了总统,继续大权在握。可是,企图一手遮天的"掩盖"行动是不是就能够成功了呢?总统是否真的具有超越美国制度的"法力"呢?美国毕竟只有一个总统,而且只有他是通过全民选举产生的。一旦选上去了,为了维护这样一个全民选择的严肃性,在四年任期之内要他下来,也不可能是随随便便的。因此,虽然宪法规定通过一定的程序,国会可以弹劾总统,但是,直至那个时候,历史上还没有任何一名美国总统因国会弹劾而下台。那么,是不是尼克松选上之后就可以放心了呢?

我想在下一封信里,再向你介绍尼克松连任之后"水门事件"的发展。

祝好!

林 达

法官西里卡

卢兄：你好！

收到你的来信很高兴，你说，正等着我把尼克松再任总统之后的"水门事件"再讲下去。确实，"水门事件"此后的发展，是整个"大故事"里最精彩的一部分。看了后面的这部分，对美国建国者们在两百多年前的设计，对于这个制约权力的"收银机"的操作机制，你就会有一个非常形象的了解了。

尼克松再任了，可是"水门事件"的阴影却挥之不去。在美国，不论是首任还是连任，每当一个总统开始他为期四年的任期，他总是要重新组阁。也就是把他这个行政系统各个部分的负责人，重新做一番安排调整。这一次，这些新任部长们的各项指标中，属于"忠诚"和"强有力"这方面的素质，对于尼克松来说就格外重要。因为，"水门事件"还像影子一样跟着他，一起跟进了尼克松的第二个总统任期。在说不定的什么关键时刻，他会需要自己的部下拉他一把。

与此同时,连任之后,在他的白宫"小圈子"里,他也不得不让几个与"水门事件"有关的亲信离职。这里面有他的私人秘书,也有"特别顾问"。他要抽掉那几根易燃的柴棒,以免他们引着白宫的后院火堆。

但是,你一定还记得,尼克松毕竟只是这个政府的"行政大主管"。在美国政府的三大分支中,他仅仅管着其中的一个分支。且不论即使在行政分支中,各个部门还有其总统控制不了的"独立性"。那么,在尼克松总统控制的范围之外,"水门事件"正在以什么样的状态发展呢?

我们先看看这个国家的立法机构——国会。大选年的美国国会说来是有点"荒唐"。为什么呢?因为宪法规定美国众议员的任期只有两年,他们的选期有一次和总统的大选年是重合的,另一次则是在中期选举,也就是两个总统大选年的中间。而参议院呢,是每两年重选三分之一,参议员的任期就是六年,但可以连选连任。也就是说,在总统候选人紧紧张张地在那里拼着竞选的时候,国会的两大块,众院和参院,也各自在为竞选忙作一团。

参众两院的议员们都来自不同的州,都是每个州的百姓直选出来的。他们必须回到家乡,向当地的选民们阐述自己的政治理想并且和选民沟通,与自己的竞选对手辩论、打广告战等等。除了竞选范围比总统竞选要小(在一个州或一个选区的范围内),他们的其他诸多麻烦绝不小于总统候选人。

这样,在总统大选年,对全部的众议员和三分之一的参议员来说,也是他们的"大选年"。于是,到了最后的一段时间,国会就必须关门大吉,休会了。再有天大的事情,也得等选完之后的下届国会再说了。是不是有点"荒唐"？

也许，这也是大选之前的最后阶段，"水门事件"没有被国会摆上议事日程的原因之一。但是，当尼克松再任总统之际，也是新一届参众两院的国会议员们到任之时，情况就大不相同了。国会议员由于是公众推选出来的"专业"监督，因此，他们较之于一般的民众更为敏感。

更何况，这一届的参众两院，都由尼克松的对手党，即民主党，占了多数议席。这在美国是十分常见的。美国人非常习惯于把行政和立法两大分支，分别交给不同的政党。这样看上去更有利于政府结构平衡制约的原则，所以美国没有欧洲国家的执政党、在野党的说法。三大分支的产生方式截然不同，这是分权制度的保证。没有一个总统会愿意面对一个由反对党占多数的国会。可是，这些席位全部一个一个地来自各州的选民，尼克松对于产生这样的局面，完全无可奈何。

民主党一直对尼克松总统与"水门事件"之间的关系疑虑重重。他们对于共和党在总统大选中搞的"水门把戏"，当然要一查到底。新的国会刚刚开张，参院的多数派领袖就写信给参院的司法委员会，建议国会组成一个中立的调查组，调查竞选中发生的不正常情况。至于众议院的多数派领袖，始终相信共和党在竞选中的违法事件，其根子在尼克松，他一上来就对他的众议院同事说，他们可以做弹劾总统的准备了。因为美国的宪法规定，只有众议院有提出弹劾的权力。

与此同时，在司法方面，还有那二十三名普通华盛顿市民组成的大陪审团。为"水门事件"组织的秘密听证仍在正常进行。越来越多的有关人员被传到听证会作证。

美国的证人在作证之前，都要一只手按在《圣经》上，一只手举起来宣誓，发誓自己此后的作证说的都是实话。我曾经有很长时间里，一直对这样一个情节觉得挺好笑的，总想，这管什么用啊。后来，渐渐发现，这样的一个仪式确实有它的道理。

相信这种仪式是源于这个国家很深的基督教传统，虽然美国一直是一个政教分离的国家，虽然来到法庭的信仰不同宗教的各色人等都有，但是，这个显示敬畏上帝的基督教仪式却一直延续了下来。各色人等的美国，也没有人提出要取消这个仪式。它已经被抽去了宗教的色彩，却把神圣和敬畏抽象出来。大家都接受这样一个仪式，它已经自然地成为法律尊严的一部分了。大家也认同这样一个契约，你在发了誓之后，就必须说实话，否则，就是犯了伪证罪，而伪证罪在美国的法律中属于重罪。证人在法庭上如果出尔反尔，法官也可以判其藐视法庭罪。

你还记得吗？我在去年给你讲的辛普森案中，有一个在关键时刻被辛普森的律师揭露了证词虚假的佛曼警官。最后在法庭上，放了他的一些录音，是他在过去十年中，向一个女剧作家提供的有关洛杉矶警察的情况。他在录音中谈到大量后来经司法部调查判定是在吹牛的事。但是，这与"伪证"无关，因为这是他与女作家的私人谈话，而不是在法庭的"誓言之下"说的谎，因此也没人可以据此起诉他有"伪证罪"。

但是，佛曼仍然被以"伪证罪"起诉。其原因是他一开始在辛普森一案作证时，在法庭的"誓言之下"，宣称自己在十年内没有用过"黑鬼"一词。当时，估计辛普森的律师已经掌握了他此言不实的证据，因此再三在法庭上要求佛曼确认他的这句证词。他也信誓旦旦地确认了。

法官西里卡

结果，就在那些当庭播放的录音中，发现他几十次使用该侮辱性字眼。此后在辛普森的那个案子里，他引用宪法修正案第五条，拒绝回答一切问题，脱身而去。把他由于作伪证而给这个案子带来的全部混乱，统统留给了狼狈不堪的检察官。

但是，当辛普森案件已经审理结束后，佛曼还是由于"明明骂了人却在法庭上发誓说没骂"这样一个问题，被迫走上被告席，成为一项重罪，即"伪证罪"的被告。最后，他的律师代表他以"不抗辩"交换较轻的判刑。法庭判他三年监督，以及不得再担任警察职务。他之所以从一个别人案子里的证人，变成自己案子里的罪犯，就因为他有了一次"誓言之下"的谎言。

也就是说，在美国，一个人在任何地方撒谎，只牵涉一个道德问题。但是，在法庭的"誓言之下"的谎言，不论这个谎言多么轻微，它就是一个重罪的犯罪行为。当然按照常理，证人本身并不是被告，一个证人也应该不会担心受到什么法律处罚。但是如果一个证人不想站到被告席上去，也不想进大牢的话，那么，当他手按着《圣经》发过誓之后，最好还是实话实说。所以，在美国法庭上，律师在向一个证人取得关键证词的时候，常常在提出问题之前提醒证人，你的回答是在"誓言之下"的。在这种情况下，一般证人是不敢把这样的提醒当作耳边风的。

因此，越来越多的证人被传到大陪审团面前，这对于尼克松绝对是一个严重的威胁。你很难指望所有这些证人，都不考虑自己面临的重罪罪名，而一味地为了保住自己的上司而当庭作伪证。事实上，已经不断有人讲出他们所知道的真相。例如，那名辞职的出纳员，已经讲出了交给李迪的非法活动经费的准确数目。同时，也讲出了他的前上司、共和党总统再选委员会副主席如何教他作伪证。线索已经在往上扯,之所以还没扯到根子上,完全是因为那些已经坦白的人也对底细所知有限。

从尼克松这方面,"掩盖"的工作却变得越来越困难。困难主要来自两个方面,一是总统弄不到那么多违法的"堵嘴钱",国库并不是总统的私人腰包。需要的钱必须是到处"化缘"而来,这样,当前急需的钱,如这一批人的律师费、生活费都无法及时到位,更不用说下一步还需要大量的钱去安顿这些人的家庭等等。第一个问题解决得不好,"堵嘴钱"落实得不顺利,自然马上就带来了"掩盖"工作的第二个困难,就是很难堵住这么多张嘴。

已经在调查局掌握之中的这些人,都得到过将会受到"照顾"的许诺。这些许诺包括律师费,一年几万美元的生活费,两年之内得到大赦出狱等等。对于许诺是否会兑现,这些人本来就疑疑惑惑的。如果连审判之前的费用都不能及时到位,他们对于自己入狱之后的将来会有什么安全感呢?被抛弃的感觉时时都会产生。因此,他们就像是一锅往外冒的泡泡,几乎是捂都捂不住。

这里面,倒只有李迪是一个例外。他还是保持他原来理想主义的色彩。他向上面保证他的沉默,并再三声称他的沉默不是以金钱为代价的。

除了"堵嘴钱"的因素之外,还有一个"掩盖"行动即将面临的难以对付的问题。这就是,涉案的人害怕坐牢。所有涉案的人,在他们得到一个"好照顾"的承诺的时候,也许确实想过,就豁出去坐上两年牢。但是,当这种想象越来越接近现实的时候,每个人的反应是不同的。这种反应不仅与每个人的个人素质有关,更与这些人原来的地位和处境有非常密切的关系。

很自然，越是原来处境比较好、地位比较高的人，就越无法接受坐牢这个现实。至于一些曾经或正在当着高官的人，更是以前从来没有转过自己要去坐牢这个可怕的念头。对于他们来说，从白宫的座上客沦为阶下囚，无论刑期长短，哪怕只坐一天牢，也是人生一个毁灭性的质变，是一场灭顶之灾。

因此，执法严格是司法部门一个强有力的威慑。在坐牢即将变为现实的最后一刻，涉案者的心理防线是最容易一下子全面崩溃的。他们在一瞬间，会像抓住一根救命稻草一样，愿意讲出一切真相以换取待在监狱外头。所以，在整个"掩盖"行动刚刚开始的时候，这些参与"掩盖"的人对于这一现象是远远没有估计充分的。相反，他们，包括尼克松在内，总是对于越上层、越是自己身边的人，信任的程度越高。却没有预料到这些人实际上有着比常人更为薄弱的弱点。这样，他们的"掩盖"行动从一开始，就是在一个火药堆上进行的。他们安全的唯一希望，就是通向这个火药堆的每一条引线都被掐断。

可是，火药引线已经从几个方向被点着了。

首先是，"水门事件"已经被联邦调查局盯上的那几个涉案者，已经被大陪审团批准由检察官起诉。"水门事件"要正式开庭审理了。也就是说，美国政府的司法分支在这个案子上的作用，正式启动了。

负责这个案子的法官名叫西里卡，年轻时当过职业拳击手。他早早就念完了法学院，六十八岁时，在艾森豪威尔执政期间，成为联邦地区法庭的一名首席法官。他也是一名共和党人，出名的保守派。他也痛恨六十年代风潮中自由派的观点作为，以及自由派对于传统美国生活的冲击。他的个人政治倾向看上去几乎和尼克松一模一样。因此，在他以往的法官生涯中，他的判案有不少是被自由派占上风的上诉法院推翻

法官西里卡审理"水门案件"
上了《时代》杂志封面

的。这对于一个首席法官来说,不能不说是一个令人沮丧的记录。

就在刚刚开始的"水门案件"审理过程中,在对李迪起诉时,开庭不久,他已经有两个决定被上诉法院推翻。一个被推翻的决定是这么回事,《洛杉矶时报》的一名记者有一份采访录音,采访对象是"水门案"的一个被告,也就是"水门事件"发生时,那个悠悠地在大楼外观赏夜景,忽略了那两个"嬉皮"打扮的便衣警察,"玩忽职守"的望风者。在被采访时他说出了一些实情,而这些实情的坦白显然有利于对李迪的定罪。法官西里卡就要这名记者交出采访录音带。

谁知这名《洛杉矶时报》记者居然不干。因为在美国,记者与他的采访对象之间的关系,就像律师和他的客户、心理医生和他的病人、神父和他的信徒一样,他们之间的谈话内容是受法律保护的。记者的新闻来源受到"新闻自由"的宪法保护,如果他不愿意交出来,谁也奈何不了他。法官西里卡一怒之下，就以"藐视法庭罪"当场拘留了记者。因为判"藐视法庭罪"在美国是法官的权力，不必通过陪审团。但是，如果被判的人不服，当然可以上诉，由上诉法院对于法官的这一权力进行监督和审查，以防法官的权力被滥用。结果记者上诉之后，上诉法院立即下令，限法官西里卡在两小时内把记者给放了。他当然只好乖乖地服从。

另一个西里卡被上诉法院推翻的判决是有关证据呈堂的问题。这我在去年给你的信中也提到过的，在美国，由于宪法修正案对于搜捕状的严格规定，因此，所有在法庭上出现的证据都必须是合法得到的。凡是以非法手段得到的证据都不得在法庭上出现。判定证据是否可以呈堂，也是法官的权力，但是这一权力同样受到上诉法院的监督。

当时，对李迪起诉的证据之一，是我前面所提到过的，联邦调查局曾经在法律限定还不很明确的情况下，应尼克松的要求在白宫装的电话窃听器的录音。这个电话并不是李迪打的，但是其涉及的内容与案情有关。

结果，打电话的人得知录音要呈堂，立即向美国公民自由联盟请求帮助。这个联盟我在去年也向你介绍过，他们专门提供最好的律师，为公民权受到侵犯的平民打官司，甚至经常是免费的。这一次，他们又代表了那名打电话的人，在电话录音呈堂之前提出异议。最后，法官西里卡判定该窃听录音可以呈堂。但是，这一判定又被上诉法院给否决了。

西里卡法官在他以往的判案历史中，尽管有过多次他的判决被上诉法院推翻的记录，但是，他也有他的杀手锏。就是在他的权力范围之内，他会把这个权力用足。你知道，在美国，法官是没有权力判定被告是否罪名成立的。这一权力始终在陪审团手中。但是，在判定"罪名成立"之后，同一罪名的刑期长短，是有一个有限的可调幅度的，也就是同一罪名可判的最高刑期与最低刑期之间，有一个差距。在法律规定的限度之内量刑，法官是有一定的权力的。西里卡就常常把判最重刑期，作为自己对罪犯的一个威慑武器。

看到这里，你一定会有些迷惑不解。既然法官西里卡与尼克松以及被告李迪一样，也同是一个共和党人，也同样持有十分顽固的保守派观点，那么，他对落在自己手上的这么一个案子，一个对于自己所属的政党在竞选中发生的丑闻案件，为什么非但没有庇护和"手下留情"的倾向，反而看上去好像是在卖力"追杀"？

你的问题是十分自然的。但是，在美国，法官西里卡的反应也是很自然的。为什么这样说呢？因为我前面也有过介绍，在这里除了少数政治活动家，个人对于一个政党如果产生认同的话，他基本上只有观点认同，而几乎没有什么组织认同。所以，首先，法官西里卡不会对政党组织有任何顾忌和心理压力。因此，他是一个终身的共和党人，只是说明他是一个具有非常固执的保守派观念的人。

更何况，他还是一个保守派的法律工作者。事实上，在这一类保守派的观念中，希望保持传统生活和传统价值观，崇尚秩序，把法律作为至高无上的准则，对违法和破坏秩序的现象深恶痛绝，主张严厉惩罚等等，是十分典型的，也是非常符合他们的信念逻辑的。对于法官西里卡，他认的就是维护秩序，其余的六亲不认。任何犯罪现象，落在他手里就一追到底，因为他肯定觉得这是实现他个人理念的最佳方式。

因此，法官西里卡不仅不会受到来自于任何与政党有关的组织压力,而且,虽然他和尼克松"同属"一个共和党,尼克松还是该党推出来的领袖,那么,堂堂尼克松总统和他周围的人,是否就可以贸贸然以"同党"为名和法官"套个近乎",打个招呼呢?那可不行,"妨碍司法",那可是重罪。

结果,法官西里卡在他自己的信念的支持下,在预审听证中就发出连珠炮一样的"重磅"问题。他要检方注意,陪审团想知道的是:谁雇了这些人;他们去干什么;是谁付的钱;是谁"发动"了此案。法官西里卡的目标显然不仅仅是眼前已经站在被告席上的几个人,他一开始就表现出了一追到底的劲头。

但是,法官西里卡第一个回合并没有达到预期的效果。原因是已经起诉的那几个家伙,包括李迪在内,一个个纷纷开始表示"认罪"。

在这里我想解释一下,就是在美国的法庭上,按程序先向被告宣布所指控的罪名。然后,被告可以在律师咨询下决定,是否自己觉得"罪名成立"。如果被告否认,就按照法律程序继续审下去。在审问过程中,各种证据将呈堂,各个证人也将被传来作证。律师会当庭向证人提出不同问题。因此,在律师的努力下,在一个案子的审理过程中,不论是发现新的情况,还是发掘出新的涉案者都是有可能的。

同时,由于一个案子的审理需要大量人力物力,因此,一般检方都鼓励被告"认罪",以免去冗长的审理。为此,一般还会以减刑作为"认罪"的交换条件。所以,一般凡是证据确凿无法抵赖的案子,被告一般会选择"认罪"以换取减刑。这种情况下,这是对双方都有利的一种选择。事实上,美国大部分的刑事案,都由于检方掌握确凿证据而以被告认罪结案。

可是,你千万不要看到这里,脑子里就冒出我们都很熟悉的一句话：坦白从宽，抗拒从严。因为在这里，"认罪"并不完全等同于"坦白"。在这种情况下，被告只是认定自己有罪，他完全可以在"认罪"的同时，并不"坦白"与他人有关的全部案情。再说，一旦被告宣称"认罪"，继续审理也就不存在了，律师也不再有机会在法庭上步步紧逼，追出漏洞和其他的作案人。作为检察官，对于这一名特定被告的起诉，是在罪犯"认罪"的一刻就宣告成功了。而作为想揪出罪犯后台的法官，可能反而是意味着一个失败。

对于这个案子，恰恰就是这样。审理还刚刚开始，被起诉的涉案者就全部认下罪名，审理似乎也就到头了。法官西里卡眼见着一条条幕后的"大鱼"有可能就在他的手里轻轻滑过去，悄没声地逃出法网，真是心有不甘。但是，检方试图进一步以减刑为交换条件，诱使几名被告做出全部实情坦白的努力又没有成功。法院一头的戏，好像是唱不下去了。

这时，法官西里卡决定拿出自己的"杀手锏"。他把宣判的日期先拖一拖，但是，他向几名已经认罪的被告预示了一个法律许可范围的吓人刑期。他说，将要宣判的结果，全看这些人与国会听证会以及大陪审团合作的情况。如果他们不合作，他就尽量判长刑期，反之，他将手下留情。

这是怎么回事呢？

这是因为，这些被告自己的案子尽管随着"认罪"而宣告结束了，但是，检方还在考虑起诉其他涉嫌者，所以这个案子的大陪审团尚未解散，他们将继续举行新的听证会。只是，随着这些认罪者本身案子的结束，他们就从被告变为其他涉嫌者的证人。也就是说，政府权力的司法分支，对"水门事件"的干预并没有完全结束。可是，如果这些证人全部不配合,大陪审团就很难批准对高一层人物的起诉,因为他们并没有被当场活捉,暴露的罪证不像下面这些人那么多。可以说,这些已经认罪者的证词将是非常重要的,甚至是法院能否在这个案子上进一步有所作为的关键。

更为重要的是,政府权力的另一个分支,立法机构——国会,对"水门事件"的调查也已经正式启动。参议院的调查委员会已经成立,听证会迫在眉睫。这些涉案的被告无疑也会成为国会听证会的证人。

西里卡法官的"杀手锏",就是针对这些"认罪者"在以上两个即将展开的听证会上作证的态度,发出的警告。

法庭的第一个回合并不算成功,下一个回合也前途未卜。然而,西里卡法官明白,即使司法分支最终没有成功地掌握"水门事件"幕后人的证据,也并不意味着美国人民就已经认输。他知道国会调查将是一股很强的力量。他说:"大家都知道,国会将就此案展开调查。我不仅作为一个法官,也作为一个伟大国家的公民,并且作为成千上万盼望得知真相的人们之一。我坦率地希望,参院在宪法所赋予国会的权力之下,把此案查个水落石出。"

美国的国会对于行政部门的调查,历来就是极难对付的。因此,这个开关一启动,尼克松以及他周围那些正在从事"掩盖"行动的人,立即如临大敌。尼克松本人在二十多年前,也担任过国会的调查委员,当时,他也曾成功地抓住过别人的伪证。如今,他却在指使自己的部下去作伪证,这不可能不使他感到心里发慌脚底发虚。

凡是国会的这类听证会,证人也都必须在作证前宣誓。一般地说,整个作证过程都是通过电视,向全美国民众播放的。这就是说,证人将在全美国人面前,一手按着《圣经》,举起另一只手宣誓,誓言自己说的将句句都是实话。对于那些可能被国会传去作证的高层官员们，如果当着全国的人民的面在"誓言之下"作伪证，这将冒多大的政治风险乃至刑事风险。

国会参院的调查委员会成立之后有一个准备阶段，因此，正式听证还有三个月时间。尼克松和他的几个亲信顾问再三分析形势，商量对策。例如，那已经"认罪"的七个被告，肯定都会被国会传去作证。他们会松口讲出真相吗？问题是，连最起码要送到的"堵嘴钱"都没有把握筹齐。他们还在考虑，迫不得已时，是否就再让前共和党总统再任委员会的正副主席——米歇尔和麦格鲁德，顶上去做替罪羊等等。

谁会料到，就在国会"水门事件"听证会之前的三个月里，尼克松没有找到一个好的对策，反倒错下了一步棋。前面曾经提到过，尼克松的司法部长始终没有向白宫透露"水门事件"的调查进展。但是，联邦调查局的副局长格雷却是尼克松的一个亲信，他曾经透露过一些"水门事件"的调查情况给白宫，不过也没有涉入太深。不管怎么说，从法律的角度说，他也已经是一个"有罪的知情者"了。

前面说过，尼克松趁着连任总统职位的时机，想要调整下面的班子。也许首先是考虑格雷的忠诚，其次，格雷已是一个知情者，也许尼克松也想安抚他。总之，尼克松在联邦调查局原局长去世缺任的情况下，决定提升副局长格雷为新一任的正局长。不知为什么，这一次，老谋深算的尼克松居然忽略了"国会审查新提名行政官员听证会"的严重性。

格雷的提名一到国会，国会对格雷的审查很快集中到他在"水门事件"所扮演的角色问题。这样，审查提名格雷任联邦调查局局长的听证会，迅速演变成了国会"水门事件"听证会的"预演"。

格雷因"水门事件"上了《时代》封面，文字是：政治中的联邦调查局

这个国会听证会毕竟是格雷升官的资格审查。因此，前往国会参加听证的格雷，只有兴致勃勃地准备提升局长的思想准备，而没有在这个时候接受"水门事件"严肃调查的预感。所以，对有关他在"水门事件"中应承担什么责任的各种问题，他也不会有充分的应对准备。

在格雷听证会的第二天，尼克松和他的法律顾问迪恩就发现情况大大不妙。尽管尼克松很想撤回他对格雷的提名，可是在当时的形势下，他已经无法前去关掉这个程序的开关了。格雷这个"提名局长"是想当不想当都得当了。

可能是格雷在突如其来的有关"水门事件"的发问下慌了神，就本能地试图推卸责任。也可能是他在国会听证会上也不敢撒谎。不管怎么说，就在国会审查格雷的新任命的听证会上，他几乎把总统顾问迪恩对联邦调查局"水门调查"中的插手和干扰，全给讲出来了。

在此之前，在调查"水门事件"的时候，谁也没有想到过迪恩这个人。因为你也看到了，直至事件发生，迪恩确实一直是"圈外人"。

他确实没有参加"水门事件",当然也就不会有任何有关这一事件的证据和证词指向他。他是在"掩盖"行动开始之后,才一头扎进去的。因此,准确地说,他确实不是一个"水门事件"的罪犯。但是,他现在却是在以一个涉嫌者的形象慢慢浮出水面。这是一个"干扰司法"罪的嫌疑者。

从这一刻开始,尼克松和他周围的人,大概是有点醒了。在此之前,他们的全部注意力都集中在如何对"水门事件"本身进行"掩盖"上。而到了这个时候,当他们的"掩盖"行动本身开始曝光,他们必须意识到,既然由"水门事件"的犯罪行为引出的"掩盖"行动的种种作为,就是"干扰司法"罪,而且,这是一项更为严重的犯罪。那么,"掩盖"行动本身就更需要"掩盖"。问题是,那"新的掩盖"又是什么呢?是否还需要"更新的掩盖"呢?而每一次"掩盖"都无疑会留下或多或少的蛛丝马迹,不进一步"掩盖"又怎么行?这无穷尽加速恶性循环的前景,已经吓坏了所有的"圈内人"。

可是,事至如今,面对已经无法抹去的"过去",不继续"掩盖"似乎也已经没有退路了。可是,我已经说过,"掩盖"行动已经成为一个不断会长出新的脑袋来的多头怪物,怎么砍也砍不及。

这时,是1973年的3月初,是尼克松第二个总统任期刚刚开始的两个月之后。除了政府权力的司法分支和立法分支这两个方向之外,在第三个方向,又一根导火索被点燃了。3月8日,就在格雷听证会开始的第八天,《华盛顿邮报》刊登了一篇详尽的报道,是有关尼克松的私人律师卡姆巴赫在"非法使用款项"中所起的作用。也就是向美国民众介绍了卡姆巴赫与"水门事件"的"堵嘴钱"的关系。这是又一个由于涉及"掩盖"行动而曝光的白宫官员。同时,参院的调查员也开始调查这位尼克松的私人律师。参院也已经提出,将会要求包括迪恩和卡姆巴赫在内的几名白宫顾问到听证会作证。

在第一个回合中看上去并不成功的司法分支这一头,法官西里卡的"杀手锏"其实也在无形地起作用。对于已经起诉的七个人的刑期宣布,定在3月23日。在这里面,四个是古巴难民,他们基本上只是受雇干活,知道的内情十分有限。而另外三个人,就是与上一层官员的连接点。他们手里都有相当可观的"内情",可以作为交换"宽大"的筹码。

李迪是个理想主义的狂热极右派,从头到尾坚持了"沉默石墙"的角色。但是,对于另外两个人,在现场与古巴人一起被抓住的窃听专家麦克考尔德,以及和李迪一起指挥"水门事件"的前白宫顾问亨特,法官西里卡所威胁的漫长刑期,一直在他们耳边嗡嗡作响。

前白宫顾问亨特,在审判之前终于沉不住气,向白宫发出了威胁。他的要求就是钱。他为自己的沉默开出了新的价码,并且给出了最后的限期。他提出,如果白宫不能满足他,他就全部交代。要知道,仅仅不久以前,亨特还是尼克松的一个亲信顾问,谁会想到,短短的一段时间之后,他就可能发出这样的威胁。这已经是一个信号,它说明,从此,由于面临的处境不同,这一圈人的分化和关系的恶化已经势不可挡。

前白宫顾问亨特尽管已经和尼克松撕破脸皮,尽管他提出的钱的要求也非常难办,但是,毕竟还是有可能解决的。如果说,他的怒火还可以用钱去熄灭的话,那么,对另一个被警察当场抓住的"认罪被告"麦克考尔德,对他不顾一切要达到的目标,白宫实在是无能为力了。

这位窃听专家他要什么呢?他要在自己被当场抓住,并且已经在法庭上承认了全部罪行之后，仍然舒舒服服地留在家里，而不去坐牢。他想来想去，他被许诺的两年以后的总统大赦也不要，他一天牢也不肯坐，他一心就是要待在家里。

当然，作为一个多年的政府官员，麦克考尔德不至于愚蠢到连总统的权限都不知道。判刑是美国政府司法分支的事，总统只是行政分支的头儿，井水犯不了河水，想管也管不了。因此，他倒是表现得比亨特平静得多，没有频频向白宫提这提那，因为他知道，他们想救也救不了他。可是，他一天也没有停止琢磨，他不停地想出一些自救的花招，当这些花招都不起作用，而判刑的一天又逐步逼近的时候，他只有最后一招了。

麦克考尔德给法官西里卡写了一封信。这一天是3月19日，正是法官西里卡六十九岁的生日。他看完信，又把它重新封了起来。法官西里卡只悠悠地说了这样一句话："这是我一生得到的最好一件生日礼物，它将把这个案子兜底翻开。"

这一切，尼克松和他的"掩盖"行动的主要人物，还都被蒙在鼓里。但是，即使没有麦克考尔德，他们面前已经是一张千疮百孔的遮羞布。他们面临即将开始的国会听证会，他们面对新闻界的追踪，他们面对几名白宫顾问的曝光，他们面对亨特向法院坦白的威胁和筹集"堵嘴钱"的重重困难。导火索甚至在他们自己的座位下嗞嗞作响，在尼克松行政系统之下的司法部，又查出了前白宫顾问亨特和李迪，在"管子工"时期闯入艾尔斯伯格的心理医生办公室的旧账。

在3月21日，七名被告审判的前两天，尼克松召集那几个"掩盖"行动的主要人物，开会商量对策。第二天，同样性质的会又开了一次。

在这次会上，尼克松第一次知道他的前顾问亨特的威胁。尼克松在会上十三次提到要付亨特的钱。尼克松关照要"做好证人的工作"。尼克松谈到如何在今后两年里搞现金。尼克松关照有关他们自己"妨碍司法"的情况，要一刀切去，等等等等。那天晚上，他们把亨特所要求的现金的一半，派人偷偷扔进了亨特的律师的信箱。

在这两天的会议之后，尽管他们还在商量和进行新的"掩盖"活动，但是一种如临深渊、如履薄冰的感觉，像一条恶狗般紧紧追赶着他们。因此，除了尼克松之外，其余的几个人，都纷纷开始为自己寻找律师。

在五个月后，当尼克松被迫交出他的录音带时，这次会议的录音是当时的特别检察官听的第一盘带子，听完之后，检察官们就郑重建议尼克松自己去雇一个刑事律师。

3月23日，对已认罪的七名"水门案件"被告的宣判的时刻到了。开庭之后，法官西里卡宣布，被告麦克考尔德有一封信给法庭。随后，书记官打开信之后交给法官，西里卡当庭开念。主要内容就是：被告曾受到政治压力而保持沉默；此案凡涉及政府部门，涉及他们的作用及作案理由，都有人作了伪证；此案尚有其他罪犯。

事后人们形容这封信就活像一颗炸弹一样，在法庭上当庭炸开。记者们就像被炸飞了的弹片一样，一休庭就直扑电话机，不出多久，这已经是美国民众嘴里的一条新闻了。

你是不是以为，这一来，"掩盖"行动彻底破产，尼克松的"水门"故事就可以结束了呢？那你可就小看了权力的魅力和威力了。权力的魅力，使得尼克松无论如何不会轻易就交出白宫。而权力的威力，则使得掌握权力的人，会有比一般人所具备的强得多的能力去对付自己的危机。

因此,这个本来根本不起眼的"水门事件",随着尼克松的顽强抵抗也愈演愈烈,直至最后的部分高潮迭起。今天已经很晚了,等我下封信再向你介绍吧。

祝好!

林　达

国会网住了总统

卢兄：你好！

上封信我讲到"水门事件"在司法审理过程中，终于炸开了一个缺口。但是，聪明的法官西里卡虽然还不知道他到底将拖出多大的一条鱼来，可他至少知道，鱼越大就越难网住。因此，他丝毫没有因为手里捏着麦克考尔德的信，就以为万事大吉了。

他不仅知道自己还有不少沟沟坎坎要跨，而且他还想到，如果在这条线索后面是一条真正的大鱼，那么单靠司法分支的力量肯定是不够的。问题很明白是出在政府权力的行政分支这一部分。所以，他首先考虑的，就是在促使立法分支对行政监督的这个方向，他再上去猛推一把。

法官西里卡的顾虑绝不是多余的。当法庭上的爆炸性消息传到白宫的时候，尼克松在震惊之余，一方面安抚部下，说是麦克考尔德知道的东西并不多，坦白也不会造成大的伤害。另一方面，他开始召集商量新的对策。其中最重要的策略之一，就是既然如此，干脆用司法之"盾"，挡国会之"矛"，先截断立法分支的进攻。把问题限在司法程序的初级阶段，然后把线索掐断在这一道门槛里面。

这是什么样的一个计策呢？就是在参院听证会之前，抢先要求进入司法程序。可是尼克松为什么要这样做，这不是等于自投法网吗？这里面也大有讲究。

国会的听证会，是宪法设计的权力制约与平衡的机制之一。也就是权力的立法分支对于行政分支进行监督审查。如果是一个平民，你没有一定的证据，是不可以对他提出刑事起诉的。如果没有绝对充分的证据，更是很难给一个平民定罪。这在我去年介绍的辛普森案中，你一定已经深有体会了。但是，政府行政机构和它的官员的作为，就受到远为严格的监督和限制了。

在政府行政机构和官员的行为发生诸多疑点的时候，即使还没有够得上提出法律起诉的证据，国会就已经可以根据这些疑点要求召开听证会了。国会听证会虽然不是法庭，但是，它的严肃性以及穷根追底的劲头绝不比法庭差。更具威慑力的一招，就是一般它都向全国做电视转播。一切都是公开的。这样，国会听证会往往会起到"准法庭"的作用。所以，政府的行政官员与平民百姓相比，受到的监督更多一层，受到的保护也就少了一层。

但是，不论国会听证会得出的结论是什么，听证会是不会给你判刑的。如果在听证会上，确实追出了刑事犯罪的证人证据，那么听证会一结束，下一步就是移交司法系统，进入司法程序了。进入司法程序之后，就是按照司法的一套规矩去走，法庭上的被告都一样享有宪法规定的权利，没有充足证据都无法定罪，但是一旦定了罪，就得坐牢了。

那么，尼克松他们为什么要跳过国会听证会这一层，反而愿意进入司法程序呢？我们先预想一下，如果举行国会听证将会发生什么。

对于尼克松们来说，在证人已经宣布要坦白的时候，向全国举行公开的国会听证会，那无疑立马就是一场灭顶之灾。你想，如果让证人在全国民众的众目睽睽之下，一下子把全部事实都摊开，把白宫后台一把推到前面。可以想象，全国民众的愤怒会立即如潮水般把尼克松的白宫淹没，连缓冲筑堤抢救的时间都不会给他们留下。这当然不是尼克松们想看到的后果。

可是，如今已经处在最后的紧急关头，若要阻挡这样的事情发生，除了以毒攻毒，主动要求直接进入司法程序，已经没有别的阻挡办法了。因为一般来说，如果一个政府官员的问题，已经严重到足以进入司法程序的阶段，那么，国会听证这个"准法庭"的阶段当然也就没有必要了。虽然国会也可以坚持照样开听证会，但是，一般来说，国会接受这个建议，取消预定的听证会，让他们直接转向司法系统的可能性很大。尼克松们当然也不想和司法分支打交道，只是，两害取其轻，也只能这样以退为进了。

你一定又要问了，为什么他们会认为司法方向造成的伤害可能更轻一些呢？如果他们成功地挡住了国会听证会，他们又怎么对付司法分支呢？他们怎么可能把线头掐断在司法程序的初级阶段呢？

因为，如果进入司法程序，首先就是召集大陪审团举行听证会，而关键的是，由于这是起诉之前的听证，所以这样的听证是秘密举行的。

同时，美国司法部门为了尽快搞清案情真相，为了打消证人的顾虑，一向与证人进行有限度的交易。这种交易的效果最突出的，就是在给贩毒集团首犯定罪的案子里。例如,以不咎既往不起诉为条件,交换贩毒集团内的知情者出来作证,作证后甚至帮助他们改头换面,在无人知晓的地方开始新的生活。否则,很多组织严密的贩毒集团即使警察千辛万苦破了案,也无法说服陪审团将罪犯定罪。

也就是说,证人以"案情真相"交换对证人的"不起诉",这在起诉前的大陪审团听证阶段,是常有的情况。当然,这种交易是有限的。但是,在整个司法程序中,这确实是十分罕见的、有商量回旋余地的一个部分。

所以,你猜对了,尼克松们打的就是这个阶段的主意。

由于这种交易是有限的,所以,他们可以在这个阶段有限地抛出几个"死老虎"。例如,前共和党总统再任委员会的正副主席米歇尔和麦格鲁德。他们本来就是"水门事件"的直接指挥,窃听专家麦克考尔德一坦白,他们本来就在劫难逃了。可是,白宫里面的人却可以在事先和司法部门做交易,以"出来作证"交换"不起诉"。

这样的交易是否有希望呢?他们至少认为还是有一定把握的。首先是,在司法程序的这个初级阶段,严格地说,是政府权力的两个分支的接合部,就是政府行政部门的司法部和政府司法分支的法庭的交接点。因为,只有在大陪审团批准起诉之后,才算是案子真的交到法官西里卡手中了。在此之前,尼克松所领导的司法部之下的检察官,在这个"证人交易"里还是有相当大的发言权的。

其次,毕竟,一件刑事案件,牵连到白宫,牵连到可能要总统出来作证,这些都是没有先例的。谁也不知道这样的交易幅度应该怎样。既然没有先例,争取的空间也就更大一些。

如果尼克松们的这一招能够如愿以偿的话,就切断了政府权力三个分支以及新闻媒体在制衡关系中的互动作用。在美国的建国者们设计了"收银机"之后的近两百年来,它的机制还是第一次遇到这样大的挑战。

就在这最后冲刺的紧要关头,法官西里卡似乎也在担心白宫的这步棋,于是动作敏捷地抢先跨了一步。他为了推动国会,使他们坚定召开听证会的决心。在宣判的前两天,也就是在麦克考尔德的信公布的前两天,他邀请参院"水门事件"调查委员会的顾问,一个名叫戴希的法学教授,前来旁听他敦促被告与参院合作的谈话。并且因此促成了决心坦白的麦克考尔德与戴希教授的单独谈话。

法官西里卡的这一推动非常有力。因为麦克考尔德对戴希教授透露的情况,使戴希教授十足大吃一惊。这等于在参院的调查决定上,又锤下了一颗铁定的钉子。

推完参院这一头,法官西里卡决定在证人一方也再加大压力。他又一次使用了他的杀手锏。他在那次宣判会上,除了对要求坦白的麦克考尔德延缓判决之外,对其他几名被告只宣布了"临时判决","临时判决"的刑期都很长。接着他宣布,"正式判决"将在三个月后,届时,他将根据被告与参院及大陪审团的合作程度,重新评定他们的正式刑期。

法官西里卡清清楚楚一字一句地对被告们说,"我建议你们与大陪审团和参院调查委员会充分合作。你们应该明白,我并没承诺什么,也不抱任何希望,但是你们如果决定和盘托出,我会重新评估刑期,其他因素也会得到考虑。所以我在此特作说明,因为这是你们自己可以做主的。"

这一个关键的较量,尼克松这一方又显得十分被动。当他们还在

揭露"水门案"最著名的两名《华盛顿邮报》年轻记者

准备他们的计划时,国会的调查委员会已经决定借助公众舆论的支持了。戴希教授举行了一个简单的新闻发布会。他只宣布麦克考尔德向他提供了其他涉案者,而拒绝透露包括姓名在内的进一步的任何情况。

新闻界立即被连锁地推动了。记者们见缝插针地去搜寻消息。其中,《华盛顿邮报》和《洛杉矶时报》的两名记者也在积极追查。《华盛顿邮报》的两名记者,不仅在整个"水门事件"过程中探出大量内幕,做了许多报道。此后他们也几乎成了"水门事件"的专家,他们根据自己了解的情况,写出了好几本有关"水门事件"的书。直到最近还写出新的书来,书名挺有意思,叫做《都是总统的人》。

而《洛杉矶时报》的记者终于探到了前共和党总统再任委员会副

主席麦格鲁德和总统法律顾问迪恩的名字。在名字见报之前,这名记者在总统的记者招待会上,就迪恩涉案一事向白宫的新闻秘书追问,这位新闻秘书却以诬陷控告相威胁。记者根本不把这样的威胁放在眼里。迪恩的故事当然开始上报。

反过来,倒是迪恩自己沉不住气了。尽管他是尼克松总统的法律顾问,但他还是在外面给自己找了一名律师。

尼克松们想跳过国会听证会这一关,看上去已经越来越困难。

然而,对于尼克松们来讲,越是这样的局面,越是不能举手投降,这对于他们已经是一场生死存亡的搏斗。他们设法用一个含糊不清的"行政特权"来抵挡。这是什么东西呢?这是三权分立的一个部分。就是在正常情况之下,政府权力的三个分支是独立的,相互之间无权干扰干涉,例如行政部门就有"行政特权",一般情况下作为立法部门的国会无权过问他们的正常行政工作。

可是,仅以此条显然很难挡住。因为国会现在手里掌握的证据,起码可以说明白宫操作"不在正常情况之下",国会调查是站得住脚的。所以,最终他们还是放弃了这一个挡箭牌。剩下来的挡箭牌就只有"行政程序"这一条路了。这一条还是原来的老花样,就是强调进入司法程序,使参院调查成为"不必要"。可是在眼前的局势下,这样的抵挡能否成功,他们毫无把握。

形势的发展非常快。到三月底,尼克松已经被迫放弃对听证会的抵挡,宣布白宫人员可以"非正式地"参加听证会,在"总统的指导下"出席大陪审团的听证了。尼克松总统在做出这个"退让"宣布的时候,如果他看到了自己的法律顾问迪恩当时正在家里干什么,这个"退让"也就算不上是什么打击了。

迪恩那天在家里干什么呢？他在约见自己的律师。

在这些尼克松的白宫顾问中，只有一个人是比别人还多一块挡箭牌的。他就是在"掩盖"行动中涉案最深的迪恩，他为什么就可以多一层保护呢？因为他的顾问头衔与其他人不同，他是"法律顾问"。正因为在"顾问"前多了法律二字，他就可以援引"律师和客户之间的关系受法律保护"这一条，声称他不必向调查委员会作证。但是，也许正由于他是一个法律顾问，一旦出现"兵败如山倒"的迹象，他最清楚自己将会面临什么后果。就算他可以在出席听证会的问题上，比别人多抵挡一阵，可是，他很清楚，这只能延缓自己吞咽这个后果，而不能真正逃出这个结局。

因此，迪恩这个尼克松总统在"掩盖"行动中最信任的人，也是在"掩盖"的阶段里，给尼克松出谋划策最多的一个人，已经开始考虑自己"丢车保卒"的方案了。他想来想去，自己的双脚已经深深地陷在这片泥沼里，除了把尼克松作为一块坚实的木板铺下来，踩上去，他再也没有别的逃生之路了。

所以，作为尼克松法律顾问的迪恩这时开始约见他为自己请的律师了。

迪恩的律师先请他陈述事实。律师的职责就是为客户提供最好的法律服务，在法律的范围内，以最好的方式保护自己的客户。在这个意义上，应该说，迪恩的律师是尽到自己的职责的。因为，他听了一半的时候，就明白他的当事人的麻烦有多大了。因此，坚持当场就要给检察官打电话，让他的当事人迪恩尽早与检察官讨论"证人的交易"。律师知道，迪恩必须及早拿"真相"去交换宽大，否则，他就完了。前面已经说过，这是整个司法程序中少有的允许讨价还价的一个环节。

但是，当迪恩在律师的安排下与检察官进行接触的时候，并不是像你我想象的那样，一开始先谈交易的条件的。这是因为前面提到过的，交易是有的，但是交易是有限度的。所以，在美国的司法界，通常在这种情况下会把认罪交易留在最后谈。这样做的道理很简单，只有当证人把一切都说出来之后，检察官才知道证人本身在案子里究竟犯了多大的事儿，才有能力判断能够给出多大的交易。

那么，证人是否会担心讲了之后检察官又要赖呢？一方面，检方将保证暂时不在案子里使用听到的材料，不录音，这些条件都是由律师代表证人考虑过，保证不会让证人的利益受损。另一方面，证人谈完之后，检察官的信守诺言的信誉是以整个司法系统的正常运作为保证的。也就是说，检察官要是不按惯例操作的话，以后就再也没人上你这儿坦白来了。在一个成熟的司法体系中，各个方面就会表现得严守游戏规则，证人在这方面的顾虑就要少得多。

只是，在这个案子里，作为证人的迪恩比一般的证人有更大的顾虑，那就是检察官是否会按常规向他的上级汇报。要知道，检察官的上司可就是司法部，司法部的上司可就是总统尼克松。这么一想，没法叫身为尼克松法律顾问的迪恩不感到紧张。于是，检察官在迪恩开口之前，做出了一个额外的承诺，就是不向上司汇报。

迪恩一步一步，终于把除了尼克松本人之外的全部情况都一锅端出了。这是检察官在见到迪恩之前做梦也没有想到的。在此之前，他们虽然预料迪恩的坦白会使案情有大的进展，但是，现在他们才看到，他们以前连主攻方向都还远远没有摸准。

在此之前，他们眼睛里基本只有"水门事件"。他们进攻的方向也只是对准这一事件的当事人、策划人以及后台。谁知道，闹了半天,"水门事件"只是一台大戏的序幕,而由此引出的大规模妨碍司法的罪行,就在这个政府行政部门的核心恶性演出。这才是他们应该好好下工夫瞄准的目标。问题是,这些罪行,这种行政分支利用职权对司法的违抗,至今尚在进行。这一下,见多识广的联邦检察官可是真正地傻眼了。

几天之后,这两个检察官的肩膀再也扛不动这份"秘密"的重量,他们只能破例违背了对迪恩的诺言,把这份担子卸给了他们的上司、司法部副部长裴德森。谁知,他听了之后也傻眼了。

迪恩交代出来的主犯之一米歇尔,我介绍过,他是从司法部长的职位上辞职,去充当共和党再任委员会主席的。所以他也曾是裴德森的老上级。总之,眼看着他声名显赫的老上级、老同事们,马上就将站上被告席,成为被起诉数项重罪的被告,这位司法部副部长马上想到了尼克松。他终于脱口而出,"总统会被弹劾的!"他毕竟是老牌的法律工作者。尽管迪恩至此尚未松口讲出尼克松的名字,但是,裴德森知道,既然白宫众多高级官员深陷犯罪的泥沼,那么,不论总统是失职是涉案,都已经无法避免弹劾的动议被提出了。

下面的一步是可以猜到的。裴德森只是一个副部长,他马上去找了现任司法部长克雷迪斯特。他的反应和前面几位都不同,他首先冒出的念头大概就是"栽了"。你一定还记得,"水门事件"一出来,李迪到高尔夫球场找的就是他。所以,从理论上说,他也应该考虑找一个律师了。因此,不久之后他就不得不辞职了。

就在这个时候,迪恩大致已经知道,根据他在"掩盖"行动的主谋地位,要把交易做到完全豁免,大概是很困难的。但是,他还是决定加大筹码,争取最好的结果。于是,他把白宫"管子工"的那些为非作歹，也交代了出来。这么一来，他的交代里面几乎就只差"总统"二字了。

不久，尼克松终于知道了自己的法律顾问迪恩对同伙们的背叛，也知道自己的名字已经悬在迪恩的嘴边，只待一松口，就会溜出来。尼克松和下面的人，又一次聚在一起商量"掩盖"对策。只是现在少了以前的一个主角迪恩。

我也不知道，那些已经被迪恩说出来的人，是真的对总统忠心耿耿呢，还是知道自己反正逃不过一劫，就冷静下来了。他们一致同意全力保住总统。这对于尼克松以及其他的人，都是上策。因为对于总统身边的人，既然逃不掉要坐牢的话，只有把尼克松依然留在总统的位置上，才可能在将来运用总统的大赦权力解救他们。

大赦权力确实是宪法赋予总统的一个特权。尼克松却想在关键时刻把它当作武器使用。尼克松们当然不用猜就知道，迪恩把他们当筹码，就是为了换取豁免起诉。一旦换到豁免，再怎么身败名裂，总比待在牢里强。可是，他们又深一步往下想，如果断了这家伙的这个念头呢？

如果迪恩豁免不成，他不是也得坐牢，也要指望总统的大赦了吗？这不也是一个交易吗？所以，他们得出一个结论，要迪恩对总统手下留情，别的都没用，唯一的办法是断了他对"豁免"的想头，逼他往坐牢里想，逼他把尼克松当作自己往后打开监狱的一把钥匙，紧紧含在嘴里。

于是，尼克松总统又在电视里发布了一条声明。其中有一条就是，由于调查的发展，在行政部门中担任重要职位的任何人，都不应享有免予起诉的豁免权。一方面尼克松在全国民众面前卖了一趟乖，摆出对自己掌管的行政系统官员绝不偏袒的姿态。另一方面，又履行了他们的计划，企图断了迪恩的"豁免"幻想。

那是四月中旬，1973 年，尼克松连任后的第三个月。整个美国还是相当平静，尽管报纸上逐步在一点点推出"水门事件"的审理调查新进展，但是总的来说，人们还是以为"水门事件"，只是一个过去了的"竞选小插曲"。对于报上逐步出现的有关白宫有人参与此案的消息报道，在白宫和尼克松的矢口否认下，大家也显得将信将疑。

你可以看到，前面发生的事情，并不是凭新闻界的能力，在一天两天就能够挖掘到的。因此，美国公众此时还基本上是远远地站在外围，静候发展。但是新闻界始终坚持不懈地努力，温度正在逐步升高。有关报道已经从登载在报纸的第十几版，逐步上升到了第一版。

在这里我还想提一下另外一个案子。你还记得"五角大楼秘密文件案"里头那个叫艾尔斯伯格的"泄密者"吗？尼克松曾对他恨之入骨，因此专门组织"管子工"对他进行了一系列非法调查。结果，这些非法调查没有查出什么了不起的案情，也没有能协助尼克松达到加害于他的目的。可是，他们无论如何也不会想到，正是他们这些违法行动，日后反而帮了艾尔斯伯格的忙。这是怎么回事呢？

在迪恩交代出"管子工"的活动情况时，艾尔斯伯格的案子还没有判决。迪恩谈到的情况，凡是涉及艾尔斯伯格一案的，按照法律规定都必须交给该案的法官。有关"管子工"的这些材料，在艾尔斯伯格的法庭上又引起轰动效应。使被告律师的辩护有了更大的施展空间。

这些材料的转交是得到尼克松同意的，因为他不得不这样做。他明知这将对艾尔斯伯格大为有利，而对自己绝对不利，他也只能如此。尼克松没有这个权力和胆量公然扣留这些材料。

正是因为"管子工"的这些材料,证明了作为原告的政府行政部门,有陷害和迫害被告艾尔斯伯格的动机和行为。据此,法官根据美国的宪法精神,宣布该案中止受理。本来几乎是"罪证确凿"的艾尔斯伯格,反而轻松回家了!原来想狠狠整一下艾尔斯伯格的尼克松,反而帮了他的大忙,因为法律禁止政府迫害平民。

这时,尼克松才知道,连"管子工"都已经不是什么秘密了。"管子工"的两个主要负责人、尼克松的真正心腹海尔德曼和厄理其曼,立刻被迫辞职。

尼克松们最不愿意发生的局面无可阻挡地如期发生。调查"水门事件"的司法程序和国会听证几乎将在同时展开。国会听证会完全公开,由电视向全国做实况转播。

先看司法这一头。由于当任司法部长克雷迪斯特的辞职,由于前司法部长米歇尔涉案成为被告,政府行政分支下的司法部显然叫人信不过。因此,参院一致投票决议,任命一个"独立检察官"。独立检察官是由新上任的司法部长理查德森任命的。他挑选了一个哈佛大学的法学教授出任这一职位。

这名叫做考克斯的独立检察官一上任,就在"独立"二字上做足文章。他从新任司法部长理查德森手里要来了完全独立调查的权力。作为一个法学教授,他当然知道,想要调查起诉和自己同一行政系统的"上司的上司",关键就是先挣脱这些人的控制和纠缠。否则,还要他这个"独立检察官"干什么呢?

考克斯"独立"地招兵买马,组织了他的特别检察官办公室。他们尚有一个不短的调查过程,这样,参院听证会的程序就走到了前面。

在参院的听证会开始之前,也有一番周折。起因还是关键证人迪恩的"豁免交易问题"。你也许会奇怪,参院是国会,又不是法院,他和参院能有什么交易可做呢?

实际上,这一类的国会听证会,为了换取证人的证词,也有和司法系统类似的"坦白从宽"的交易。可是,参院手里又没有司法权,它拿什么去换证词呢?它有一个"转移豁免权",或者说"使用豁免权"。

就是说,它可以给出一个不完全的"豁免",这个"豁免"并不是越权占用司法权力,豁免证人受司法起诉。而是对证人在国会听证会上所说的一切"豁免起诉"。就是不论证人在国会听证会上说了什么,司法系统不能仅仅依据这些内容就对证人起诉。

说白了,就是国会同意给证人创造一个暂时的"司法耳聋"环境。在国会听证会上,不论你说什么,司法部门的人全都只能暂时成为"聋子",听不见。既然他们听不见,当然也就不可能起诉你,给你带来什么麻烦。也就是说,司法如果要以这些内容起诉他的话,必须想办法在司法系统作证时让他再重复一遍,否则就只能由他去了。

当然,在国会参院调查委员会里,也有一些共和党的想帮尼克松忙的人,他们也不想看到迪恩在电视里对尼克松毫无顾忌乱咬一气的局面。但是在投票时,他们占了少数。投票结果迪恩还是得到了"转移豁免权"。

1973年5月17日,国会听证会终于开始了。尽管在电视里,参议员们已经事先警告全国的观众,所有证人的证词现在只能算是一面之词,还不是经过验证无可置疑的铁证,也就是说,证人尽管宣了誓,但是,不能保证没有伪证。但是,窃听专家麦克考尔德两个星期的证词还是在民众中引起了极大的震动。

麦克考尔德谈到了李迪用来闯入"水门"的钱，居然是从前司法部长米歇尔那里来的，而且是在非法动用竞选经费。甚至还交代了他曾经得到过将来被宽免的承诺。在美国，谁都知道，宽免罪犯的大赦权只有总统才有。所以，如果此证言不虚的话，那么这个案子就连总统也有份了。

接下来，是前共和党总统再任委员会副主席麦格鲁德，他的地位与带着古巴人闯入"水门"的麦克考尔德不可同日而语，因此，他的证词所涉及的层次也自然高得多。他除了小心翼翼地避开包括尼克松总统在内的一两个人，其他涉案的人几乎已经全部囊括了。

尼克松在公众面前已经装了近一年的无辜，这一次，再也装不下去了。他第一次在电视台向公众承认，他知道有白宫办公室的窃听，知道有"管子工"这么回事，也知道有白宫私自调查"五角大楼秘密文件"泄密者的计划。但是，尼克松坚持这些行动出于维护国家安全，因此他想否定这些行动的违法性。

问题是，美国不是由总统说了算的。美国人从来就只认宪法的账，而宪法的解释权偏偏与总统无关，宪法的解释权是在最高法院手里，这就是我们前面提到过的"司法复审"。在政府的权利结构中，就个人的权利而言，美国总统的权利大概是最大的了。如果再把宪法解释权这一开关也交到他的手里，整个"收银机"就可能不起作用了。

我在以前已经讲过了司法复审权的来由。你也可以看到，尽管这个制动开关的具体设计是由马歇尔大法官完成的，但是，它依然是美国建国者们在政府三个分支中建立平衡制约关系的一个具体实现。而总统的权力，是美国建国者们要设限制约的最大目标。

如果宪法解释权也在总统手里，总有一天，天晓得哪一位手握大权的总统为了扩张自己的权力，会把宪法解释得面目全非。眼前这位尼克松总统就是一个绝佳的例子。如果让他来解释宪法的话，在"维护国家安全"的大旗之下，有关保护公民隐私权的宪法条例早就形同虚设，成为一纸空文了。所幸的是，看来在两百年前，美国的建国者们就料到了早晚会出这么个"尼克松"，会亮出这么一招。当尼克松在电视机前以"维护国家安全"来为自己违反宪法的行为辩护时，不知他是否听到，遥远的天堂里，正响着那些建国者们轻松的笑声。

尼克松的法律顾问迪恩的作证是人们期盼中的一场重头戏。他为了施加压力，不断向新闻界漏出一些内容，使得人们早早就在等候他关键性的一场作证。他在他漂亮的妻子的陪伴下，文文静静地读完他的陈述，对一切问题有问必答。就在这看似平平淡淡之中，一切我们前面提到过的违法计划都被连锅端了出来。

当时，国会的这个调查委员会是由两党组成的。主席欧文是民主党人，副主席培克却是一个与尼克松关系相当不错的共和党人。他这时突然提了一个问题。后来，人们普遍认为他是为了拉尼克松一把，他问道，"总统知道些什么？什么时候知道的？"鉴于迪恩原来毕竟是尼克松的法律顾问，再说，他一直还守着"总统"这一关没有松过，所以，事后人们猜测，培克一定以为，迪恩会把总统留在他的交代底线以内。因此想让迪恩在电视机前，对全美国人民确认一句，"总统并不知情"。

可是，迪恩的回答完全在他的意料之外。

接下来，所有的美国人在目瞪口呆之际，听着迪恩讲完了我们已经知道的尼克松参与"掩盖"行动的全部故事。无数次大规模的妨碍司法、堵嘴钱、大赦许诺，等等等等。大概，那天好多美国人都在问，难道这就是我们选出来的总统吗？

听证会告一段落了。在此期间，参院就要求白宫提供文件一事，向尼克松征求过意见，被他一口回绝了。尼克松说白宫文件仍然在他的"行政特权"范围之内。可是，尽管国会听证会不是法庭，但是，面对听证会上如此语出惊人的证词，指控的都是一号二号人物，国会的调查委员会谁也不敢掉以轻心、草率行事。实在是事关重大，他们还是需要更多的物证，以确证这些证人的证词不是在那里编故事。

因此，在听证会的同时，国会调查委员会的人对白宫的许多工作人员进行约谈。尼克松知道，他的亲信就这几个，现在也已经是这样一个局面，最糟糕的事情该发生的也都发生了。那些白宫普通工作人员事实上也根本不明内情，谈也谈不出什么名堂。他根本犯不着在这个问题上再落个什么妨碍调查的把柄。因此，他让自己的顾问关照下面的工作人员，有什么说什么，别撒谎。然后，尼克松总统身心交瘁，感染了一场病毒性肺炎，住院了。

尼克松说什么也不会料到，居然这样的普通工作人员约谈也会捅出个大娄子来。事情出在一名曾经为总统安排日程的工作人员身上。本来已经约不到他了，因为他不仅已经调离白宫，而且正准备到国外出差，国会调查员还是及时找到了他。在谈话中调查员无意中问了一句，问有些白宫的谈话笔录是怎么搞出来的。这名前白宫工作人员，对这个自己早已熟知的日常工作问题根本没放在心上。他说，有录音啊，只要尼克松总统在场，一切都是录下来的。

只见调查员们的耳朵马上都竖起来了。

这种总统谈话全部做录音的情况并不是白宫的常规操作。这件事对外也是保密的。那么,尼克松为什么要这样做呢?这种做法据说是罗斯福总统首创的。此后断断续续有个别总统也这样做。录音的动机都是为了留下资料,并且作为自己写回忆录的参考。这完全是总统的个人行为。卸任之后,录音带就像总统的其他私人物品一样,将会被全部带走。这些录音本身也可以说是价值连城的财产。

技术的进步加上尼克松的野心,使得尼克松的录音规模超过了以往任何总统的录音。尼克松的录音系统是自动的、全面的,形成一个周密的网络。不仅涵盖了白宫各个总统办公室和电话,而且连传统的美国总统度假地戴维营都囊括在内。也就是说,尼克松几乎把自己在工作期间全部的谈话都录下来了!

这名前白宫工作人员立即被传到国会听证会。在电视机前,大家都看到了他的作证。现在,所有的美国人都知道有那么一堆总统录音在那里。漫长的听证会里,大家已经听了那么多天方夜谭般的总统违法的故事。现在好了,是骡子是马,牵出来遛遛吧。

这时,尼克松还住在医院里。曾经当过军人的黑格将军一看录音的事被暴露了,先下令停了整个录音系统,整整五千个小时的全部录音带,被集中到一个房间。然后,在尼克松的病房里一起商量怎么办。以副总统阿格钮为首的几个人主张销毁录音带,我想,这是一种本能的反应。所以,持这个意见的也包括尼克松夫人在内。

但是也有反对这样做的,反对的理由也很充分。因为全美国人都通过电视明确知道了录音带的存在,公然销毁证据就是公然宣称与国会、法律以及全美国人民对抗,这将成为国会弹劾的最强有力的动因。

当然，还有一些理由，例如：录音带的存在至少可以防止某些坦白者的诬陷，录音带本身难以估量的价值，以及如何销毁如此大量带子的技术问题。

但是，我相信后面一些理由都不是主要的。

我相信这些录音带最终留下来的主要原因，还是由于尼克松对于这样一个基本概念还是很清楚的。美国总统是唯一全民直选的、受全美国人民委托代为处理公众事务的最高行政官员。全体美国人民信托了你，你不可能调过头来与全体人民公然对抗之后，还在这个总统位子上待下去。

第二天，国会调查委员会和司法部长任命的独立检察官，从权力监督的两个方向，分别送来了书面通知，要求总统交出有关的录音带。

尼克松又一次援引了他的"行政特权"，用以对付国会。也就是说，重申他的录音带是政府权力的行政分支的正常工作记录，国会作为政府权力的另一个独立分支，无权干涉行政分支的正常工作。换句话说，行政分支的工作录音，立法分支无权审听。

上述理由尽管在如今的情况下，不会起什么太大的作用，可是，至少可以再抵挡一阵。叫尼克松感到更为头痛，甚至对付不了的，反倒是他自己行政系统里的部下，也就是那名叫考克斯的独立检察官。

你也许会奇怪了。司法部长是尼克松亲自任命的，独立检察官又是司法部长所任命的，怎么就管不了呢？的确，独立检察官在这个权力制约系统里，是非常特殊的一环。在美国政府的权力构架里，行政分支和司法分支在一个环节上是相交的。也就是对于刑事案件的调查和起诉的执行，在行政分支一方。这就是行政系统里有一个司法部的原因。

但是，为了防止美国政府的执行机构迫害平民，因此，在权力构架上，就把决定一个刑事被告命运的整个审理判决权彻底分了出来。如果不这样分割权力的话，那么，一旦美国政府的行政执行机构要找哪一个平民麻烦的话，调查起诉在它手里，审理判决也在它手里，平民也就只能任其宰割了。权力分割，加上公平审理的具体操作规定，再加上陪审团的保障，尽可能避免美国政府官员蓄意迫害平民的可能性。

说到这里，你一定看出了这个权力体系设计的一个漏洞。确实，我刚才介绍的这个结构，出发点首先是考虑保护普通美国人的公民权。但是，还有一个非常重要的方面，就是，如何控制政府行政机构本身的刑事犯罪。尤其是在执行机构的高层犯罪中，既然行政与司法的分割，就意味着刑事案的调查起诉与审理判决的分割，意味着司法分支无权过问调查起诉。那么高层犯罪分子是否就可以让下面的司法部干脆不调查不起诉，不就可以为所欲为、逃避法律惩罚了吗？这确实是一个漏洞，美国人也从水门一案中看出了这个问题。

有意思的是，在考虑设置独立检察官的时候，必须有一个检察官的任命问题。一开始，美国人也不知如何是好，想来想去，原来刑事调查起诉的权力是在行政一方，所以不论由立法分支的国会，还是由司法分支的法院去任命独立检察官，好像都有点牛头不对马嘴。结果，任命权就还是留在司法部长手里。这样，这个监督机制设计一个无法解决的先天缺陷，就在美国人第一次遇到总统犯罪的情况下，面临考验了。

应该说，在正常情况下，美国的政府官员还是非常注意自己的职务形象的。也就是说，在处理事务的时候，司法部长必须表现得像一个司法部长，而不是只像总统的一个部下或者跟班。这并不是说美国的政府官员在人品上就比其他地方的官员高一筹，而是他们已经习惯了在国会和新闻界的严密监督下任职。他们不管愿意还是不愿意，如果想把这个官当下去，就必须尽可能地公事公办。

所以，在如此关键时刻当上新任司法部长的理查德森，明明知道独立检察官对尼克松来讲可谓性命攸关。可是，他在任命这个哈佛法学教授考克斯担任此职的时候，甚至连问都没有问过尼克松一声，一副秉公办理的架势。

独立检察官考克斯就更是不信邪了。他本来就是一个法学教授，一上任又从司法部长那里要来了绝对独立的调查起诉权。所以他刚开始工作的劲头，就让尼克松们大呼"不好"。考克斯在国会公开听证会开始一个月后，就对新闻界发表讲话，说他正在考虑要求法庭出传票传总统出庭作证。作为学者，他甚至还对新闻界谈到他正在研究的一个法学学术问题，就是一个总统在受到弹劾之前能否被起诉。

这番话让尼克松们一听就"毛"了。当时黑格就对新任司法部长理查德森说过，总统要考克斯"走人"。这就是我刚才提到的，对独立检察官的任命权，是在理论上一直很难解决的一个悖论式的缺陷。任命权和解职权是一对双胞胎，任命权解决不好，独立检察官的生存就有问题。

黑格的非正式"传令"当时被司法部长顶了一顶，暂时也就过去了。一方面，当时尼克松们的注意力全部都在国会听证会上，至于独立检察官考克斯，他的话虽然讲得难听，但是，他还处在调查阶段，还没有什么大的动作出来。另一方面，独立检察官本身也是一个敏感话题，不到万不得已，尼克松也没有必要为了他再掀起新闻界新的一

独立检察官考克斯

波攻击浪潮。发生在行政系统内的这个对抗就这么搁下了。

可是,从独立检察官考克斯要求尼克松总统交出录音带的一刻起,这个对抗马上就凸现了出来。此后,考克斯不断受到来自总统方向的告诫。让他明白,自己这个职位是在总统所统领的行政分支之下的。也就是说,他应该是隶属于并且服从于总统的。只有在总统认为合适的情况下才可以接触总统的材料。而不是像现在这样,自以为可以凌驾于总统之上。司法部长理查德森则又一次感到了压力,要他管不了考克斯就干脆把考克斯给解雇了。

独立检察官眼看着和自己理论上的"上司"就得短兵相接了。

然而,考克斯对这场短兵相接一点儿也不犯憷。他稳稳当当地按

国会网住了总统　　*175*

司法程序一步一步地走。他先从法官西里卡那里获准得到了一张传票。通知尼克松,由总统本人或者他的下属官员,带着九次谈话的录音带到庭候审。那天下午,考克斯就带着一名警官,居然动真格的,硬是跑到白宫给总统送传票去了。一切过程就像是到一个普通美国公民家里去送法庭传票一样,唯一的不同,是警官在进白宫之前,把枪留在了门卫室。

尼克松拒绝了。他说,他尽管怀有对法庭的最高尊重,但是拒绝这样的要求。因为这种要求与总统的宪法地位不相符,总统不从属于法庭的强迫性程序。法官西里卡收到这封来自总统的抗拒信,又下了一个命令,要求尼克松提供录音带不能交出来作为证据的理由。

你看到这里,必定要问了。尼克松的抗拒是不是真有道理呢?美国总统的宪法地位是不是应该在法庭的强迫性程序之外呢?这个问题是问在点子上了。事实上,谁也不知道。也就是说,这次罕见的美国总统的刑事犯罪,实际上已经形成了一次美国历史上的宪法危机。

应该说,美国总统当然也是一个普通的美国公民。美国的总统基本上是定义在一个非常实际的执行主管的位子上的,而不像其他的许多总统制国家,它们的总统都多多少少地具有更大的国家象征的意义。美国人在对待他们总统的问题上,还是十分符合他们一贯的务实作风。

但是,总统与平民毕竟不是完全相同的。既然是全美国人民选出来的这么一个总统,处理与总统有关的事情也就必须特别慎重,因此美国宪法对于弹劾总统也规定了一套特定的程序。在美国历史上,就有过一个总统被国会众院提议弹劾,但是因为参院投票达不到宪法规定的票数而弹劾失败的。因此，在尼克松之前，还没有一个美国总统被真正弹劾成功过。美国宪法确实赋予总统一些特权，但是，大家确实也没有遇到过尼克松这样的情况。

因为，美国宪法给总统犯罪也设定了一些有效的制约，例如弹劾，但是弹劾是在立法分支的程序里的。宪法并没有对尼克松这样的情况做详尽的规定。也就是当一个总统涉嫌刑事重罪，在立法和司法从两个方向逼近的时候，立法分支的弹劾还没有开始，司法却抢先走在了前面。

当司法程序要求一个总统服从正常司法程序的时候，司法是否对总统也有对普通美国公民一样的权力？总统是否真有特权拒绝服从强制性的司法程序？

暂时，独立检察官考克斯和法官西里卡——象征着美国法律的一方，与尼克松总统——象征着美国政府权力执行机构的一方，就在这宪法的路口，僵持住了。这真是十分惊险的一刻。

在这种情况下，应该谁说了算呢？在美国的逻辑下，答案是不难找到的，最终应该是美国人民说了算。法庭因此召开了一个公开的历史性的法庭会议。在这个会上，法官西里卡决定，让大陪审团，也就是在司法程序中一向象征着美国人民的那些普通陪审员，公开表达他们的意愿。这是整个"水门事件"中最庄严的一刻。

这二十三名由随机抽样的方式，被偶然招到这个案子中作为陪审员的普通美国人，代表美国人民站了起来。法官西里卡按规矩一个接一个地分别向每一个陪审员提出一个相同的问题："你是否要求总统对拒绝交出证据提供理由？"

所有的陪审员都依次回答："是的。"

尼克松总统再怎么办呢？等我的下一次的信再向你介绍。我们已经接近故事的结局了，但是，依然惊心动魄。也许这是一个规律，要一个权势人物放弃手中的权力，总是困难的。权势越大，越困难。

今天就写到这儿了。

祝好！

林 达

谁给罚出了局

卢兄：你好！

来信收到。你说尽管早已知道了尼克松因"水门事件"而下台的结局，但是，对于这事件所引发的制约权力的"收银机"运作过程，还是非常感兴趣。你在等着我讲完这个故事。对我来说，其实也是一样，整个事件最吸引我的地方，就在于这个美国"收银机"。一旦按下第一个启动按钮，它的各个部件就互动地一步推一步地在向前走，在一个出问题的部位绕上一道又一道的蛛网，然后逐渐解决。对于我来说，这样的机制也是很新鲜的一个玩意儿。

你已经看到了，司法和立法两大部分正在对"水门事件"进行最后的冲刺。这时，作为另一道外部保险机制的新闻界，正以他们习惯的操作方式，进行无孔不入的全方位调查。你几乎可以把他们称作是一支"野战军"。首先，他们没有任何特权，他们无法迫使任何人告诉他们任何与案情有关的内容，除非被采访者自己愿意这样做。

新闻界也无法把任何他们感兴趣的采访对象召来，因为在他们手里，既没有法庭也没有听证会这样的有效手段。确实有新闻发布会、记者招待会这一类的好事，可是，这个主动权是掌握在他们的采访对象的手里。是别人有话要说，把他们给招了去，而不是相反。但就连这样的机会对于他们都是重要的，他们会在这样的时刻，急急地抓紧每一分钟提出问题，可是，人家不仅常常以"无可奉告"一口回绝，甚至可以一甩手拔腿就走了。你也不能如法庭国会那样给他定个什么"藐视罪"。因此，看上去新闻界是最没有"实权"的一支结构外的"野战部队"。

初到美国，很容易对美国的报纸、电台、电视产生误解，因为美国的所谓媒体和我们所习惯的或所想象的不同，美国的媒体是完全市场化的。这儿没有国营或州营的报纸电台，更没有政党经营的媒体。所有的报纸电台都是民间的。媒体必须服从在市场竞争中生存的法则。媒体的主要收入是广告收入，而广告的多寡取决于收视率、收听率、发行量。激烈的竞争又使得花样品种达到最大，说起来这是最基本的自然规律。

所以，如果你存心找的话，你可以看到各种各样的报纸，听到各种各样的电台。为什么要找呢？因为他们大多规模很小。这儿没有我们中央台、省台这样大功率的电台，开着汽车听电台，听一会儿就得换台了，因为开出了电台的功率范围了。如果你想在这儿办一份报，或办一个电台，你唯一要操心的是怎么把你的报纸或节目"卖"出去。美国甚至连英国 BBC 这样虽然独立运作但得到政府全面资助的电台也没有。我刚来时以为这儿的公共电台和公共电视台是国营的，因为不仅节目较严肃，而且商业广告很少，后来才知道它们也是民间的，只不过它们是非营利机构，由基金会和赞助来经营。由于它们从事一些民众科技文化教育，所以也申请政府的一部分资助。就是这少量的资金，国会的共和党议员也一直在鼓吹削减取消。

为什么会这样呢？美国政府难道没钱办好一份"统一"的报纸，办好一个"统一"的电台、电视台？当然不是。之所以这样，是因为美国人根本不信任任何来自官方的"统一"的媒体。

所以，如果有人告诉你，美国的媒体在唱一个调，甚至在齐唱一个"歪调"，那就对美国人民追求个人自由意志的本性太不了解了。媒体有意歪曲报道等于是砸锅卖铁，自个儿砸自个儿的牌子，这是靠牌子在那里挣钱的正经民营大报最犯忌的事情。因此，美国的几家大电视网和大报，都把追求新闻的真实性、运作的独立性和报道的公正性看作自己的灵魂，它们在这方面无疑也是属于出类拔萃之列的。

正是这样的追求和激烈竞争，为美国的新闻界培育了一大批训练有素的工作人员。因此在美国，没有一个政府官员，包括总统在内，敢于不把新闻界放在眼里。不仅因为这支"野战军"有不计其数的具有良好职业训练的记者队伍，而且他们习惯于独立作战，每个人的能量似乎都是经过放大的，几乎没有一个是等闲之辈。因为凡是不具备这样新闻素质的从业人员，都被逐步淘汰了。

这些记者虽然没有什么特权相助，可是，他们在职业正义感和新闻业的竞争等等动因的驱使下，会把一个常人的能量发挥到极限，发掘出天晓得是从哪里挖出来的内幕新闻。再说，他们一个记者一个智慧，对于他们没有什么禁区和局限，他们能找出什么就找什么，别看有些东西看上去只不过是鸡零狗碎，但是，没准儿这些记者的共同努力凑在一起，就能拼出一张"先遣图"来。

这一次，就是在尼克松"水门案"的紧要关头，新闻界又一次全面出击，造成了意外的效果。首先是《华盛顿邮报》的记者，开展了对尼克松减税问题的调查报道。这是尼克松曾经把自己当副总统时的私人文件捐出，换取了五十万美元的减税。这家报纸还报道了尼克松曾经花了公众的一千七百万美元，用来装修和警卫他在加利福尼亚和佛罗里达的私人住宅。这虽然与"水门案"无关，但是对于尼克松的信誉是一个惨重的打击。

同时，《华尔街日报》又雪上加霜，对尼克松的副总统阿格钮受贿以及偷漏收入税的情况进行了报道。这在美国民众中又引起一阵强烈反应。在司法部检察官对一系列证据的调查之下，副总统阿格钮很快看清，如果他顽抗下去，也将面临无法逃避的弹劾，他最好的出路，只能是以辞职认罪交换宽大处理。于是，他很快放弃了挣扎，仅仅在《华尔街日报》向公众披露的两个月后，他就向当时的国务卿基辛格交了一封辞职信。然后来到一个联邦地区法院，以认罪交换了"三年徒刑缓期执行以及一万美元罚款"的宽大处理。

尼克松的录音带问题还在僵持。但是，尼克松从大陪审团的宣告

1973年尼克松总统与阿格钮
副总统连任就职纪念章

中，已经知道自己面临触犯众怒的危险。他无法忽视站在那二十三名普通陪审员身后的全体美国人民。因此，在8月15日他又一次在电视里发表声明的时候，提到录音带时再也没有过去那种持"行政特权"力争的强词夺理，而完全是透着和美国人民商讨，试图取得谅解的低姿态。

尼克松在这次电视声明中向公众表示道歉，他直视着摄像机说："我很遗憾这一切的发生。"并且，尼克松第一次表示，国会参院对有关他的指控进行调查，"我没有意见"。在录音带的问题上，他竭力试图取得民众的同情，把话都说到了这样的份儿上，他把自己和助手之间的谈话录音，比作是丈夫和妻子之间的私房话，因此要求大家允许他将录音带持为己有。当然，尼克松抱着最后的希望，希望能够守住这条最致命的防线。

这时，几乎已经不用再多说什么了。在美国，所有的人都知道，遇到这样重大的"宪法性"问题，如果双方不让步的话，那么，就只有等待了。等待什么呢？等待持有宪法解释权的最高法院出来给出一个判决。但是，我前面已经说过了，这实在不是一个普通的宪法解释问题，这已经是一个宪法危机。

正因为如此，尼克松总统新任的宪法顾问才发表了一番他的法理性的思考。这位宪法顾问也是来自一个大学的法学教授。根据他对宪法的理解，同样是根据权力划分的原则，他觉得，如果司法分支强制这个国家的总统，将会毁了美国的总统地位，即毁了行政分支的宪法地位，从而动摇美国的国家制度。那么，如果检察官要坚持强制总统服从法律程序，如何解决这个僵局呢？他认为如果总统决定不服从法律，法庭能做的就是解散检方，也就是法庭不接受对总统的指控。

同样来自大学法学讲坛的独立检察官考克斯,听了这番法理推论之后,他发表了一个短短的声明。只有尼克松总统明白这个声明沉甸甸的分量。考克斯说,总统所永远不能解散、不能中止的是大陪审团。因为大陪审团代表人民,人民有权得到每个人的证据。

尽管大家知道,此事是必闹到最高法院不可的。但是,按照司法程序,还是必须由地方法院先判决,然后再一级级上诉。在这个过程中,为了防止一场宪法危机真正发生,不论是法官西里卡还是上诉法院,都尽可能地做了局部让步的努力,使得变通的方式有可能被尼克松所接受。

这些变通的方法,主要是如何尽量缩小录音带的审听范围,甚至如何由第三方审听录音带,再将其变为可由法庭审阅的书面记录,等等。但是,这些努力都没有被尼克松所接受。这时,尼克松的周围又有了一批像宪法顾问、"水门事件"顾问等等这样的新任顾问。尼克松在这些重大问题上,也基本上是参考他们的意见为自己的决策依据。看来,不论尼克松的口气是硬是软,从根本上来说,这些新顾问们给他制定的基本上还是"顶"的方针。

尼克松的新任宪法顾问的观点就十分典型。身为一个总统的宪法顾问,他的立足点是强行维护合众国总统的权威。他在递交给法庭的声明中说,"将美国总统办公室拆成碎片,是一个太高的代价,即使是为'水门事件',也付不起这个代价。"

他的意思很清楚,总统再错,也是总统,没了总统,国将不国。哪怕总统犯有刑事重罪,也不能"总统与庶民同罪"。

但是,现在回想起来,我的美国朋友们却常常说这是一件好事情。因为,这个宪法危机把美国人从面对一个抽象的理念,逼到一个实实在在的现实面前。至少大家都看到了,哪怕是民选的总统,也不能保证就不走向一个危险的方向。如果总统终于成功地站到了宪法之上,那么,专制对于美国人可能很快就不再是一个古老的神话,也不是一个遥远的别人家里的故事了。

尼克松在他的新顾问们的推动下,终于在最后的时刻,做出了一个利用职权与法律顽抗的大动作。这使得他被弹劾的命运再也不可逆转,尽管尼克松在避免被弹劾的问题上,可谓费尽了心机。

当尼克松的副总统被迫以辞职交换法律宽大的时候,尼克松处心积虑地挑选了众议员福特作为副总统的替任。在一般人眼里,福特不像是一个做总统的人才。尼克松之所以在当时挑选了福特,就是为了使国会在考虑弹劾的时候有所顾虑。因为一旦尼克松被弹劾成功,他的副总统就将顶上来做完这个总统任期。

如果福特比较软弱,看上去不能胜任总统职务,也就意味着美国将有一段时间出现"总统危机"。那时,美国对内将缺乏一个强有力的行政事务执行者,对外也将缺少一个决断的外交事务领导人。这对于美国当时的情况显然是非常不利的。因为从外部形势来看,还处在"冷战"的危险期。从内部来说,美国刚刚经历了六十年代的动荡和转变,急需一个安定的环境完成社会过渡。所以,尼克松做出这样的副总统安排,就是希望国会将不得不以国家利益为重,而不敢轻言弹劾。

那么,尼克松到底做了一个什么大的举动呢?

他想除去他的心腹之患。

当时,尼克松确实万分恼火。因为,再三使他感到难堪,在司法程序上一步不让的那名独立检察官考克斯,从理论上来讲,还是尼克松行政体系之下一名"下属"。如果不是独立检察官向法庭提出要求,法庭也不可能主动出一张传票，要尼克松交出录音带。考克斯在上任之后，没有一刻表现出他是尼克松的"下属的下属"，相反，他始终保持一个克尽职责的独立检察官的形象。

这时，上诉法院的判决也已经下来了。判决对尼克松很不利。尼克松按法定程序，还有一周时间可以向最高法院上诉。尼克松向独立检察官摊牌了。因为录音带是独立检察官提出来要的。如果检方坚持，法院一级级都按这样的趋势判下去，尼克松就非常被动了。因此，他必须先下手为强，强迫检察官放弃或改变他对法庭提的要求。

尼克松的法律顾问告诉独立检察官考克斯，要他接受白宫的条件，把交出录音带改为交出根据录音带笔录的谈话提要。否则，请独立检察官辞职，或者由司法部长解除他的职务。他们给了这个最后通牒一个非常冠冕堂皇的理由，"我们将不得不采取最符合国家利益的行动"。

考克斯的回答也很漂亮，他说，他也希望避免冲突和对峙。但是，他不能违背参议院在批准他的任命时他所做出的承诺。

看来，不论是让独立检察官屈服，还是让他自己提出辞职，都是不可能的了。

对于独立检察官的这个回答，现任司法部长理查德森早有预料。因为这么一来，一个球两边一踢，最后还是要落到他的手里。我们前面已经说过，独立检察官的任命权从理论上来说，只能落在司法部长这里。既然如此，现在解职权也必定要落在他手里。如果他这样做了，应该说，也无可非议。因为，在政府的行政系统里，司法部长是总统的下级，他即使解除了独立检察官的职务，也不过就是执行了自己的上级、总统的命令。

但是，司法部长理查德森当然很清楚，他有一个作为司法部长的职业道德的问题。他今天之所以具有解除检察官职务的权力，是因为他正巧站在一个无法避免的逻辑悖论的交点上。他是美国的行政系统中所有法律工作者的最高官员。他除了必须面对总统的命令，还必须面对法律、面对历史、面对良心。所以，他的选择十分简单，他轻轻放下落在他手里的那个球，冷静地对总统宣布，他辞职了。在辞职信中，他提醒尼克松总统，不要忘记，在当初给独立检察官考克斯的任命书上，规定了司法部长"不能推翻、不能干涉特别检察官的决定"。

一开始，尼克松的顾问还以商量的口气，请司法部长理查德森是否考虑先解雇考克斯再辞职。他提出当时的中东危机，要求司法部长解雇独立检察官，给美国一个"喘息的机会"。司法部长断然拒绝。接下来，黑格则毫不客气地给司法部长来了一个电话命令，"解雇考克斯"。司法部长提出要求约见尼克松总统。

在会见尼克松之前，司法部长理查德森见到了黑格。黑格再一次向他提到中东危机。他说，美国正在就中东危机与苏联谈判，"水门事件"一直在让苏联看笑话，弄不好就会让苏联人在谈判桌上占上风。理查德森不为所动。当他走进白宫的椭圆形办公室的时候，尼克松总统手里也只有这一张相同的牌。"国家利益"是一个当权者最轻易可以为自己所用的遮羞布。

尼克松问他的司法部长，他现在辞职，勃列日涅夫会怎么看？基辛格与莫斯科谈判将增加多大困难？难道你应该把个人义务置于公共利益之上？理查德森当时只觉得一股热血直往头上冲，他抑制住愤怒答道："我只能说，我相信我的辞职是符合公众利益的。"

当黑格再一次给理查德森打电话的时候，他反问黑格，既然中

司法部部长理查德森

东危机如此紧要,你们为什么就不能延迟几天解雇考克斯呢?当过军人的黑格将军,其回答颇具军队风格,后来在美国众所周知,他说,"你的总司令给你下了一个命令,你别无选择"。理查德森严丝合缝地接了一句,"除非我辞职"。

当晚,抢在司法部长宣布辞职之前,白宫宣布他被解雇了。这一做法显得十分卑劣,他们不让他以辞职的形式离任,一心想毁了他的政治前程。尼克松曾恨恨地对黑格说:"我们除了在他屁股上踢一脚以外,不欠他什么东西。理查德森必须解雇,我可不想看到他回到印第安纳再去竞选参议员。"

至于整个风波的中心人物,独立检察官考克斯,他此刻的心情几乎只能以"悲愤"二字来形容了。因为,这绝不是一件"上司对下属的工作不满意"的简单解雇事件。这是一个被法律追踪调查的特殊罪犯,利用手中来自人民的权力,试图开除一个代表法律和人民对他进行调查的检察官。这就等于是一个正在抓一帮江洋大盗的警察,让这帮江洋大盗给解除了警察的职务!

这不是他一个独立检察官考克斯个人的职位问题,如果一个总统能够这样凌驾于法律、凌驾于人民,这个国家整个的根基就都会动摇了。因此,考克斯在这场风波一开始的时候,就郑重地对自己手下的一套班子说,如果他被开除了,不论总统怎么干,你们也一定要坚持做下去。

在考克斯从电话中得知司法部长将为他的缘故而辞职时,他冷静地做出了举行一个新闻发布会的决定。这是非常典型的美国做法。哪怕你尼克松是总统,考克斯只是一个小小的检察官,但是,当你以为,自己可以利用人民给你的权力为所欲为的时候,考克斯并不是一筹莫展的,他可以直直地走向公共讲坛,站在全美国的电视机前,让所有的老百姓知道真相,让大家来评评这个理。

新闻发布会上的考克斯,显得谦恭而文静,仿佛是在给周末待在家里的平头百姓上一堂课。他说,我可以保证,我不是故意在和美国总统作对。我甚至担心,我是不是太自以为是了。是不是错把虚荣当作了原则。我希望我没有。最终我决定,我必须坚持做我认为是正确的事。

在司法部长理查德森提出辞职之前,司法部副部长已经表示,如果要逼他就范,他也做好了辞职的准备。因此,随即,司法部副部长也因同样原因辞职。

剩下的是司法部的第三把手鲍克。他曾经对理查德森表示,他只是在理论上同意总统有权解除手下一个检察官的职务,因此如果总统下命令,他会同意签字解雇考克斯。但是,他不想让别人以为他是个贪图高官的"贪生怕死之徒",签完解职令,他也会要求辞职。理查德森在自己离任之前,劝阻了鲍克的辞职。他要为司法部留下一个看家的。

就这样,在尼克松总统的命令之下,鲍克签署了独立检察官考克斯的解职令。

这一解职并没有就此画上历史的句号。这一"强盗解雇警察"的

"解职"是否合法的问题,也在此后作为一个案子上了法庭,并且经过了颇多上诉的周折。直至最高法院终于否决了鲍克签署的解职令的合法性。但是,这是很久以后的事情了。在当时看来,尼克松还是达到了自己一除心头隐患的目的。

权力看来还是十分管用的,就看你用不用了。权威并施之下,讨厌的独立检察官考克斯,还有堂堂司法部长理查德森,不是都乖乖地"走人"了吗?至少考克斯被解职的这天晚上,尼克松总统和他的新顾问们,感受到了权威的力量和成功的快感。

晚上八点二十五分,白宫的新闻发言人宣布,"水门案"特别检察官办公室已于今晚八点左右解散",它将归还司法部。黑格命令联邦调查局,前去封闭前独立检察官和两名前司法部正副部长的办公室,一副大获全胜的派头。

黑格的担心看来不是没有道理的。考克斯整个办公室的工作人员,抢在几天前已经开始保护所有的调查文件。他们先租了一个银行保险柜,专门保存他们与白宫的书信来往。然后,他们尽可能地复印了大量文件,分散到每个人家中"自行保管"。

考克斯被解职的这天晚上十点,也就是在白宫的"新闻发布"之后,考克斯的副手把记者们招到办公室的图书馆,他向记者们说:"难以想象,这是发生在一个民主国家里。"

被解职的前独立检察官考克斯本人,在这个时候仍然对美国、对美国人民持有信心。他在给友人的信中这样写道:"我们将继续成为法治的政府,还是成为一个人治的政府,这必须由国会,也就是最终由美国人民来决定。"

在此之前,国会也已经通知白宫,参院调查委员会不接受白宫以

"谈话提要"替代录音的要求。

相对而言，尼克松们显然是低估了美国民众的觉悟。独立检察官被解职，办公室被查封的消息一发布，全美国就跟触了电一样。由于接下来的那个星期一是传统的老兵节，是美国的法定假日。因此，这是一个长周末，连放三天假。每个人在这样的时候，通常是轻松度假，国会也在星期二才会上班。

但是，历来以散漫著称的美国人，就在这个轻松的假日里，从全国各地打来抗议电话。这些电话以前所未有的数量涌入首都华盛顿。华盛顿地区的电话公司，通常一天给国会转接约三千通电话，可在这个星期天上午，他们转接了三万通打向国会的电话。在星期二以前，已经转接了高达三十万通打向国会的电话。电话公司不得不修改计算机参数以适应新的需要。人们估计，共有三百万个来自民众的抗议和要求，对国会倾盆而下。

在白宫门外，有一个孤零零的抗议者举着一块牌子，上面写着"鸣响喇叭，要求弹劾"。当时，白宫门前的宾夕法尼亚大道的车行交通还没有关闭，这是一条非常繁忙的交通要道。结果，过路的汽车纷纷响应，白宫门前一片汽车喇叭声。此后的两个星期，尼克松一直待在平时只有度假才去的戴维营。

一年前还是支持尼克松再任总统的美国劳工组织，一致通过一项决议，要求国会，如果尼克松不辞职就弹劾他。美国律师协会主席则宣称，白宫的行动是破坏了已经建立的司法程序，所以他公开呼吁国会采取适当行动。一时间，全国各地形成对美国政府的行政分支强烈的不信任，弹劾总统成为街谈巷议的中心话题。

这时，白宫可以向最高法院提出上诉的一周期限已经到了。但是白宫却没有利用这个最后的机会。为什么呢？因为上诉的焦点是，白宫是否应该应检察官的要求，交出那九次谈话的录音带。现在，尼克松们已经自以为聪明地抢先一步，利用行政系统的权力，在法庭的竞技场上，一脚把检察官干脆踢出了局。

他们当然可以这样想，那个"交出录音带"的要求本来就是检察官提出的，现在，检察官应该带着他的"球"一起滚出局去了。白宫自然也不必再去上诉，然后胆战心惊地等候最高法院做什么判决了。他们现在可以在固执的考克斯缺席的情况下，和法庭或者考克斯的后任，谈谈新的条件了。

可是愤怒的法官西里卡并不因此屈服。他满怀震惊地眼看着他当裁判的那个球场，居然被告一方活生生地把检察官一方一脚踢出了球场。他也在电视里看到独立检察官考克斯的办公室被联邦调查局封闭的情况，从法官的法律常识来说，这简直就像一场经常在南美国家上演的政变。

就在这时，法官西里卡收到了来自白宫法律顾问的一份书面陈述，说是白宫打算提供由第三者整理的录音提要。这个架势活像是被告给法庭的一份通知，通知法官应该如何进行调查。盛怒的法官西里卡立即起草了一个命令，要总统出示理由，讲清楚为什么总统这样做就不算藐视法庭。同时他通知白宫律师，他认为总统是在违抗法庭命令，如若星期二还不交出录音带，他将找总统算账。他打算如果录音带交不出来，他将判尼克松总统每天罚款二万五千至五万美元。

同时，法官西里卡把两个联邦大陪审团同时召到法庭。这两个大陪审团，一个是为"水门事件"闯入案而建立的，另一个是由前一个案子的案情发展后，导致新的立案而建立的。前者的案子虽然已经起诉，但是，由于最近一系列的发展，仍然需要这个大陪审团存在，并对新发展的案情是否需要调查和起诉做决定。

在法庭上，神情严峻的法官西里卡，向陪审员们重读了他们曾经做过的誓言。他要求他们明白，任何人都不能玩法律于股掌之间。他强调，大陪审团依然存在、依然工作。他对陪审员们说，你们没有被解散，你们也不会被解散，除非本庭在法律的授权之下解散你们。他庄重地宣布，"法律自会处理目前的形势"。

国会一开会，弹劾的动议就无可避免地开始了。

弹劾在美国是怎样的一种权力制约机制呢？这是一种属于政府的立法分支范围的特殊刑事诉讼程序。你也许要问，刑事诉讼这类的事情不是属于司法分支的吗？怎么会跑到立法分支的国会去了呢？是的，在刑事诉讼中，弹劾是唯一的例外。它的起诉对象只限于政府官员，包括政府全部三个分支的部长们、议员们、法官们。也就是说，即使司法分支的机制失了灵，被某位政府权势官员控制或者破坏了，他也休想因此逃避法网，在国会还有一个"法庭"在那里等着他呢。由于弹劾只针对政府官员，所以，它也就不是真正意义上的法庭，很明显，它只是一个制约权力的机制。这个制约机制在美国的绝大多数州法里也有。

弹劾的做法源于英国，这曾是当年英国的议会除去国王宠臣的有效手段。当年的英国，弹劾案一旦成立，被弹劾者不仅可以被判处罚金，甚至还可以判入监狱，甚至判处死刑。这种英国式的弹劾，是英国国会长年累月与王室冲突的历史产物。随着这一冲突的缓解和消失，弹劾在英国的使用就日渐衰落。从1806年起，英国就不再使用弹劾诉讼。

美国宪法中所规定的弹劾，与英国有极大的不同。美国从成立开始，就是一个由民主程序产生政府各个分支的国家。因此，它没有一个英国那样的历史重负和社会转型的严重政治冲突。美国人借用弹劾这个程序，只是用它以防万一，只是相当于在制约政府权力的"收银机"上，再加上一重保险机制。因此，美国的弹劾也没有必要呈现杀气很重的面貌。在美国，如果一个弹劾诉讼成立，也就是判定被弹劾对象撤职，没有更重的处罚。因此，美国的弹劾更少"法庭"的味道，而更多一些权力制约的意思。

尽管如此，美国还是很少发生弹劾案。也许，一方面，是美国政府官员产生方式的缘故，使得这个国家政府官员和民众很少发生无法解决的激烈冲突，另一方面，也是整个权力制约与平衡的"收银机"设计比较完善，也就很少发生非得动用这个"保险机制"不可的时候。因此，在美国的历史上，虽然宪法规定对政府官员有弹劾程序，但是事实上极少使用。

在尼克松总统之前，历届美国总统中，被国会提出弹劾动议的，只有南北战争后不久的安德鲁·约翰逊总统一人，他在最后一刻还是以一票之差被宣告无罪。因此，对尼克松总统提出的弹劾动议，是美国历史上仅有的第二次对总统的弹劾程序的启动。

弹劾的动议一开始，就如大家预料的一样，出现了一边倒的局面。共和党人也并不站出来支持尼克松。在美国的国会里，一直有这样的传统，就是国会议员在某一个问题上表态，或是投票表决的时候，他们很忌讳"党性"二字。这是什么意思呢？

就是说，议员们不会仅仅根据自己的党派归属，就做出表什么态、投什么票的决定。因为美国的普通民众，是非常鄙视那种不问青红皂白的"党性"的。他们要求他们选出来的代表,不论他是哪一个党派的,他们在国会所表现出来的立场,应该是人民的立场,而不仅仅是"党派"的立场。否则,他们要这样的议员干什么呢?

当然,在一些本来就和党派观点密切相连的问题上,国会的投票结果会和各党派所占的席位有很大的关系。这一点民众也是理解的。他们在选这个国会议员的时候,也已经充分了解了他的观点。但是,在一些与党派观点无关的问题上,如果一个国会议员的立场时时表现出他的太强的"党性",这个议员就要冒被他的选民所抛弃的危险。

眼前的这个尼克松总统弹劾案,就是一个很好的例子。没有一个共和党的国会议员,会仅仅因为尼克松是共和党推出来的总统,就不管三七二十一,跳出来反对弹劾。因为这个弹劾案所涉及的观点是,你是否认为总统可以高于法律。这是一个涉及美国制度的根本问题。而不是像是否支持堕胎,如何进行福利改革等等这样涉及党派观点的问题。因此在这个时候,哪怕有一些共和党议员,实际上"党性"很强,他也会望尼克松而却步。

在众议院的弹劾程序开始以后,在很长时间里一直没有共和党人站出来支持尼克松,到最后,由后来被替补为副总统的福特,代表众议院中的共和党员表示,他们同意此事授权给国会的司法委员会,按程序处理。也就是说,只要尼克松不交出录音带,他们也不会支持尼克松。

就在这同一天,已经被解职的前司法部长理查德森,在司法部的大厅里,面对电视记者召开了一个告别会。当然,尼克松一心指望理查德森乖乖地离开,不要再多嘴多舌。可是,对于那些被剥夺了权力的人和从来就无权无势的平民,新闻媒体——这是社会保留给他们的唯一的讲坛。这个讲坛是没有人可以阻挡的。

理查德森没有多说什么，一切似乎还算平静。只是在最后，他对着电视机前的民众说，如果他是考克斯，他也会这样做。他希望还会出现另一个尽职的特别检察官。当他被记者问到尼克松是不是应该被弹劾的问题，他回答说，这应该是由美国人民来考虑的问题。作为前司法部长，他强调说，"我没有理由认为总统就可以违抗法庭的命令"。

司法部指定的检察官和所调查的对象——白宫高阶层官员发生矛盾的话，白宫是上级，检察官是下级，水门一案所暴露出来的这一漏洞，引出了1978年的《政府道德法》，此法案规定司法部长在发现行政部门高官有违法行为时，可以要求由联邦法庭来指定一个独立的特别检察官从事调查起诉。这个法案保护了特别检察官的独立性，因为他或她不是由行政分支的司法部任命，而是联邦法庭任命。司法部长只有在"有正当理由"的前提下可以撤除这一任命，这一保留给司法部长的权限可以显示起诉权限的原本归属是行政分支。这一法案使得行政分支高层的犯罪容易被起诉。不过这些已经是水门一案的后话了。

尼克松已经处在四面楚歌之中，他必须再一次考虑何去何从。

法官西里卡规定的期限到了。星期二下午，法庭里挤得水泄不通。法官西里卡照例坐在上面，面对着法庭的较量双方。在法官对面，一侧坐着白宫的律师们，另一侧，独立检察官已经不复存在。但是，他的十一名助手全部到场，坐在检方的位置上。

法官西里卡宣读了上诉法院的判决，这个判决肯定了地方法官西里卡要求总统交出录音带的命令。然后，他转向白宫的律师，问道："总统的律师是否打算现在就代表总统答复法庭的命令？"

这位律师走到话筒前，回答说："法官阁下，我没有打算做出一个答复，不过，我被授权声明，美国总统将完全执行上诉法院8月29日的命令。"全场静得只能听到人们的喘息声。法官西里卡威严地阻止了那些想悄悄溜出去发表头条新闻的记者。然后，他几乎是不相信地问道："你将服从我的决定？"律师又一次回答说："不折不扣，全部执行。"

迫于美国人民的压力，尼克松总统终于承认了不可阻挡的大势。他作为美国政府权力三大分支之一的最高长官，按照美国宪法制约与平衡的原则，承认了司法分支的监督权。他不仅同意了让刑事司法系统取得有关他的证据，同时，面对来自共和党内部的压力，不得不又任命了一个新的特别检察官。

这名新任检察官叫加沃斯基，他曾是一名非常出色的律师，也曾经是纽伦堡法庭审判纳粹时的军事检察官。他是一名民主党人，却一向对尼克松十分友好。因此，看上去，尼克松似乎是在这个位置上除去考克斯之后，安排了一个对他更为有利的人选。但是，尼克松应该很快发现，他所遇到的麻烦，几乎与检察官的"人选"问题没有太大的相关性。

尼克松所遇到的麻烦似乎是随同"独立检察官"这个职位相伴而来的。作为一个独立检察官，身负重托站在全美国民众目光的焦点下，处于这样一个位置的任何一个法律工作者，几乎都会本能地忠于职责，不徇私情，也不会愿意接受来自被调查方的干扰。如果尼克松早一些对独立检察官的这种"职业禀性"有所了解，他也不必在检察官的问题上触犯众怒了。换一个人选，并不会有什么大的变化。加沃斯基上任之后，大家很快看到，他所表现的独立性一点也不比他的前任差。同时，他还继续任用了考克斯留下的全班人马。

原来考克斯的这一套班子,也曾担心这个新上司和白宫的关系太近。但是他们很快看到,他是一个正直的法律工作者。尽管黑格再三向加沃斯基暗示,要他以"国家利益"为重,要"爱国"。然而,这个新任独立检察官一边和黑格周旋,一边从不影响他的正常工作。同时,在吸取了他的前任考克斯的教训之后,国会对加沃斯基进行了职位保护。此后,如果没有国会共和党和民主党两个党派的一致同意,任何人都无权开除这个独立检察官了。

然而,事情并不因为尼克松同意交出九盘录音带就结束了。首先是,尼克松的律师在回答法官,他们将"不折不扣,全部执行"法庭命令之后,交出的录音带本身就是有折扣的。一方面是有两盘录音带不知去向,另一方面,交出的录音带中,有一盘被擦去了十八分钟。为此,法庭展开了冗长的听证调查。白宫的有关工作人员都被传到法庭作证。这些被传来的证人中,官阶最高的就是当时的白宫幕僚长黑格了。

对于那已经消失的两盘录音带,各个证人的说法都不尽相同。有的说可能是录音带用完之后没有及时换新带造成的,也有的说,有时一些高层官员借去听,没有很健全的记录制度,所以也可能是被谁借走了没有归还。总之,这两盘录音带再也没有被带上法庭。

至于那消失的十八分钟,是一名白宫女秘书在整理录音带的时候擦去的。她跟随尼克松做了几十年的秘书。她原来以为,她擦去的那一段不在交到法庭的那些带子里头,因此,在法庭上态度十分傲慢。当检察官问她,用什么方法可以避免录音事故时,她答道,"用我的头脑。这是我唯一可以用的东西"。"我认为我还没有愚蠢到要人家一遍又一遍教我怎样倒带、怎样放音。"

可是,当她再一次被叫到法庭上的时候,她已经知道被她擦去的录音带已经在法官手里，就再也神气不起来了。她最后不得不自己请了一个律师。而且，这位秘书是所有的证人中，唯一要求引用宪法第五修正案保护自己的。你一定还记得，在去年给你的信中，我详细介绍过这一条。就是说，根据"第五条"，法庭不能强迫公民"自证其罪"。所以，在法庭上，如果一个人遇到必须回答对自己不利的问题时，就可以引用"第五条"拒绝回答这个问题。

尽管这位秘书说，她是在无意中造成了录音事故，"不小心"擦去了一段，她最终也没有被起诉，但是，这十八分钟消失的录音和那两盘不知去向的录音带一起，成了永久的秘密。人们至今无法消除心中深深的疑惑。

不管怎么说，经过无数人的努力，法庭手里总算有了一部分录音带。即使是这几盘不全的录音带，都使检察官在按下放音开关之后，心情久久不能平静。毕竟，作为案件的调查者和起诉者，猜测总统有可能涉及犯罪和听到证人指证总统犯罪，是一回事，因为这都有可能不是真实的。但是，现在亲耳听到总统的犯罪罪证，就完全是另一回事了。

检察官们终于明白了，为什么尼克松总统宁可冒着极大的政治风险，也要死死保住那几盘录音带。前白宫顾问迪恩在国会的证词，现在都被录音带的出现所证实了。他们不仅听到尼克松在录音中与亲信谈到要搞上百万美元的"堵嘴钱"，对于将来法庭上的宣誓作证，尼克松居然就赤裸裸地对海尔德曼说："你就一口咬定，我不记得了，我回忆不起来，我没法想起来。就只回答我想不起来了。"

独立检察官加沃斯基听得几乎不相信自己的耳朵，他脸涨得通红说，"你们能够想象得出来吗？合众国的总统坐在他的办公室里，居然在教他的手下人如何作伪证!"听完录音之后,作为一个以前曾经在长时期里支持过尼克松的法律工作者,加沃斯基最后沉痛地说:"我以前也料到,此案将是十分复杂十分困难的,我也料到会面临许多困难的决定,但是我想,这些都还不至于要动摇总统。现在,我第一次意识到,总统深陷于这个案子,已经无法自拔了。"

已经是接近1973年年底的时候了,新任独立检察官加沃斯基特地带着总统的一盘录音带前往白宫。就是在这盘录音带里,尼克松谈到要筹集上百万美元的"堵嘴钱"。他约见了黑格将军。也许,他想让这个并不知道全部内情,却显得十分自以为是的白宫幕僚长清醒过来。但是,黑格还是坚持认为尼克松是清白的。加沃斯基面对执迷不悟的黑格,只能请他代为向总统传达一个最后的忠告。他再一次对黑格说,你错了,"根据我的判断,总统已经卷入了刑事犯罪案件。他最好是请一位他所能够找到的最好的刑事辩护律师"。

也许真的因为是蒙在鼓里,表现得糊涂而又"愚忠"的黑格后来又打电话给这位独立检察官。他像是发现了什么新大陆一样,兴奋地对加沃斯基说,总统在录音中的那次谈话之后,并没有采取任何行动,所以不能认定是一个"罪行",因为按照法律,必须有行动才能把一个"阴谋"认定为一个罪行,光说说是不算犯罪的。

也许,这个电话只是进一步证明了白宫幕僚长黑格确实不在罪犯之列,他此后也确实没有被起诉。因为这次他又错了。尼克松就不会这样想,因为他非常清楚,他们是有行动的,那天谈话之后,就有过一个装着"堵嘴钱"的信封,被扔进了前白宫顾问亨特的律师的信箱。所以,在1973年圣诞来临之际,尼克松总统终于听从了独立检察官的忠告,为自己聘请了波士顿名律师克莱尔,为他所涉

白宫幕僚长黑格

及的"水门事件"做刑事辩护。

这时,对于政府权力的行政分支进行监察的所有机制几乎都已经开动了。它们都按照自己的程序,各自在进行自己这一部分的功能运作。

新闻界这一方面,对于总统财务方面的追查一直没有放松,这使得尼克松总统公布了他的财务状况,以图洗清自己。并且最终补交了四十三万美元的税款,这是为那笔"捐出副总统文件"的"不正当扣税"造成的。白宫说,这几乎已经掏空了尼克松的积蓄。

司法分支这一部分,尽管尼克松的新任律师,暂时拒绝了独立检察官在进一步调查中,要求总统再交出二十二盘录音带的要求。尼克松也拒绝了大陪审团要求他出席秘密听证会的要求。但是,根据已有的录音带,已经足以让大陪审团对尼克松定性。1974年的2月25日,大陪审团以十九对〇的表决结果认定，理查德·尼克松是一个欺骗美国并且妨碍司法的阴谋的成员。大陪审团同意特别检察官将理查德·尼克松认定为一个"不受起诉的共谋者"。

尼克松在司法系统的免予起诉，我想一个重要的原因是立法分支国会的"弹劾"这个特殊刑事诉讼已经开始。在大陪审团做出以上认定之后，法庭立即开庭，宣布了大陪审团的建议，当庭将司法分支已经获得的全部证据，包括那几盘已经获得的录音带，全部移交国会的司法委员会，让他们"用作诸如弹劾的适当程序"。

现在，所有的证据都落到了立法分支手里。国会的刑事诉讼弹劾一经开始，就非常严肃地声称，国会的司法委员会，拥有获得有关弹劾案件的全部证据的绝对权力。4月11日，国会发出要求四十盘新的录音带的传票，并且警告尼克松，如果他拒绝的话，弹劾尼克松的第一条罪名，就将是"藐视国会"。

这时，独立检察官加沃斯基和国会司法委员会，分别对尼克松提出的要求新的录音带的压力，越来越大。尼克松决定做一次最后挣扎。他先是又一次提出只交出这些谈话的提要，然后决定，将删减后的四十六次谈话公开出版，以换取美国民众的谅解，使他们相信，他没有更多的罪行。他说，这些经过编辑的记录，"将一劳永逸地证明，我所知道的和所做的，完全就是像我一开始就告诉你们的一样"。尼克松很清楚，尽管看上去他面对的是政府权力的另外两个分支的调查，实际上，他真正面对的，是站在这些调查机构后面的美国人民。

于是，真的出版了这样一本大如电话号码本一样的特殊的"书"，而且一时还真的成了"畅销书"。在书中，多处标着"此处删去多余谈话"，不久这句话就成了老百姓嘲讽的口头语。美国的老百姓是很难蒙住的。本来，尼克松试图使大家看了这本"洁本"谈话录之后，会认为没有什么了不起的实质性内容，就对他失去追究的兴趣。

但是，这本书给美国民众造成的刺激，恰恰不是内容，而是它所反映出来的一个总统的基本态度和行事风格。也就是说，人们最吃惊的是，这位被美国人民安排在漂亮的椭圆形办公室里上班的总统，居然不是大家所期望的至少是一个正人君子，不幸而相反，他们只看到一个急于摆脱困境甚至不择手段的小人。他们认为，自己完全有理由相信，那些被删去的"多余谈话"一定是一些更见不得人的东西。

独立检察官和国会并没有因为这本"洁本谈话录"的出版，就放弃他们的要求。这时根据调查的进展，他们对录音带的要求已经分别为六十四次和四十二次的谈话录音。这时，尼克松的新任律师克莱尔提出，至今为止，尼克松本人并不是被控诉者，所以在法律上要求这些录音带没有足够理由。此刻，独立检察官向他出示了大陪审团的判定，显示了尼克松是"未被起诉的共谋者"，克莱尔顿时哑口无言。因为在美国，整个刑事司法程序中，作为人民象征的陪审团，是最至高无上的权威了。

录音带的争执，又一次被白宫上诉到美国上诉法院。但是，这一次，这位新任独立检察官加沃斯基毫不犹豫地越级向美国最高法院上诉。5月31日，美国最高法院同意受理。"水门案件"的官司终于在案发两年之后，到达了最高法院。

同时，国会的弹劾程序并没有停下来。按照美国宪法，弹劾程序分两步走。第一步是由众议院提出建议并且认定罪名，这一个阶段很像是司法程序中的大陪审团的作业，整个阶段是不公开的。所以，在这个阶段，民众无法知道进展情况，就连尼克松也一点吃不准形势的走势怎么样。

弹劾程序的第二步,就有些像法庭的审理过程。先是公开的出庭作证,然后是参院投票。通过弹劾案,必须在参院里达到三分之二以上的票数。所以,尼克松还是对参院听证投票的这一个阶段,寄了很大的希望。他只要在一百个席位中获得三十四票的支持,就算是逃过这一劫了。一百年前,安德鲁·约翰逊总统,就是在这一个阶段,以一票之差,安然逃脱的。毕竟,国会里还有那么多共和党人,尼克松至少可以试试看争取他们中的一部分。

你一定还记得我前面说过,在美国国会里,是非常忌讳"党性"二字的。因此,此刻国会中的民主党人最担心的,就是弹劾共和党的尼克松被指责是"党派行为"。所以,他们让足够的明确证据取得共和党议员的支持,使他们也坚信这是一个超越"党性"的维护宪法的行为。

而从尼克松这一方来说,正好相反,他最好的办法就是使共和党议员相信,这是民主党人的"党派夺权"行为。使得共和党议员转而支持尼克松。

因此,证据的可靠性就成为一个关键。只要证据可靠,共和党议员即使真的"党性"十足,也不至于会冒天下之大不韪,站出来维护明显在践踏法律的尼克松总统。因为参院的弹劾过程基本都是公开的,甚至由电视转播的。选民们都在看着他们选出来的国会议员,在如何代表人民说话呢。

所以,你可以看到,在一个民主制度已经充分成熟的国家,它的民意代表在投票时是必须完全公开的。因为只有在这样的情况下,才能使他的选民知道,自己选上去的人到底在干些什么。所以在美国,尽管每一个选民在选总统,或是进行其他投票时,他们的选择是隐私的一部分，是受到法律保护的。但是，在美国国会中，议员们的投票却必须是公开的，受到选民监督的。

相反，在民主制度还不十分完善的、处于过渡时期的地区，要求就完全不一样。在这些情况下，民意代表可能受到来自其他非选民方向的压力和影响。因此，如果迫使这些民意代表公开他们的投票方向，反而会使他们顾忌来自其他方向的压力，而不敢真正地代表民意投票。因此，在这个时候，为民意代表的立场保密会变得更为重要。

在弹劾的第一个阶段，由众议院司法委员会主席罗迪诺主持，他和法官西里卡一样，是意大利裔的美国人。由于确凿的证据成为弹劾的关键，所以，他和助手道尔非常谨慎地召集了四十多名律师，在新的录音带还没有得到的情况下，先开始分析手中已有的证据。在这四十多名律师中，有一个当时才二十六岁的耶鲁大学法学院毕业生，希拉里·罗德曼。她就是今天美国总统克林顿的夫人。

直到五月份，第一批整理好的证据才交到三十八人的司法委员会手里，他们全是清一色的律师。道尔在调来做国会司法委员会主席的助手之前，应该说，他也是尼克松手下的人，他是行政分支司法部下的一名检察官。他的工作非常仔细，他不仅注重那些涉及定罪的录音，还注重证据所反映出来的一个重要信息，那就是，处在行政分支权力中心的尼克松在白宫的行为模式。道尔不仅给委员会播放了录音，还指出尼克松所出版的"洁本录音记录"中，故意删除了一些危险的谈话。

在听了第一批录音之后，国会司法委员会认为，有必要进一步要求尼克松交出另外一百四十七次的谈话录音。尼克松断然拒绝了。

由于国会弹劾程序的开始，原先国会的参院"水门事件"调查委员会，正式结束了他们的工作，并在最后的报告中谴责了尼克松。七月份，国会司法委员会的工作进入了最后阶段。委员会公布了四千页的证据，其中有尼克松的八次谈话记录，从中可以看到很多地方与尼克松自己公布的记录不符。人们更倾向于相信，尼克松是故意地删除了对他不利的内容。

国会的司法委员会决定举行一次向全国转播的电视辩论。让委员会内主张弹劾和反对弹劾的两种意见，公开向美国民众表明他们的观点，对美国人民有个交代。在国会司法委员会中，保守派的共和党人是尼克松唯一的希望。但是，在电视辩论之前，原来反对弹劾的委员，一个接一个地转变了立场，尼克松的希望越来越渺茫了。

就在辩论即将开始之前，最高法院以8：0（一人弃权）一致通过，要求尼克松继续交出录音带。

在美国，联邦最高法院的大法官是先由总统提名任命，由国会通过的。最高法院的大法官一旦当选之后，除了国会有充分理由进行弹劾之外，他的任命就是终身的。所以，虽然总统"有权"任命大法官，却不是一定"有机会"任命大法官。因为在总统的任期内，完全可能没有大法官退休。

尼克松应该说是十分"幸运"的。他在任期内，居然出现了任命四个最高法院大法官的机会。但是，美国的最高法院也是在"众目睽睽"之下的。最高法院大法官的地位在美国是非常高的，也可以说是非常神圣的。他们本身当然也有基本观点倾向的不同，例如有的大法官更倾向保守派的观点一些，有的大法官则更倾向自由派的观点一些。这都会在一定程度上影响他们对于手中的案件的判断理解。但是，他们可以说都不会落到屈服于或者倾向于某个权势人物，因此就对他网开一面的地步。

我相信这不仅和国会及民众的监督有关,一定也和这个职位的职业神圣感有关。就像独立检察官一样,整个社会就有这样的气氛和压力,到了这个位置上的任何一个法律工作者,他都会立即感觉到这个头衔沉甸甸的分量和民众灼灼的期待目光。这样的职位,和行政官员的感觉是不一样的。行政官员很容易产生政客一类的人物,但是,大法官这样的位置却通常不是产生政客的地方。

因此,在"水门事件"发生以后,最高法院的唯一一次插手,它的结果是公正的。尽管九名大法官其中有四名出自尼克松的任命,使他总是抱有一些幻想,希望表决结果至少出现两种不同意见。可是,事后想来,谁都觉得,最高法院在这个问题上,出现这样一边倒的投票结果是极其正常和自然的。

尼克松还曾希望,最高法院至少把他的录音带分别处理,例如,判定有些涉及国家安全的材料允许他保留。也就是说,尼克松希望"国家安全"这顶保护伞,至少还可以为他抵挡一部分威胁。但是最高法院的意见非常明确,什么该交出来,什么不必交出来,这一切都由法官西里卡决定。最高法院裁定:总统显然享有行政豁免权,但是,这种豁免权不可以压倒刑事司法的法律既定程序所提出的根本要求。总统不能将自己置于法律之上。

总统能不能将自己置于法律之上,这是自从"水门事件"发生之后,尼克松他们与整个权力制约机制抗争和挣扎的焦点。也是美国历史上,政府权力的行政分支试图曲解美国宪法精神,向整个由宪法所规定的制度挑战的突破口。但是,"收银机"整个机制非常关键的一个设计就是:宪法的解释权在最高法院手里。因此,最高法院判定,总统不能将自己置于法律之上,是从根本上为这场历史性的争论画上了句号。

是的，最高法院从理论上宣布了尼克松的彻底失败。但是当时，真正的明眼人并不因此松下一口气来。他们知道，美国宪法面临一场严峻考验的关键时刻来到了。这将是一场真正的宪法危机。因为，此时，尼克松已经被最后摊牌了，已经被从理论上宣告了失败。那么，接下来，尼克松会怎么办？

尼克松完全有可能破罐子破摔，干脆公开对抗。理论归理论，理论上他必须在最高法院的判决之后就向法律低头。可是，如果在实际上他不服从，你又有什么办法？他还是总统，还是全美国最有权威的一个人。同时，你不要忘记，尼克松总统还是美国的三军统帅，军人以服从命令为天职。而最高法院，只有全美国承认的、在理论上最有权威的九名大法官。他们手无缚鸡之力，没有一兵一卒。

因此，全美国几乎没有人知道，如果尼克松总统打算对抗，将会发生些什么？如果尼克松就是抗拒法庭，法官西里卡派一个法警去白宫逮捕总统吗？总统拒捕又怎么办？理论上，国会可以弹劾总统，但是，国会也只有代表着美国人民的几百个议员，如果总统抗拒国会的弹劾，命令武装部队保卫白宫，攻打国会，又怎么办呢？

这是整个"水门事件"发展到最后，最千钧一发的时刻。

你不要以为，这对于美国这样一个有着民主传统的国家，就一定是无稽之谈。事实上，如果没有一个在不断完善中的制约机制，没有一个国家是绝对不会产生危机的。

对于这最后关头的抉择，军界和白宫也有所感悟。当时行政分支的国防部长，曾指示参谋长联席会议主席，任何来自白宫有关的军事命令一定要经过他的手。这在美国是异乎寻常的。因为美国的国防部长历来只是行政系统的一名文官，既没有军权也从来与指挥军队调动事宜无关。美国的国防部长与军界有非常明确的界限。所以，这个非同一般的信息，立即引起了美国军队的实际指挥者，参谋长联席会议主席的强烈不满。

白宫幕僚长黑格，出身军界，虽然转向了文官系统，一直还保留着将军的称号，同时还是白宫的当家人。对尼克松忠心耿耿的黑格，当时也想到，尼克松对最高法院的判决，有服从和抗拒两种选择的可能。如果是后者，白宫和尼克松的安全则顿成问题。他将有可能面临法警带来的搜捕状。于是，作为一个前军人，他本能地提出，有必要调八十二空降师围住白宫保卫总统。

在这个最关键的时刻，聪明绝顶的犹太裔国务卿基辛格，只轻轻一句话，就永远打消了白宫有可能冒出来的类似念头。基辛格说，坐在用刺刀团团围住的白宫里，是做不成美利坚合众国的总统的。

美国前国务卿基辛格

最高法院裁决的八小时之后，尼克松的律师克莱尔宣读了尼克松的声明："我尊重和接受最高法院的裁决。"这一个简单的声明，化解了美国历史上一次重大的宪法危机，也使得人们对这样一个重大历史事件，回味无穷。

两年前，当尼克松去世的时候，我们从电视上看到了在他的加州老家院子里举行的葬礼的全过程。所有在世的美国总统们，都出席了这一隆重的葬礼，并且向他表达了他们对他的怀念和尊重。我想，就凭着以上的这个声明，尼克松总统也是无愧于这样的尊重的。

不论尼克松犯了多少错误，在最后一刻，他表现出他依然是美国的"宪法文化"背景中产生的一个民选领导人。他公开向美国全体人民宣告，他愿意认同宪法、服从法律、服从人民。而且，正是由于前面所发生的一切，以及他完全了解自己即将面对的处境和结果，他的服从才具有更深远的历史意义。

尽管尼克松知道，他将永远失去权力以及权力所带来的一切，甚至面对一个使他感到十分屈辱的下场。但是，他还是选择了这样一条痛苦的道路，而没有最后一次错误地使用人民交到他手中的权力，去做最后的抗拒。毕竟，在世界历史上，人们看到过许多同样位高权重的政治领袖，在类似的情况下，都本能地选择了抗拒到底。

不论他当时是出于无奈，还是真正地有所醒悟。他毕竟在最关键的时刻，表现出了他到底还是一个叫做美利坚合众国的国家的总统，他向宪法低下了他骄傲的头。我们不可能忘记，在这个时刻，尼克松毕竟还是美国的三军统帅，是全美国最有权威的一个人。

尼克松的声明刚刚读完，电视台的国会司法委员会的总统弹劾问题辩论会，就开始实况转播了。这个公开辩论会持续了六天。尼克松是一个老政治家了，不算他在州一级之前的任职，仅仅是在副总统和总统的职位上，他已经待了整整十三年半。因此，在他漫长的政治生涯中，在政界有了许多相处多年、感情很好的同事和朋友。就在眼前的这个国会司法委员会里，也有很多尼克松的老朋友。但是他们也无法不承认，他们确实为尼克松的滥用职权、妨碍司法的行为感到愤怒和不安。

弗吉尼亚州的一名共和党议员说："多年来，我们共和党人宣布要反对其他党在美国政府行政部门中的腐败和不轨，可是，水门一案却是我们自己的耻辱。"

在国会中显得鹤立鸡群的黑人女众议员芭芭拉·乔丹，发表了一段著名的讲话。她说，在当初，美国宪法的第一句"我们，美国人民"是不包括她和她的种族的。但是今天，这位来自得克萨斯州的前州法官，以一个黑人女议员的身份宣布："我对宪法的信任是完整的、全部的、彻底的。在有人对宪法进行损害、限制和破坏的时候，我不会坐在这里袖手旁观。"去年这位黑人女议员逝世以后，我们在电视上又看到了当年她发表这番声明的镜头。

1974年6月27日，国会司法委员会对如下第一款决议进行表决："由上所述，理查德·尼克松的所为与人民对总统的信任相违，与一个宪法政府的行为相反，是对法律和正义事业的极大不公，伤害了美国人民。因此，由于其所作所为，理查德·尼克松应予弹劾和审判，并撤除其职务。"

这是国会司法委员会在调查结束之后，向国会提交的报告。此后还必须由众议院和参议院根据弹劾程序做出正式判决。

在此之前，正如你已经知道的，尼克松回到家里，和他的亲人们

1974年8月8日,美国总统尼克松因"水门事件"宣布辞职。

商量,也从他们那里获得安慰和精神上的支持。同时也与基辛格和黑格商量之后,决定辞职。他在家人的陪同下,前往宣布辞职。这里除了他的妻子,还有他心爱的女儿以及女婿。

8月20日,众议院以412︰3票正式投票通过了司法委员会关于弹劾尼克松的报告,由于尼克松的辞职,参院的弹劾程序就没有必要了。尼克松下台以后,福特副总统按照宪法程序,接任了总统职位。因此,如果说,每一个美国总统都是全民直接投票选上来的,这句话是不确切的。福特总统就是一个例外。他是在副总统和总统相继辞职的历史巧合下,没有经过全民选举当上的美国总统。

9月8日,新任的福特总统宣布了给予尼克松的豁免,宽免了尼克松"在总统任期内已犯下的或可能会犯下的于美国不利的罪过"。一劳永逸地免除了对尼克松有可能发生的一切追究。美国民众也感到，这个赦免是公正的。对于尼克松来说，大家觉得，他因为自己的过错所受到的惩罚已经足够了。正如尼克松自己所说，"我是以如此错误的一种方式在处理水门事件，它将成为我的余生中每天都要背负的重负"。

尼克松的故事我想就在这里结束了。让我们都"消化"一下。歇一段之后我再继续给你写下去。今年的美国大选尚在拼搏的最后阶段，但是，我想，你看完尼克松的"水门事件"，一定不会责怪我介绍"大选"，跑得离题太远了吧。

祝好！

林 达

"婴儿潮"的总统来了

卢兄：你好！

本来打算停一段日子再给你去信的，但是，你的来信促使我又提前动笔了，因为你的信中提了不少问题。

首先，我很高兴你能够理解，为什么你要求我介绍今年的美国大选，我却先向你讲了一个二十年前的美国总统故事。实际上，这是基于我自己的经验而来的。对一个完整的"水门事件"的了解，使我一下子对于美国的大选有了比较本质的认识。至少，这一来，知道美国总统"是什么"了，也了解了他在美国政府的权力结构中的准确位置，以及他和其他两个权力分支的关系了。因为"水门事件"是了解这些问题的一个捷径。然后你再去看总统大选，也就能从"看热闹"，渐渐过渡为"看门道"了。

你在信中说，我的介绍显得"戛然而止"，有点意犹未尽的感觉，希望知道"水门事件"在结束之后，"后来怎么样了"。这确实是一个十分有意思的问题。

尼克松总统辞职之后,当然就不是总统了。但是,并没有任何人,不论是政界还是百姓,打算对他进行"穷追猛打落水狗"式的打击。他回到自己的家乡,除了逐步从心理上调节恢复,又开始一般退休总统的十分繁忙的生活。

那么,他忙些什么呢?他和其他的离任总统一样,在他的家乡建立了一个总统纪念图书馆,里面除了总统的各种纪念物品之外,存放了大量他在任职时期的私人文件,以供人们查阅。他也和其他离任总统一样,开始撰写他的回忆录。看上去,他不论从待遇到生活状态,确实都和别的离任总统一样。

只是,在他的纪念图书馆里,一直在播放尼克松回答人们提问的录像,在这些谈话里,尼克松也坦率地回答人们提出的有关"水门事件"的各种问题。尼克松告诉来到这里的好奇的人们,他最大的教训就是,犯错误是不可怕的,可怕的是"掩盖错误"。

当然,尼克松离任后所写的回忆录,其中的一个重要部分也是"水门事件"。由于人们都对尼克松自己的解释和辞职后的反思很感兴趣,所以,我相信,他的回忆录也使他比别的总统得到了更多的稿费收入。

这里实际上也反映了一些在美国十分重要的现象。首先是,美国退任总统的生活都是优裕和丰富的。他们的退休金与商界大总管的薪金相比,当然显得十分微薄。但是,已经足以维持一个安乐的生活。他们也出席一些社会活动,以写书和演讲等取得收入和调节生活节奏。同时,美国人极为普遍的对大自然的热爱,政治人物也绝不例外。对自己庄园里的山林河流,花草树木的迷恋是朝野不分的。这些"收拾山河"的工作就耗费了许多退休政治家的精力,也平衡了他们很大一部分心理状态。

在中国时,我就听说过报道美国前总统卡特,退休以后自己喜欢做些木工活儿。当时觉得他非常特别。尽管卡特确实是一个十分平民化的总统,但是,到了美国之后,发现不论是哪一个退休政治家,如果说喜欢做园丁、喜欢做木工等等,都不是什么稀奇的事情。这在美国大家都会觉得是很正常的。除了说明这是一个正常人之外,并不说明什么特别的问题。

至于一些年富力强的退任政治家,则往往选择在从政界退下来之后,继续他在进入政治生活之前的事业,或者开创一个新的事业。这里最典型的例子就是肯尼迪总统的国防部长麦克纳马拉。他当时是福特汽车公司的总裁,不论是地位、收入,都绝对不在美国国防部长之下。当肯尼迪邀请他出任国防部长的时候,他唯一考虑的因素,是可以有一个机会为他的理想和国家做出一些贡献。不幸的是,他错误地卷入越战,越真诚陷得越深,由他自己亲手铸成了许多大错。去年在

美国前国防部部长麦克纳马拉

他的回忆录里，他表达了自己的反思和追悔。"我们错了，可怕地错了。"他已经苍老的声音沉重地响在多少美国人民的心头。从政治中退任之后，他又开始做世界银行总裁。对他来说，从政几年只是一个艰难而痛苦的经历。

也就是说，在美国总的来讲，生活的选择非常多，这对于上上下下都是一样的。唯一的区别是，上层人物的有些选择方向和普通人不同。但是，那种本质上的多样化都是一样的。这些看上去和政治制度毫无关系的因素，实际上对于形成一个良性循环的和平政治交替权力交接，都起了十分重要的作用。甚至，在美国很容易做到拥有一个面积较大的私人庄园的事实，以及美国人普遍的迷恋大自然、"忘情山水"的性情，这些看来与政治离题万里的自然和人文环境，都使得政治家更容易还原为本来意义上的常人，而不是异化成一离开政治官位，就惶惶然如丧家之犬的政治动物。而一个稳定的政治制度，都必须具备这种把政治家还原为常人的能力。

再者，我们看到，美国民众所关注的，是一个健康的政府运作机构。因为对于他们来说，这才是与他们的基本利益息息相关的关键所在。任何一个政府官员，如果违背了与公众的契约，大家会尽一切努力使他离任，以维持这个政府运作机构的正常状态。然而，这并不说明公众的关注点，就是集中在某一个个人身上。任何一个犯罪的官员，当他一旦卸下他的职务，也就是当他的个人行为不再成为公众利益的威胁的时候，大家立即一哄而散，各忙各的去了。谁也不会认为，还有什么"痛打落水狗"的必要，也没有任何这方面的兴趣。

剩下的事情，公众会交给这个制度去操心。如果离任官员有法律不能赦免的罪行，自有司法去处理。这样的消息当然还会见报，但是，看的人也就是一翻而过，兴趣缺缺。如果离任官员已经得到赦免，那么，对于他离任后的新生活，大家只会说一句"祝他好运气"，希望他尽早在新的生活中找到自己的位置。在这里，民众对政治家也更容易以对常人的眼光相待，也不知道这是不是因为政治家们竞选的时候话太多了的缘故。总之没人会把他们当作"超人"。

谁都知道，尼克松赦免以后的生活待遇，实际上比一般平民要优裕得多。然而，全美国几乎找不到这样一个人，因为这一点而感到愤愤不平。因为尼克松的被赦免和他此后的生活待遇，都是在宪法法律规定的范围之内的。也就是说，都没有超出人民与政府当初定下的契约的限度，这是大家早就认可的，所以也就心平气和。

那么，作为对手政党的民主党是否就可以借此机会"追杀"尼克松，趁机夺过大权了呢？事实上也没有发生这样的事情。这并不是说明这里的政治家通通"心慈手软"。我们假想一下，如果出现了一个心狠手辣野心勃勃的民主党，他也不可能有什么大动作出来。因为宪法规定了，总统下台之后，只可能由同是共和党的副总统接班，任何人如果试图改变这一点，那么，他就是在冒着和尼克松同样的违宪风险。再说，他也完全没有这个必要，因为，与其冒大的风险去"夺权"，还不如正常去竞选，反正总统四年一个任期，并不是失去一个机会就"时不再来"。

其实，这也是从另外一个角度反映了美国"注重个人"的传统。每一个人都必须为他的"个人行为"负责。不论是什么人，不论其地位高低，都是如此。如果出现错误或者罪行，从当事人本身来说，你无法把责任随意推出去，临到法律追究的一天，你只能"好汉做事好汉当"，想不想"当"都得"当"。

这样，既避免了公职人员的任意犯罪，也避免了一种在信仰口实之下的大规模民众犯罪。你无法把罪责推给一场民众运动或者推给一个领袖，因为，法律在清理的时候，领袖是领袖的罪责，作为民众一员的个人，也有个人的罪责。

你已经看到，总统也是一样，尼克松就是尼克松。他的行为首先代表他个人。他有了罪行之后，他无法轻易将责任推给他的政党，尽管他是这个政党推出来的一个候选人；就像他无法把责任推给这个国家，尽管他是这个国家的总统一样。他不能在维护政党利益或国家利益的借口之下，就逃避责任。

从另一个方面来说，这也维持了这里政党政治的正常运行。正因为尼克松就是尼克松，在他的这场"水门事件"中，牵涉到几个人就是几个人。既然这不是什么政党的整体行为，所以，站在对立面的政党也无法以"水门事件"为理由，去试图摧毁整个共和党。这样，也就不可能发生政党间的恶性追杀。

至于尼克松，下台以后可以说一天也没有担心过任何报复性的"追杀"。没有任何人可以限制他的自由。辞去总统，他就成了一个普通公民，受宪法保护，享有宪法所规定的一切公民权。作为一个普通公民，如果他愿意的话，他依然可以在政界活动，甚至寻求"东山再起"，不会受到任何干涉。他如果受到任何不公正的待遇，他也就可以通过正常的法律途径去寻求公正。

尼克松是这样，其他人也是这样。

"水门事件"是以刑事案结案的，所以，除了尼克松被新任总统福特以宪法授予的特赦权予以豁免之外，其他涉案者当然都受到不同程度的刑事惩罚。除了水门大楼的直接闯入者之外，还有那些涉案的行政官员。他们中的不少人仅仅是参与了"掩盖",成为"妨碍司法罪"的罪犯。

尼克松的秘书查平,被判了八个月刑期。白宫特别顾问考尔森,刑期七个月。海尔德曼,尼克松的前任白宫幕僚长,坐了十八个月牢。尼克松的总统法律顾问迪恩,只关了四个月,这是他向检察官交代整个案情换取的较短刑期。从他的涉案程度来看,这已经相当不错了。厄理其曼,尼克松的总统国内政策顾问,也是"管子工"的负责人,判了十八个月。厄理其曼的副手克劳格,"管子工"成员,判了四个半月。

卡姆巴哈,尼克松的私人律师,曾参与筹集"堵嘴钱",为此坐了六个月牢。前司法部长克雷迪斯特,就因为"水门事件"案发后,李迪找上门来要求通融,他虽然拒绝,但身为司法部长知情不报,也坐了一个月的牢。前司法部长米歇尔、后来的共和党"总统再任委员会"主席,刑期为十九个月。米歇尔实在没什么可叫屈的,身为前司法部长,可以说是最典型的知法犯法。米歇尔的首席顾问拉鲁,被判了五个半月。

白宫"管子工"成员李迪,刑期五十二个月,在这个案子中,李迪是刑期最长的。我前面已经几次提到,不管多么浑,他确实是这些人中最具有理想主义色彩的一个。所以,自始至终,他信守诺言,拒绝交代案情。因此,法官西里卡看来也实践了自己的诺言,在量刑范围内,给了他一个较长的刑期。

白宫顾问亨特,就是"水门案"发生的那个晚上,和李迪一起守在旅馆指挥,又一起匆匆出逃的家伙,被判了三十三个月。麦格鲁德,共和党"总统再任委员会"副主席,刑期七个月。麦格鲁德的助手,刑期三十天。赛格瑞缇,为尼克松在竞选中的违法举动出主意者,刑期四个半月。

但是,这些涉案人在刑满之后,也都开始了他们新的生活。正如我前面告诉你的。"水门事件"的现场指挥李迪,现在成了这里数得上的保守派"谈论节目"主持人,崇拜他的人数都数不过来。他照样在他的电台节目里攻击民主党的总统,口若悬河、滔滔不绝、准时准点、一天不落。在他的谈论中提到"水门事件"时,他仍为他是当年唯一信守诺言死不开口的人而颇感骄傲。这样的"名嘴"都是高收入,说他日进斗金大概也并不过分。

在"水门事件"的"掩盖"行动中起了重要作用,又在最后"丢卒保车",离尼克松而去的法律顾问迪恩,后来在洛杉矶步入银行界。"水门事件"中李迪的直接上司、共和党"总统再任委员会"的副主席麦格鲁德,走了一条与众不同的道路,成了肯塔基州莱克辛顿市的一名神职人员。

白宫"管子工"小组的头头厄理其曼,不知是不是受到"管子工"小组那些秘密行动的启发,他开始写侦探小说。期间还受邀为一个冰淇淋的公司做过广告,但是广告播出后冰淇淋的销量反而下降,所以很快就停播了。

…………

所以,当一次巨大的政治风波以总统辞职而过去之后,一切迅速归于平静。没有引发政治搏杀,没有社会动荡,涉案人员除了依法接受刑事处分,也没有受到报复和来自反对党的政治迫害。什么也没有发生。

因此,你的问题实际上很切中要害,尼克松下台的"以后怎样"

确是观察这个系统运作的一个重要部分。使我们感到有意思的，恰恰是这个"什么也没有发生"。

然而，作为美国最重要的历史事件之一的"水门事件"，带给美国的影响却是极为深远的。有一个例子可以窥其一斑，就是，自此以后，凡是政府行政分支的最高层出现的丑闻，通通被冠以"某某门"。这个"门"，当然就是"水门"的"门"。也就是说，自此之后，白宫系统出的问题，人们都会立即联想到"水门事件"和尼克松，人们就会本能地倾向于深入追查，而再不会轻易放过。

美国人历来就有不信任政府的传统。记得我们的朋友达尼拉就对我们说过，从小，她的祖母就对她说，永远不要相信政府。你不要以为这是一个罕见的实例，在美国，在学校的教科书里，就一而再、再而三地向学生解释政府三个权力分支"平衡和制约"的必要性，其根子就基于"政府是靠不住的"这样一个概念。

当然，在美国的教科书里，也非常自豪地向一代代的年轻人介绍他们的建国之父，介绍一些美国人心目中的伟大总统，例如华盛顿总统、林肯总统、罗斯福总统等等。但是，这只是"就事论事"，丝毫没有要外延扩大的意思。"总统是靠不住的"，仍然是一个普通的概念，这样的概念在尼克松之后被大大加强了。此后，新的总统上任，美国人几乎很少再会把"伟大"这个形容词，与现在的"总统"联想在一起。相反，倒总是对总统时时充满警觉。

因此，尼克松以后的年月里，美国出现了一些描述白宫阴谋和政府行政机构阴谋的电影和小说。在这些文艺作品的结局里，那些揭露阴谋的英雄也总是走向国会、司法和新闻界。有的电影整个情节充满惊险曲折，它的结尾却非常简洁，就是揭露阴谋的英雄主角走进国会听证会,坐下,然后起立宣誓,"我说的都将是真话",电影就结束了。这样的文艺作品不仅反映了美国人对总统和白宫的不信任,还反映了通过尼克松的"水门事件",他们对于这个制度反而增强了信心。他们相信,一旦"平衡和制约"的监督机制启动,他们就可以放心了,电影就可以结束了。

现在,我真是该回到克林顿总统的再任竞选上来了。

要谈今年的大选,我们不得不先简单谈谈克林顿1992年第一次参加大选的情况和已经接近任满的四年总统生涯。因为今年是克林顿寻求连任的大选年,他的竞选成功与否,和他前四年各种表现息息相关。

克林顿是在1992年的大选中胜出的。那年大选,确实也很特别,因为除了克林顿和寻求连任的布什总统之外,还冒出一个不速之客佩罗,形成一个难得的三足鼎立的局面。佩罗刚出来的时候,作为亿万富翁,宣称要全部用自己的钱竞选,以维持独立性。他又是无党无派,使选民感到耳目一新,风头很盛。但是,三足之鼎的佩罗一足,终究还是短了一截,竞选中几次"过招"之后,就让人越看他越不像个总统。

举个例子,今年我为了更好谋生,一边打工一边开始上学。我的"公共演讲课"的老师,提起佩罗就笑着说,佩罗的演讲风格,从专业眼光来看,真是"可怕极了"。竞选,竞选,一多半就是在说服选民投你的票。一个演说风格"可怕"的候选人,要当美国总统是很难的。当然,佩罗没当上总统,原因还很多,这只是其中的一个小因素罢了。

所以,四年以前,别看出了三个总统候选人,但是实质上与往年的竞选并没有什么不同。真正的角逐还是发生在共和党的布什和民主党的克林顿之间。那一年竞选,选民的情绪要远比今年激动。为什么呢?

在共和党的里根做满两任八年之后,布什又接任了四年。就是

竞选美国总统时,克林顿和妻子希拉里与卡通人物青蛙克米特一起唱歌

说,当时共和党已经连续执政了十二年。以最简单的话说,共和党能够连续执政十二年,总有它的道理,也总有它的选民基础,在竞选时也就有它的"惯性"。所以,要中止这个惯性状态,也要花一番不小的力气。当时民主党就推出了年轻的总统副总统候选人,克林顿和戈尔。与十二年来的共和党高龄总统相比,他们显得朝气蓬勃。

但是,在竞选总统的时候,优势和劣势永远是像一对双胞胎一样一起出现的。年老当然容易和体弱、精力不足这样的状态联想在一起,但是,也使人想到经验丰富和办事沉稳。年轻当然显得有创意,但是,也给人一种"嘴上没毛,办事不牢"的感觉。

四年前布什最终离任的原因,和当时的许多美国人求变的心情有关。当初高龄的里根之所以能够连任成功,和当时的经济繁荣有关。

而里根时代的经济繁荣多多少少有点"虚假繁荣"的味道。因为在这个时期，它的繁荣是和高国债联系在一起的。表面是繁荣了，但是政府赤字创下吓人的纪录。

所以，里根的后任布什颇有点代里根受过的味道。经济过热之后的冷却，让过惯了里根时代好日子的美国人一下子接受不了。虽说，连现在的经济学家都承认，布什总统在改善美国经济方面实际上颇有成效，经济在布什时代已经复苏。但是，照一些经济学家的说法，不仅经济恢复本身需要一段时间，民众对于经济复苏的感觉都是慢半拍的。一个总统任期只有四年，这半拍一慢，就把布什的总统连任给耽误了。

当时，有许多民众都对当时的经济状况不满，对于把政府的执行机构一摊再留给布什感到没有耐心。于是，克林顿就打"变化"牌，攻击布什经管期间的现状，宣称在他的手里，美国将发生变化。说实在的，并不是大家相信了他的种种宏伟规划，而是美国人对于总统一向的态度就是，干好了就再干一任，不行就再换一个试试，总统本来就是大家推出来的大总管嘛。

所以，在1992年的大选之前，选民相对来说比今年大选更情绪化。一方面是一批希望布什下来的民众很积极要去投票，以达到"换一个试试"的目的。我的朋友萨琳娜以前一到大选年都是弃权的，"选谁都一样，没一个我喜欢"。但那一次却早早地就宣称，要动员她的父母兄妹都投克林顿的票，其理由就是她贴在她的汽车上的一句口号，"不要再给布什四年"。另一方面，支持布什总统而不喜欢克林顿的人们，越是意识到布什连任岌岌可危，也越是要积极投票，以防克林顿上台。

看来，人们"求变"的心理还是占了上风。因此，不到五十岁，给人感觉象征着新一代的克林顿，终于如愿以偿，进入了白宫。后面我还想谈谈，除却这些表面的因素之外，从整个美国社会的更新换代来讲，这个结果，还反映了更深层的社会变化。

那么，此后的四年，这位克林顿总统当得怎么样呢？在克林顿刚刚进入白宫的时候，一个共和党人就预言，用不了多久，我们就可以把克林顿从一个什么"门"给送出白宫去。这是什么意思呢？我猜，他的意思是说，凭克林顿的行事作风，很容易就会捅出类似"水门事件"这样的娄子来。到时候，他就该像尼克松一样下台了。

这是不是反对党毫无根据的一个恶意猜测呢？我觉得也很难这么说，因为这个"预言"并不是完全没有道理的。事实上，在克林顿总统执政期间的白宫，大概也是被人们称之为"某某门"的故事发生得最多的了。

为什么一开始人们就能做出这样的预测呢？这必须从克林顿与其他总统所不同的地方说起。

克林顿是第一个"二战"以后出生的美国总统。"二战"结束之后，士兵们都回到了家乡。之后，在全世界出现了一个高出生率的时期，称之为"婴儿潮"。克林顿就是这个"婴儿潮"中卷来的一个。而布什总统，正是当年从"二战"的战场上回来的一个老兵，在美国这几乎就是"英雄"的同义词。他们完全就是"父辈"和"子辈"的关系，他们活活就是象征着两代人和两个不同的时代。

我曾经谈到过，六十年代前后的美国，可以说有着完全不同的面貌。六十年代，正是"婴儿潮"这一代人进入青春期，到了思想风格形成的年代。人们对他们的评价好也罢、坏也罢，他们自此开创了

竞选中的克林顿一家

一个新的时代,他们明显地有别于他们的父辈。如果你能够给布什总统所代表的这一代美国人做出一番描绘的话,你却很难描述评判这个"新一代",因为,如果说他们有特点的话,他们的特点正是"多元"。

但是,恰恰是一个"婴儿潮"的产物,那个从老一代美国人眼中可谓是"一场混乱"的六十年代成长起来的克林顿;不用放大镜,随便就可以找出一大堆毛病来的克林顿,在竞选中击败了"二战"英雄的布什,入主白宫。不论怎么说,这场竞选的结果在美国确实有不同一般的意义。

克林顿不是自己走进白宫去的,他是被美国选民选进去的。因此,人们突然意识到,那些一茬茬的"新一代们",不管你赞同不赞同他们,他们事实上已经在接替"老一代"。随着时间的行进,他们的数量越来越多,手中已经都握有了自己的一张选票。你无法无视他们的存在。

克林顿和布什的差别真是太大了。不论布什总统在争取连任的时候有多少弱势，在一个老的时代基本过去之前，克林顿是休想与之匹敌的。例如，克林顿是六十年代的青年，那时的年轻人，几乎都尝试过大麻的滋味。所以，当时，质问克林顿是否抽过大麻，成为共和党在竞选中对克林顿进行丑化的一大热点。

在六十年代的美国，大麻是相当普遍的。我们一些当时还是大学生的美国朋友曾经对我们说，在那个年代，如果你上一个教授家拜访，他请你抽一支大麻是一件很正常的事情，完全就跟抽一支烟一样，根本没什么了不起的。

但是，自从大麻在美国被宣布为非法以后，就提升到与海洛因、可卡因这样的毒品等而视之的地位。吸大麻、销售大麻和种植大麻等等一切与大麻相关的行为，就成了与毒品相连的重罪。这里说的大麻，是一般的传统大麻叶。据说现在有专门培育之后毒性非常大的新品种，那不在我现在谈的范围之内。

在美国，就是这样，它是以法律为基准的。一旦宣布为禁品，就真的成了碰也碰不得的东西了。也就是说，一旦立法通过，你就只能执行了。理解不理解都得执行。警察是行政分支属下的，与立法无关，他们的任务就是执法。法院是属于司法分支的，当然与立法也无关。与这两个部分都是没什么可争的。如果你觉得不合理，唯一的办法是向立法分支去呼吁。但是在立法改变之前，只能先按此执行。

然而与其他的违法毒品相比，大麻的地位始终是最具争议的。美国的国家科学基金会每年都提出报告，建议立法机构考虑使大麻合法化。为什么呢？根据他们的报告，从来没有什么明确的科学证据，可以证明大麻是会使人上瘾的。适量的大麻也不会比香烟更为有害。当然，任何东西，如果你过量使用，对身体都会有害。因此有大量反对毒品的美国人，也呼吁大麻合法化。

在西方世界，对大麻的态度也是各不相同，例如在澳大利亚，一个人如果种植或拥有个人使用剂量的大麻，也是合法的。这里，人们最耿耿于怀气不过的，就是既然烟草可以是合法的，那么为什么大麻就一定要是非法的呢？所以在美国有大量的传闻，说是之所以大麻被宣布为非法，那是香烟公司在国会游说的结果，是他们害怕大麻的流行会夺去香烟的市场，所以才夸大了大麻的危害，说服国会立了这个法。

立了法之后，美国执法人员对于大麻的态度就是一刀切了。为这个法律，美国人也支付了相当大的代价。现在美国的监狱里，有百分之四十左右的犯人是与毒品有关的。其中当然也有相当一部分人是因为大麻而给关进来的。所有与大麻有关的侦查、审判、关押的费用，当然都是纳税人的钱。我们住在乡下，这里的人都拥有大量土地，也有不少人在很多年前种过大麻。我们就经常看到警察专门监察大麻种植的直升机，飞过我们的上空。花在禁止大麻上的人力物力确实是很大的。这也是很多人反对把大麻列入毒品的重要原因之一。更何况，如果大麻合法的话，很多年轻人就不必待在牢里了。

正因为大麻存在这样的争议，所以，现在的大学生和一般年轻人反而都偏要吸两口大麻，以表示自己的"反叛精神"。我问过我所有的年轻朋友，还没有碰到一个宣称自己一口大麻都没吸过的人。他们中的大多数都吸得非常少。只是在聚会的时候，点上一支大麻烟，每人吸上一口两口。这点剂量根本没有任何作用，似乎只是在做出一种"姿态"。表示自己对一个他们认为"不合理的法"的反对态度。只是这种形式的"反对表态"可不能让警察看到，否则，麻烦就大了。

我们就看到过我们认识的一个年轻自由撰稿人,在自己家的室内用花盆种了两棵大麻,被警察找上门来。警察搜查了他的住房,没收了作为"犯罪工具"的两盏用于植物光照的灯,两棵长得一人高的大麻当然也被没收了。种这样两棵大麻,最高刑期可达十年。

在这种有争议情况下,美国以大麻叶为图案的衣服和饰物也就随处可见了。卖大麻叶标志的商品,这在美国是言论和表达自由的一部分,是在合法地表示一种态度,当然就不会有任何麻烦。

最近,在美国有两个州立法,开放医用大麻。因为大麻和鸦片一样,适度使用都有一定的医疗效果。但是所有的人都把这个州立法,看做大麻合法化的一个突破口。因为大麻的药效并不是今天才被人们发现的。过去在美国占优势的主张,就是宁可拒绝大麻的药效,也要绝对封杀。

这是因为,鉴于现代社会日益严重的毒品泛滥问题,美国当然有一大片舆论是坚持对毒品"零容忍"的态度的。"禁止"就意味着"绝对禁止",不容许任何借口和通融余地。大麻既然已被法律置于毒品之列,当然就不能再让它"死灰复燃"。否则,打开一个缺口,没准其他毒品也会趁机一起跟出来。这种看法倒也不是过虑,因为在美国是有一些人根本就是呼吁解禁所有毒品的。

在美国毒品问题还相当严重,又存在很多争议的情况下,大麻首当其冲成为争执的焦点。对大麻的态度也成为政治人物竞选时十分头痛的问题。严格禁毒肯定在今天的美国是得大多数人心的。但是对大麻的态度却是很具"技巧性"的。因为对大麻问题持两种态度的民众群,他们的数量是在变化的。所以,竞选时一般候选人都对禁毒表达一个坚决的态度,而尽量回避对大麻争执。

在克林顿与布什四年前的竞选中，敏感的大麻却偏偏被推到了前沿。这是因为共和党当时看着这么一个新生代的克林顿，大概也十分奇怪。他和以往的竞选者不同的一个明显特点，就是可以攻击的缺点是那么多。他们当然一定也注意到了克林顿作为"婴儿潮"一员的背景，这个时代过来的年轻人，说是自己没有吸过一口大麻，肯定会被人怀疑是一个撒谎者。所以，"大麻问题"就成了共和党的竞选突破口之一。

于是，问题被提出来了：克林顿先生，你抽过大麻吗？

这可真是一个好问题。如果克林顿赖账，断然否认自己吸过大麻，他不仅会被最蔑视"撒谎者"的美国人所抛弃，弄不好，他的"懦弱"还会被本来应该是他的支持者的一些同代人所看不起。也许，看到克林顿这样的"背弃行为"，一怒之下，他当年的那些同学伙伴，还会从不知哪个角落里跳出来向公众作证，证实他们亲眼看见克林顿抽过大麻。如果真的引出这番热闹，大麻不大麻都已经不重要，克林顿的施政纲领也会被忽视，混战之中，克林顿就只有穷于应付的份了。

如果克林顿说他吸过大麻，那么，共和党显然也有一大堆攻击性武器在那里等着他。他们会告诉广大选民，大麻是什么？大麻是毒品。一个总统候选人自己就曾经是一个吸毒者，你还打算指望他以积极态度为这个国家扫毒吗？更何况，你们能够信任一个吸毒者做你们的总统吗？再说两个人竞争的时候，贵在一个对比，难道你们能够想象布什总统会吸毒吗？这么一比，两个人截然不同的形象马上就显得反差更大了。

为了大麻，克林顿的确伤透了脑筋。他很想回避这个棘手的问题，但是，既然问题已经提出来了，那么，不论是对手党，不论是新闻界,还是对这个问题感兴趣的民众,都不会让他绕着过去。

终于,克林顿出来给这个吃力的问题做出了一个回答。他承认,他在年轻的时候试过抽大麻,他吸了,但是没有把烟吞下肚去就吐出来了。他说,这个尝试使他发现他不喜欢大麻,从此,他就再也没有碰过这一类的东西。这个回答显然不是完美的,你甚至可以说是幽默的。从此,克林顿抽大麻却没吞下去,成了年轻人的一个笑料。但是,他到底逃过了一劫。

毕竟,他是变相地承认了自己有过抽大麻的尝试,其次,多数人也相信,他只是在年轻的时候,在当时的风气之下,浅尝辄止。因此在一定程度上,他还是基本说了实话。笑料归笑料,克林顿的大麻风波,也就这样在人们的笑声中过去了。

可是,克林顿的"婴儿潮"特征还不止于大麻。同时被端出来的还有"逃兵役"。这是怎么回事呢?这也是困扰那个时代的年轻人的一个大问题。这个问题就是越战。"二战"归国的士兵在美国人的心目中的地位是很高的。而越战的状况第一次使得美国的年轻人,产生很大的心理压力和困惑。

他们从服从国家的号召,到心里充满疑虑,直到他们中的很多人走向反战的立场。越战在美国是一个大历史课题。我也不可能在这里三句两句就把它讲清楚。可是,有一点是肯定的,越战在美国也是一个容易使人冲动的敏感话题。顺便提一下,位于美国首都华盛顿中心地带的越战纪念碑,它的设计者是当时才二十一岁、还在建筑系念书的一个娇小的华裔女孩。

她曾经谈到她的纪念碑设计思想的产生。她在设计之前先去看了即将安放纪念碑的现场。她站在那里,想到这场战争带来的死亡和失

华盛顿的越战纪念碑

落。她觉得，这场战争所带来的尖锐痛苦，虽然随着时间逐步减轻，但是从来没有被治愈。她突然产生一个象征性的构思：用一把利刃剖开大地，而随着时间的逝去，萋萋芳草将会医治创伤。

因此，越战纪念碑的位置是切入地下的。这是一座黑色的刻满了阵亡士兵姓名的花岗岩挡土墙。每天大量的参观者中，还有阵亡者亲属和战友前来探望。他们用铅笔在纸上拓下阵亡亲人的姓名，在姓名前，放下一束花，一件纪念品和非常令人感动的几句话。很多人留下的纸条写着，欢迎你回家。一个老兵带来一瓶啤酒，留下一张纸条，写着，这是我们当时在战场上最想喝的啤酒，今天我给你带来了。有人留下了一双当年的旧军靴，也许里面有一段战场上的故事。所有这些留在纪念碑前的物品和纸条，每天纪念碑的管理人员都会收起来，所有的东西都被妥善保存。

我记得在这个纪念碑前的一个纪念仪式上,那个叫做玛雅的华裔女设计师在讲话中说,不是我的设计,而是你们所有人的感情,使得这块纪念碑活了起来。在美国的近代史上,确实从来没有一个纪念碑,掀起那么多人的感情波澜。

当然,阵亡将士的生命在牵动大家的心,但是,远不仅如此。在这个纪念碑设计征稿的时候,就明确要求,这个纪念碑对于这场战争本身不做任何评价。可是,这么多年来,人们一直在对这场战争进行反思。来到这里以后,我们才知道,那些活着回来和没有回来的美国年轻人,就和我们现在的青年朋友一样,他们是怀着崇高正直的理想,怀着要帮助别人的善良信念去奉献自己的青春和生命的。越战以后,美国这一代年轻人遇到前所未有的迷惘和精神危机。这场战争不仅有着生命的逝去,还有无尽的价值观的失落和重新寻找。由此引起的争执、讨论、反思,至今没有停止。

当我在冬日暮色苍茫时来到纪念碑前,我看到一位牺牲士兵的妻子留下的鲜花和字条。这位女士至少应该五十来岁了。夜幕下还有公园局的三位职员手持厚厚的名册协助人们找到碑上自己亲朋好友的名字。我在那儿久久停留。没有任何一个纪念碑给我如此强烈的精神震撼,这是超越政治、超越国籍、超越文化背景的灵魂洗涤。我这辈子只有站在这个纪念碑前的一刹那,相信世界大同的人类理想是有可能的。

这场战争不仅造成了两代人的争执,也分裂了同代人。那些从战场上经历了腥风血雨的老兵,他们中虽然也有人加入了国内的反战行列,例如我的朋友、黑人画家莫利斯,就是一个越战老兵。他就是持坚决反战的态度的。但是,仍有很多越战老兵,回家以后无法与反战的同龄人沟通。总之,这场战争不论从哪一个角度去看,都显露出其浓厚的悲剧色彩。

美国实行义务兵役制。适龄青年除了主动要求参军的之外,如果需要而被征兵,也是履行公民义务。拒服兵役是违法的。在六十年代的反战集会中,有不少年轻人焚烧兵役证,也属违法行为之列。可是在那个时候,抗议的浪潮之中,群情激愤之下,很多人是宁可受法律制裁,也无法抑制自己做出不计后果的事情来。那么,这和克林顿又有什么关系呢?

克林顿当时也在服兵役的年龄。那么克林顿去烧征兵证了吗?没有。他好像是没有那么冲动。他也是反战的,至少他不想去越南。他只是采取了一个合法的,或者说更为聪明的做法,他干脆离开美国,跑到欧洲去读大学。当时,有相当一部分人是这样做的。而且,在国外读书期间,他还参加和组织了反对越战的游行。

对于从"二战"的战场上回来的老一代美国战士来说,这无疑就是逃服兵役的怯弱行为。尽管在法律上无可挑剔,但是,他们虔诚地相信,当祖国需要你的时候,你却偷偷溜走,无论如何不算是一个合格公民。可是,对于年轻的一代来说,他们很矛盾,他们也想成为英雄,至少不是懦夫。然而,这是越战。这是一场如此有争议的战争,甚至有理由认为这是一场错误的战争。他们尊重每一个在越战流过血的士兵,他们同样尊重焚烧征兵证的反战者的勇气,也许他们不知道该如何评价青年克林顿躲避越战出走国外的选择。但是有一点是肯定的,他们与老一代相比,对当时逃避越战的人,会取更为宽容的态度,对于反对越战的行为,也会取更为赞同的态度。

因此,在这一点上,布什和克林顿又形成鲜明的对照。一个是二战英雄,而另一个却是逃避越战的年轻人。

克林顿还让人十分起疑的就是他的私生活。在这个问题上大家也在报纸上可以看到各种版本的故事,从婚外恋到性骚扰,应有尽有。尽管克林顿本人一口否认,可是一般民众对这些故事虽说并不全信,也不能说一点不信。人们一般的做法,是把报纸上的这些故事打一个折扣之后接受下来。在这方面,克林顿给人的印象肯定不是完美的。

而布什的家庭生活给人一种老年夫妇特有的相依相扶平稳温馨的感觉。布什夫人由于一种慢性病,看上去比正常同样的年龄老得多,甚至看上去比布什总统更衰老一些。当在布什就任总统期间,他的夫人芭芭拉却仍然被评上最受美国人喜爱的妇女。

克林顿的夫人希拉里,至今为止,在美国还是一位备受关注、颇有争议的女人。希拉里完全是新一代职业妇女的形象。她和克林顿同是耶鲁大学法学院的高才生,我在前面提到过,她在读大学的时候,就曾经参与过司法部门调查尼克松的材料分析。毕业以后,她作为一个律师的成就甚至高于克林顿。因此,在克林顿刚刚开始竞选的时候,甚至打过"选一个,送一个"的口号。

因为,美国的总统夫人在传统上总是总统的私人秘书,却不拿工资。当时,年轻的克林顿希望塑造一个未来总统夫人能干助政的新形象,开一代新风。可是,他们很快收起了这个"买一送一"的竞选口号。他们发现,在这个方面,美国人还远没有这么"新潮"。美国人似乎仍然希望第一夫人就是第一夫人,不要在政治和国家管理上出来越俎代庖搅浑水。

在1992年的竞选中,事实上希拉里和他们十二岁的女儿,着实帮了克林顿的大忙。他们时时出现在克林顿的身边,表现一个家庭的

美国前总统布什及夫人芭芭拉

支持。那年克林顿出来竞选,一个重要的竞选口号是重建美国的"家庭价值"。而报纸上有关他的故事和反对党的攻击,使他的这个口号很容易显得虚假和尴尬。可是,不管别人怎么攻击,夫人、孩子扎扎实实站在身边的效果,比什么反驳都要有力。为了加深印象,克林顿还在演说中深情地回忆女儿出生带给他的激动和喜悦。使得民众相信,即使他曾经出轨,那也已经是遥远的过去了。

总之,无须做多么深入的了解,匆匆一瞥,你就可以看到两位总统候选人的风格是多么的不同。布什总统在选民面前几乎是一个道德完人,而克林顿却带着各种动荡和变化的时代留给他的印记。

当然,总统竞选,应该说选的是各自的理念、施政纲领等等。而人们也常常说，各个大的利益集团也都尽量游说和用自己的力量去推出一个总统来。但是，美国总统选举的全民直选方式，毕竟是一个不可忽视的最大力量。没有人能够去左右美国这样分散的、庞大的、变化多端的民众群。在这些一个个的百姓来到投票箱前的时候，他所最关心的，是你所选定的治国政策是否符合他的利益，还有，他要对候选人有一个基本的信任，至少没有什么特别令他反感的地方。这也是共和党把攻击克林顿的"品格问题"放在一个极其重要的位置的原因。

在美国的总统竞选中，还是有一个大家所公认的原则，就是认同"正面竞选"，而不鼓励"负面竞选"。就是尽量以正面宣传自己的政见和施政纲领赢得选票，而尽可能避免以攻击对方的方式竞选，尤其是恶意的人身攻击是很不得人心的。否则，竞选成了一场互相攻击的混战，就失去意义了。

但是，以对一个美国总统传统的品格要求去看克林顿，他的毛病够多的了。而在这方面布什有着绝对的优势，所以，共和党无论如何不想放弃这样一个对比的效果。可是，正因为美国人有"正面竞选"的原则，所以，在布什出来做竞选演说的时候，尤其在总统和副总统候选人辩论的时候，他们对于克林顿的品格问题的质疑还是非常温和的。有些问题，例如克林顿的私生活问题，甚至是以暗示的方式提出的。因为如果布什摆出过分的攻击姿态，那么，他就很可能适得其反，反而把自己的形象给毁了。

也正因为有"正面竞选"的原则，因此，美国的大选热闹归热闹，却始终是有限度的，有一定的文明规范在那里暗暗起作用的。所有的候选人都暴露在受过文明教育的公众面前，维持自己起码的风度，是被公众接受的基本起点。

宣示就任总统的克林顿及夫人希拉里

在1992年的竞选中，布什总统最终没有成功。我们在前面提到过，里根时代留下的经济问题是一个很重要的原因。而克林顿的策略是在展现一个可能的变革的前景。同时，克林顿提出一些大胆的，但确实是民众所关心的改革，例如医疗制度改革等等。但是，我在这里想告诉你的，并不是美国的政策分析，你知道，我并不是这方面的专家。同时，如果你要了解美国的国内政策，你也可以在中国找到大量的资料。我想在这里告诉你的，是从美国大选中所反映出来的一些美国社会状况。

从克林顿战胜布什上台，这一结果所反映的不仅仅是一个政策的较量，还反映了战后新一代，已经在美国的政治生活中开始显示他们的力量。而共和党在整个竞选中的策略，反映了他们对于一个新时代的来临，反应足足慢了一拍。

"婴儿潮"的总统来了　289

老一代和新一代的美国人，他们的交替是一个缓慢的、复杂的过程。在漫长的岁月中，老一代的人数在逐步减少，新一代也在逐步分化，各自形成他们自己的一套观点。有承继前人的部分，也有抛弃前人的部分。只有一点是不会错的，就是美国在变化之中。

如果说在多年以前，这样一个克林顿很可能根本无法让人们接受，在他的"品格前提"下，人们甚至没有兴趣去了解他提出了什么政策。那么，在今天，人们却有可能因为对克林顿的"品格"指责，反而觉得布什总统不够宽容，甚至落伍了。

例如，在当时的总统候选人辩论中，布什总统提到克林顿在越战期间跑到国外，并组织反战示威的问题。他提出至少克林顿应该对大家认个错。可是，克林顿干脆当场直率地宣称他反对这场战争，但是他认为这并不意味着他不爱这个国家。这样的对话非常典型地反映了两代人不同的价值观，但是，在大多数听众眼里，布什总统肯定没有能够占上风。

新一代的美国人更倾向于赞同这样的观点，选总统是在选一个理念，而不是选一个完人。当然，如果克林顿现在还抽大麻，家庭不和，那么，在现在的美国，他还是绝对不可能入选美国总统的。但是，新一代的美国人承认，他们会考虑选一个虽有过错失但已经纠正了的人做他们的总统，如果他的理念能够基本被他们所接受的话。

新一代的美国人在潜意识中，也越来越渴望在最稳定的传统的政治上层，出现一些新鲜的感觉，出现一些"新思维"。他们很难仅仅满足于传统的说教。克林顿和戈尔来自底层、十分平民化的风格，很得罪了一批"看不惯"他们的美国人，但是，也赢得了很多人的喜爱。

我仍然要强调的是，这一代美国人选了克林顿当总统，并不意味着他们对他放心。他们只是愿意给他一个机会，让他试试能不能如他在竞选演说中讲的那样，把这个国家管得更好一些。如果他作为一个政治家的品格真的发生问题，他们知道政府还有两个分支在监管着总统，情况并不是处于失控状态。他们选的毕竟是个总统，而不是一个皇帝。

那么，接下来的四年，克林顿是怎么度过的呢？

今天已经太晚了。下次再接着写吧。盼来信。

祝好！

林　达

总统先生的麻烦

卢兄：你好！

我再接着上封信写下去。谈谈克林顿这四年的总统生涯。

你在上封信已经看到了，克林顿总统确实在各方面有别于他的前任，你甚至可以说，再向上追溯，也很难找到像克林顿这样，在当选之前就暴露出种种毛病，在当选之后又麻烦不断，以致被小民告进法院，缠上民事诉讼案的。四年之后，当他再次竞选总统的时候，大家都说，克林顿看上去苍老得多了。

克林顿之所以会被预言，不用多久就要踏进类似"水门"的什么"门"去，我想，这和人们对他的时代印记的判断也是有关系的。他不是来自一个作风严谨、价值观念非常稳定的时代。虽然，大多数的美国人宽容了他的种种弱点，但是，他的弱点并没有消失。你可以从他身边的一群白宫顾问中看出点端倪来。你也许说不出什么准确的东西，可是那一大群年轻而略显得浮躁的顾问们，总使人有一种放不下心来的感觉。

在介绍尼克松的时候,你已经知道了,白宫顾问是总统的小小特权,是他可以自己做主安排的小班底。对于某些人来说,这是事业旅途的一条捷径,所以一些雄心勃勃,或者说野心勃勃的聪明的年轻人趋之若鹜。"雄心"和"野心"在英语里是同一个词,这样的语言安排好像还是很有道理。

他们走向这条路的方法,一般都是助选。就是在总统还不是总统的时候出谋划策,拼命设法把总统给推上去。也就是在尼克松争取连任的时候,那些在"总统再任委员会"里干的类似角色。当然,助选本身是竞选的正常过程的一部分。但是,这个部分的弹性非常大。你可以是一个为自己和政党的理想奋斗的正直的人,也可以是一个满脑瓜私欲的投机者,或者是介于二者之间。由于这个位置潜在的"高效益",所以,心怀鬼胎而来的也不止是一个两个。

最终,整个竞选和此后白宫的风格,总统的个人风格还是决定因素。克林顿在第一任期时的白宫,给外部的感觉肯定不是作风严谨的。这种氛围就给人一种不可靠的感觉。所以,反对党发出预言之后,几乎是迫不及待地在那里等着克林顿的顾问们,把他给送出什么"门"去。

应该说,他们的盼望并没有完全落空。对他们来说,克林顿的白宫"捷报"频传。现在,当克林顿又在面临竞选连任的时候,我们扳着指头数数,真是可以数出一连串的已经被称之为"门"的白宫疑案。

记得在克林顿上台不久以后,就冒出一个"旅行门"来。

在白宫有一个旅行办公室,专门负责总统出访期间随行人员的各种旅行安排。这是事务性的非常繁杂的工作。他们要和大量的商业性机构打交道。过于琐碎的安排细节使他们也不可能面面俱到地都自己

总统先生的麻烦 **243**

去联系,所以,他们把一些业务就包给一些商业性的服务公司去做。

在我第一次到华盛顿去的时候,看着一幢幢的政府机构办公大楼,就不由自主地脱口而出:他们可真是养活了多少人啊!我并不是想到大楼里被政府工作养活的工作人员,而是想到,围绕着这些大楼,一定还养活了许多商业性的小公司。因此,像白宫旅行室的官员,他们手里掌握的岂止是大量业务,在那些小公司眼里,这个旅行室根本就是捏着他们的生命线。

在美国,这是极为普遍的现象。因为政府机构是不搞经营的。别说小小的旅行业务,就是发一个火箭到月亮上去,也不是什么美国政府经营的重点工程。它的全部零件都会向各个私营公司定制,所有的业务还是都落在私营公司手里。

此类的公私交接点,一直是许多国家感到头痛的地方,连一些经济发达国家也同样不能"免俗"。日本、韩国等都是频频爆出这类丑闻的国家。回首看去,在美国倒是确实很少有这一类的问题。在我的印象中,美国政府机构的浪费问题,远比它的贪污腐化问题要严重得多得多。这肯定不是因为美国更能够瞒得住什么丑闻,因为根据这里的新闻状况,如果有问题的话,这里是世界上最瞒不住的国家之一了。

那么,美国人是怎么做到一个甚为廉洁的政府行政机构的呢?记得我在中国的时候,听到这样一种说法,说是这样的廉洁是靠公务人员的高薪维持的。当时我也是将信将疑。因为想想觉得也有道理,挣的够花了,也就不想受贿了。可是,又觉得这种说法并不能解决我的疑问。因为,高薪再高,也无法和意外横财的数量级相比。而且,挣薪水是辛辛苦苦、长年累月的事情。一劳永逸的收获肯定还是非常吸引人的。要不,怎么还是有那么多的公务员买彩票呢?

来到这里以后,问题的答案是非常简单的。前面的说法并没有什么大错。政府公务人员确实有一份十分稳定的生活。工资并不是非常高,甚至工资还低于相同类型的私营企业的工作。但是,收入是有保障的,福利待遇是非常好的。总之,第一,有了这样一份工作之后,绝对不会因为穷急眼了要去铤而走险。第二,大多数的政府机构工作人员,还是很想好好工作,保住这样一份工作的。

但是,这并不是政府机构基本廉洁的根本原因。根本原因还在于"制约机制"。九九归一,还是那只聪明的"收银机"阻止了伸向钱箱的手。"平衡和制约"的机制,不仅像我们曾经提到过的,监督并且限制了最高层权力不被滥用,同时也保证了各个层次的权力都不被滥用。规章制度的严格,监督的完善和司法的健全,使得想大吞一口油水的人很难下咽。

回想起来,发现一个很有意思的现象。就是如果想想我们来到美国以后,被新闻界揭露出来、在美国政府机构工作人员拿黑钱的重大案件,比较触目的倒是几桩中央情报局雇员一仆二主,做双重间谍的案子。在情报系统,由于工作的特殊性,工作人员倒是相对有机会偶尔游离于制约机制之外的。只要失去监督或者监督一松,尽管这种机构的工作人员相对还经过更严格的挑选,也接受过更多的"思想教育",但是,"人是靠不住的"这样一个特性还是会很快显露出来。

我们再回到白宫的旅行办公室。这样与政治政党毫无关系的事务性机构,在白宫换主人的时候,往往是不动人马的。不论是哪一党当政,他们还是做着同样的工作,为轮番上台的总统安排旅行事宜,所以,他们都是白宫的老雇员了。其中甚至有的人在肯尼迪总统的时代就已经开始在这里工作。但是,在克林顿上台之后不久,这个办公室一下子被解雇了包括主任在内的七名雇员。解雇理由是这个办公室的财务作业不合规定。

这是比较婉转的说法，它的潜台词有可能是简单的违反财务制度，也有可能是损害了公众利益，因为政府的钱都是民众的税金。还有可能是他们以权谋私了。如果真是这样，这在美国绝对就是"经济大案"了。

我前面已经说过了，政府的工作一般来说是相对稳定的。在政府机构工作的人，哪个不想从此有一个平稳安定的生活。更何况那些工作时间已经很长，有的也一步步升到了主管位置，谁不希望就此工作到退休，有个完美的工作经历。因此，对于他们七个人来讲，这无疑是一个晴天霹雳。

你也许注意到了，这一次可不是由政府行政分支以外的监督机构提出的问题，这是白宫在向自己的手下人开刀。记得克林顿在竞选的时候，曾经许诺过，他上台以后，美国将拥有最廉洁的政府行政机构。那么，克林顿是不是为了实现自己的诺言，因而严察部下呢？

白宫出了这样的"经济大案"，当然马上就引起了人们广泛的注意。谁知道，这被解职的七名旅行办公室工作人员一连声地在那里喊冤。他们反过头来像是要"倒打一耙"，指责克林顿所主持的行政分支，因滥用权力才把他们免职的。这样，大家也一下子糊涂了。

事情发生才两个月，参与解雇七名旅行室雇员的白宫顾问，也是克林顿童年好友的福斯特，突然在白宫开枪自杀。尽管从他的遗言和种种迹象看，都显示他是因为承受不了紧张和压力，厌倦生活而弃世的。可是，就算福斯特的死因确是如白宫所宣布的那样，他至少是死得也太不是时候了。他死在这个节骨眼上，能让人不起疑吗？胆小的

希拉里·克林顿和自杀的福斯特

猜测福斯特是因为参与某个阴谋"畏罪自杀",胆大的干脆怀疑他是让白宫给"干掉了"。顿时乱作一团。

白宫顾问福斯特的死,给本来就很有争议的白宫旅行办公室解雇事件,罩上了一层几乎是凄凄惨惨的疑云。尽管当时有关那些旅行室雇员的行为调查还没有得出结论,大家已经倾向于从"白宫阴谋",或者至少是"白宫滥用权力"这样的角度去考虑这个事件了。这一事件就这样在报纸上成了"旅行门"。这时,距克林顿上台刚刚还不到半年。

这个时候,克林顿的白宫一方面竭力澄清福斯特的自杀是一个孤立的个别事件,与白宫的各项操作没有任何关系。另一方面,又宣称白宫旅行办公室的主任戴尔有盗用公款的问题。

事情到了这个地步,你一定已经猜到下一步会怎么样了。是的,就像尼克松的"水门事件"一样,终于引发了政府的立法分支,国会众议院政府改革和监督委员会对白宫的正式调查。

与此同时,克林顿总统的行政分支下的联邦调查局,也同时对七名前旅行办公室雇员进行了各种刑事调查。行政分支下的国税局也开始对他们以前的工作进行稽核。这七名前白宫雇员,不仅失去了原来的工作，还进入了一生中一段非常艰难的时期。他们原先虽说是在白宫上班，可是，实际上都远在政治圈之外，只是一名普通的公务员而已。他们都过着普通美国人的非常平静和简单的生活。现在，他们在毫无思想准备的情况下，一夜之间成了"公众人物"。他们被迫频频见报，被迫每个人都为自己请了律师，这样的额外开销几乎使得他们每个人都负债累累。

联邦调查局按程序对他们进行了严格的侦讯。最终，前旅行办公室主任戴尔，被行政分支的司法部交司法分支的法院，要求对他的盗用公款罪名进行起诉。

我们这时要不了动多大的脑筋就可以想得过来。站在白宫的立场上看，白宫能否在国会的调查中洗清自己，有一个根本性的关键，就是白宫所解雇的那七名工作人员是否真有问题，至少他们中间是否有人出了问题。如果回答是肯定的，在这样的前提下，"白宫阴谋"也罢，"白宫滥用权力"也罢，一切对白宫的指控就不攻自破了。但是，如果这七个人统统清白无辜，那么，白宫就算不说是"阴谋"吧，至少是在那里"滥用权力"是毫无疑问的。

那么，你一定要问了，这样看来，在这种情况下，克林顿的行政分支就有可能具有"陷害平民"的强烈动机了？是的，回答是肯定的。虽然假设这是一个由正直而品质良好的总统领导的权力分支，那么，即使这次解雇是不应该发生的，他们也可能实事求是，不因为企图掩盖自己已经犯下的过失而去迫害无辜的平民。但是，你要记住美国人的那句话：总统是靠不住的。所以，如果你问的仅仅是一种可能性的话，那么，白宫要"陷害"这七名工作人员的"动机"完全是可能存在的。

进一步的问题必然是，既然总统是靠不住的，既然这个政府的权力分支是可能具有强烈的陷害动机的,这个权力分支又是如此强大,它拥有联邦调查局,拥有司法部,拥有来自纳税人的巨大财富,这七名手无寸铁的平民又如何保护自己不被陷害呢?在试图解决这个问题的时候,我们发现自己会必然地回到那个"收银机"的机制,回到"平衡和制约"的原则,回到作为美国宪法前十条修正案的"权利法案"。

正因为美国政府的权力是被划分开的,所以,即使总统所领导的行政执行机构出于某种原因确实想加害于一个平民,他们也无法做到一竿子捅到底,把这个平民百姓置于死地。司法部和联邦调查局可以对这个平民进行调查,但是,他们首先不能捏造或伪造证据,其次他们不能对证据进行任意诠释。因为判定证据和诠释证据的权力已经被宪法划走,不在他们手里了。

后面这些权力已经被划到了司法分支,其中尤为关键的一步,就是认定这些证据能否起诉,以及起诉之后能否被认定罪名成立,这两个"致命的"步骤,就算是政府权力司法分支的法院官员都没有任何发言权,这两个重要权力是属于代表美国人民的大陪审团以及陪审团的。

所以,当被撤职的白宫旅行办公室主任戴尔,被行政分支所属司法部指控两项盗用公款,而被转到法院时,不论当时的白宫是否真有陷害他的动机,不论他们推出了什么样的证据,当他们把一切送交法院组成大陪审团之后,根据美国宪法,他们和被告戴尔就不再是"官兵捉强盗"的关系了。美国宪法保护被告的条款,使得他们从走进法院的大门开始,他们就处在同样平等的地位了。司法部的检察官当然可以向大陪审团呈交他们的证据,被告戴尔也同样由律师向大陪审团提供证实自己无罪的证据。在法官主持的公平听证之后,一切只待大陪审团做出判决。

在美国，像这样由政府机构发难的案子，都会受到大陪审团格外认真的审核。不论这些陪审员来自何方，鉴于他们从小所受的教育，他们都深切理解，个人在政府机构的力量面前是微不足道的，之所以美国人民需要他们今天出现在这里，首先就是为了防范个人权利被政府侵犯。

在这场令人注目的官司里，民众和白宫都焦急地等待大陪审团的宣判。我们在尼克松的"水门事件"中已经介绍过，起诉之前的大陪审团听证是秘密进行的。因此，在听证期间就没有什么消息透露出来。在漫长的听证结束之后，大陪审团只用了两个小时的核议，就宣布，检方提供的证据不足，免予对被告提出起诉。这样，司法部收罗证据辛辛苦苦把戴尔送上法庭，大陪审团一挥手就把他给放了！

写到这里，我不由得想起，当我坐在图书馆里看完有关"水门事件"的资料，掩上书卷之后的万般感慨。

我想，对于"水门事件"，我最能理解的大概就是像李迪这样极端右倾的狂热分子了。这样的人产生了这样的行为，看上去十分符合他们的行为模式。而我曾经最不理解的，就是像前任司法部长米歇尔和尼克松等这样一群上层人物了。因为这样一些明确的违法行为，似乎不符合这样一个阶层的行为逻辑。

可是后来，我还是想通了。在那里，终有一个欲望在前面吸引着他们，权力是诱人的。权力会诱使一些人越轨使用权力，也诱使他们以权力获取更大的权力。而在一个扩展权力欲望的上层集团面前，却时时站着一群象征美国人民的普通陪审员。

你一定还记得，在"水门事件"法官西里卡受到阻力最困难的时候，在道义上和法理上能够给予他支持的，就是象征人民的大陪审团了。

当我在那天看完所有的"水门事件"资料的时候,图书馆的明亮的大厅几乎没有什么人,窗外目光所及之处,就是一片绿色的草地和一丛丛紫罗兰色和白色交融的花朵,浅灰色的大玻璃幕墙柔和了阳光,时间和空间仿佛静止下来,化为一幅朦朦胧胧的风景画。可是,当我终于从"水门事件"中走出来,骤然回到一个夏日静谧的时候,我的心却久久无法平静下来。

我曾经隐隐中感觉到这些资料中好像缺少了什么。就在我掩卷抬起头的那一刻,我终于醒悟到,我一直在盼望的,是能够从这些书中看到介绍陪审员的资料,可是居然没有,我无法从任何一份材料中,找到我想知道的情况。他们是些什么人,他们从哪里来,又到哪里去?什么也没有。甚至那些陪审员的姓名都不出现在任何地方。

我突然明白,也许,这就是陪审员制度的意义。他们不是在扮演一个什么角色,他们是在履行一份美国公民的公民义务。他们是最普通意义上的美国人。不论在哪一个年代,美国都有许许多多普通人,来到这样一个陪审团席位,毫无表情默默地坐在那里。最后,履行完他们的职责,他们又默默地回家去,继续他们平常的生活。不论是他们一个个的个体,还是他们的历史总和,都代表了美国人民的力量,两百年来持续有效地阻遏了有可能发生的美国政府的权力扩张,写下了一篇又一篇美国史。他们维护着别人的自由和权利,同时,他们也就保住了自己和孩子的自由和权利。但是,在书本中你却找不到他们的名字,他们只是陪审员。

我想,前白宫旅行办公室主任戴尔,如果他是清白的,那么,在他被白宫以刑事案被告的身份送进法院的一刻,他不会轻易就认输放弃。在一个法制健全的国家,他不必认为既然自己是被如此强大的一个对手告进法院,那就一定必败无疑。事实又一次被证明,不管怎么说,有一点是毫无疑问的,那就是美国的大陪审团是独立的。站到大街上,这些陪审员和所有的普通人一样不堪一击,然而,站在法庭上,他们甚至能够阻挡总统和白宫。这就是一个机制的作用。

这样的一种设计,最终还是来自一个简单的"收银机"原理,那就是,总统是可以靠不住的,但是,制度是必须靠得住的。

与此同时,克林顿的白宫又开始了在"水门事件"中我们已经熟悉了的与国会调查的周旋。其中包括援引行政特权,拒绝向国会众议院的调查委员会交出调查所需要的有关文件。

行政特权也是权力分割的一个重要部分。就是行政分支被分割出来之后,就必须维护它处理行政事务的独立性,保证它的正常工作不受其他分支的干扰。不仅行政分支是这样,其他分支也是如此,它们的分割和独立是"平衡和制约"原则的基础。所以,尽管其他两个分支对行政分支有监督权,但是,这并不意味着它们可以随意调阅白宫系统的文件。所以,凡是白宫在国会调查中不想拿出来的文件,白宫律师出的第一招肯定就是"援引行政特权"。

但是,自从"水门事件"之后,这块挡箭牌一般也就是暂时抵挡一阵,拖延一些时间,很难真正地起到"挡箭"的作用。因为,关于国会对白宫调查中,凡是有可能产生的问题以及应对的方法,都已经在"水门事件"中轮番操练过几回了。

那么,"旅行门事件"影响今年的大选吗?当然是有影响的。

因为,就在今年大选最火暴的日子里,国会对"旅行门"调查仍在按部就班地进行。并且在这个关键的时候,白宫在"藐视国会罪"

的威胁之下,还是交出了对白宫十分不利的两千份打字文件和手写笔记。这些文件是有关白宫旅行办公室人员解雇时,以及白宫顾问福斯特自杀时的处理经过。这些文件还同时向新闻界公开,记者们兴冲冲地挤在白宫的旧行政大楼,在一堆大杂烩一样的文件里觅宝。

在这批文件被公开之后,国会不仅宣称他们发现了白宫阻挠调查的证据,还宣称它们发现了关于第一夫人希拉里插手"旅行门事件"的有力证据。而这一点,以前一直仅仅是外界的传闻。

我们前面已经说过了,总统夫人按照惯例相当于总统的私人秘书,这个秘书不拿工资,重要的是,她并没有行政职位。所以,如果她不当地卷入白宫工作人员的任免,当然这可以说白宫的权力被滥用了。"旅行门事件"之后,换上去的旅行办公室工作人员之中,有一个还是总统家的近亲,更让人觉得"形迹可疑"。

此时,克林顿在一次白宫的记者招待会上,又意外地碰了一个钉子。当他兴冲冲地走进白宫玫瑰园,想在选战犹酣的时刻,借着经济增长的好消息展示一下政绩的时候,一名电视大台的记者,突然问他是否会"信守诺言",支持国会一项法案,补偿前旅行办公室主任戴尔的法律费用。

我想,这名记者一定是搞错了。克林顿是没有做过这样的承诺的,只是外界一直传闻克林顿会支持这项法案。一般情况下,克林顿会只做一个纠正的澄清,因为,为了自己的形象,没有一个政治家会愿意在公众面前对记者发火。

可是,这一次,一瓢冷水不仅浇灭了他的好心情,也终于浇灭了他的耐心。他在电视录像机前拉下了脸,发了脾气。当即,各家电视台的头条新闻都是克林顿在发怒的镜头。尽管克林顿事后为此道歉,并且解释说,他已经很久没有好好休息,是过度疲劳了。但是,你也可以看到,克林顿当初无论如何也不会想到,解雇了七个小职员会给自己带来什么样的麻烦。

国会众议院调查委员会,照常举行了有关"旅行门"的听证会。有关国会听证会的形式,你也一定已经在"水门事件"中熟悉了。这一次,前白宫旅行办公室被解雇的七名雇员,全部被传到听证会。这真是今年大选之际,克林顿最不想见到的场面之一:这些衣冠楚楚,当了几乎一辈子白宫雇员的公务员,在向全国人民转播的听证会上,以身材高大的戴尔为首,齐刷刷地举起手来,宣誓说,他们下面讲的都是真话。接下来,他们似乎终于找到这样一个机会,开始大吐苦水。他们中间的一个人甚至说,他坚信"行政分支一直不肯放过我"。

国会对"旅行门"的调查还没有了结,国税局的稽核还没结束,克林顿的律师也一再质疑大陪审团对戴尔的无罪判定。所以应该说虽然戴尔被宣告无罪了,可这个事件还没有最后定论。但是,克林顿在记者会上的那番怒火,使我第一次真正怀疑他心里明白自己是错的。因为,他给我留下了"恼羞成怒"的感觉。个人的感觉当然是不可靠的,可是,我之所以要在这里写一下自己的感觉,就是想告诉你,这就是民众判断的方式之一。所以,这也就是对大选的影响之一。

不管怎么说,前旅行办公室雇员在听证会上宣誓的照片,马上被登上了各家报纸的第一版。大选之际,还有什么比这更煞风景的呢?

可是,克林顿更没有想到的事情还在后头,一个"旅行门"居然还捎带又拖出一个"档案门"来,而且好像麻烦更大的样子。这又是怎么回事呢?

这还是今年夏天的时候,国会众议院的调查委员会,在调查"旅行门"的过程中,又发现白宫在开除旅行办公室主任戴尔的几个月后,向联邦调查局调阅戴尔的机密背景档案。随着这条线索拖下去,发现白宫安全室在此期间,超越白宫权力,从联邦调查局调阅了四百零八份前共和党政府官员的档案,其中十七份在事情爆发的时候,甚至还没有归还。其中包括一些著名的共和党人的材料,也被白宫调阅。这个消息一见报,马上引起一阵哗然。

这个调阅档案事件,一出来就立即被称作了"档案门"了。因为,这太叫人联想起"水门事件"了。人们当然首先要问,白宫调这些档案去,是为了什么用途呢?原来负责调查"旅行门"的众议院调查委员会主席克林格,是一个共和党人。他和其他的共和党人马上宣称,白宫调阅这些档案的行动,如果往最好的方面想,可以说是克林顿行政分支行事不当和愚蠢的最新实例。要是往坏的方面想,这就是一种企图找寻共和党政敌不光荣资料的阴谋行为。

既然调阅这些档案是越权的违法行为,那么,如果它真的是以竞选为目的的对共和党的"侦探"行为,那么,它和溜门撬锁、私闯对手党办公室的"水门事件",又有什么本质上的区别呢?如果当年尼克松手下的一班人,能够通过联邦调查局就轻松搞到他们所要的资料,他们何至于还要采取风险那么大,结果那么狼狈的"水门行动"呢?

难怪"档案门"一出来,共和党人的反应如此强烈。当年尼克松在"水门事件"翻船,给共和党带来了历史性的奇耻大辱。现在民主党克林顿的白宫居然棋高一着,直接就利用联邦调查局违法获取对手党资料,这也太忘乎所以了。共和党的总统候选人马上在公开场合,把这一事件比作尼克松在七十年代搜集"政敌名单"的邪恶行为。

事情一出,大家马上看到,这样的事情都是"两厢情愿"才做得

总统先生的麻烦 *255*

成的。当年尼克松之所以搞出自己的一套"管子工"之类的"白宫调查机构"，就是因为联邦调查局基本不配合白宫的违章运作，被逼无奈的结果。所以，与其说这是白宫方面出了问题，还不如说是白宫和联邦调查局都有了什么问题。

作为白宫方面，克林顿马上做出道歉，并表示他作为总统愿意负全部责任，但是他负的是什么责任呢？白宫表示，这是"无心的行政疏失"，总统愿意"为管理不当而负责"。后来，白宫进一步宣布，从现在开始，审查背景必须经过被调查者的同意。

而联邦调查局的反应几乎可以说是"以攻为守"。联邦调查局的局长佛利，不仅很快摊出了白宫"在没有合理解释"的情况下，违规调阅档案的数量、日期及一些细节，并且还指责白宫"过度侵犯隐私权"。局长佛利在声明中还表示，是有这样的制度，就是在必要的时候，优先提供档案给白宫。但是这个制度的前提是白宫的"诚实和荣誉感"，他认为，"不幸的是，联邦调查局和他本人都成了受害者"。对于联邦调查局未能有效看管档案，以防"疏忽或有意的滥用"，局长佛利当即下令，联邦调查局将采取广泛的改革，以免重蹈覆辙。他信誓旦旦："我向美国人民保证，在我监督之下，此事不会再发生。"

在"水门事件"里，我们已经提到过，联邦调查局是所谓的"联邦独立机构"。虽然说，按照线索去牵的话，它还是白宫下级的下级，它在行政分支的司法部之下。但是，并不是司法部或者是行政分支的最高层白宫，想要设立一个这样的机构，就可以自己宣布设立的。

这一类的"联邦独立机构"在权力构架上都是比较特殊的。它们的"出生证"都是由国会签发的。在它们"出生"的时候，都由国会给它们制定了章程，这些章程成为它们最重要的行为准则。同样，也只有国会,才有权签发它们的"死亡证书",宣布解散它们。因此,它们的命脉是掌握在国会手中的。

当然,联邦调查局的档案库,本来就是一个信息中心,是供各个机构必要的时候查询的。但是,不论是哪一个机构,哪怕是白宫也好,都无权在没有充分理由的情况下,调阅联邦调查局的档案,更不用说这样大规模地调阅对手党成员的档案了。

其原因就是,在美国,众所周知,行政分支的大忌就是白宫和联邦调查局走得太近,因为这是美国人和国会最担心的一种勾结。这种勾结一旦产生,在他们看来,美国成为一个危险的"警察国家"就只是早晚的问题了。所以,作为一个联邦调查局局长,他如果要想在他的位置上继续干下去,他的要诀并不是迎合他在行政线索上的上级,如司法部或是白宫,而是他必须严格遵守国会给它立下的章程,保持和白宫的适当距离。

这样,你就很容易理解联邦调查局局长在"档案门"出来时的表态了。他所做的努力,就是试图在大家和国会面前,显示他和白宫的这种距离。

对于"档案门"发生的原因,白宫的说法显然是一个临时抵挡的招数。事情已经出了,不出来表态肯定不行,不管别人信不信,总得先出来挡一把。我想,克林顿的白宫肯定知道这样的表态是无济于事的。因为,就算是"行政的无意疏失",为什么,偏偏调阅错了的都是共和党人的档案,而且数量又那么多。至少,共和党就绝对不会满足于克林顿和白宫这样的解释和道歉。

"档案门"甚至都不用花费国会的额外时间,去讨论和通过是否需要成立调查委员会和举行听证会。因为,"档案门"是在"旅行门"

的调查中捎带出来的。原来的国会众议院调查委员会只需"一会两查"即可。所以,可以说,"档案门"一出来,国会的正式调查和听证会马上就开始了。由于"档案门"看上去非同小可,所以国会参院的司法委员会也很快举行了听证会。

白宫在虚晃一枪之后,也知道必须提出较为实质性的一点说法,否则很难过关。所以,他们又立即提出一种错调档案的合理解释。

白宫宣称,之所以会发生这样的情况,是因为,白宫的人事安全室需要查阅进出白宫者的背景,这是一种正常调阅。可是又如何解释,事实上这些人并没有在这段时间内都要进入白宫呢?白宫进一步解释说,白宫人事安全室向联邦调查局调阅"出入白宫者"档案,通常是根据美国特勤局所提供的持有"白宫出入证"者的名单。而毛病是出在特勤局,他们的电脑提供了一份过时的名单,因此,错调档案的事情就这么发生了。

国会参院司法委员会的听证会,又是向公众转播的,我们也恰巧看了那天的听证。在这个听证会上,美国特勤局助理局长断然否认白宫的这种说法。首先,他说,白宫所说的特勤局的电脑提供了一份"过时名单",那是绝对不可能的。因为他们的电脑资料最多三天就更新一次,根本不存在"过时"的问题。

再说,这位助理局长宣称,他们的电脑对于"出入白宫者"的记录系统"很复杂,也很难说明",但是,经过他们的彻底调查之后,发现特勤局的电脑根本就不可能提供这样一份名单。

在同一个听证会上,一些背景档案被白宫调阅的人,也出来作证,表达他们个人隐私受到侵犯的愤怒心情。其中有一些是原共和党总统的助理。例如前总统布什的助理格博就表达了他对政府行政分支的"欺骗行为"感到失望。另一名布什的助理卡罗说,当年受雇于联邦政府,在联邦调查局做背景调查的时候,她回答了那些最涉及个人隐私的问题,现在,她发现这些资料居然不能按照规定保密,这使她感到极为愤怒。

侵犯个人隐私权,就是侵犯公民权的违宪行为,这种认识成为每一个人与自由概念密切相连的公共常识,这也是美国长年累月的教育的结果。这种概念,在美国确实是比在其他一些国家要强得多。

在"档案门"发生的时候,我们正好有一个朋友来访,当时正在亚特兰大奥运会前夕,于是,平时十分单调的亚特兰大市,也就成了一个旅游热点。而真的要去玩的话,这个城市可玩的地方还真是不多。于是我们来到了美国的全国有线电视新闻网,因为这个闻名世界的由特纳创办经营的电视网,它的总部正是在亚特兰大。在美国,所有的这些电视台、新闻中心都是私营的,节目好坏全看主持人的水平和临场发挥。在他们组织的一些"谈论节目"中主持人见机行事,轻松自如,有相当大的发挥余地。

这个电视新闻网的总部从外面看,是一幢并不起眼灰秃秃的大楼,里面的中庭却十分壮观。办公室都是大玻璃面对中庭,所以参观者可以看到不少他们的工作过程。如果你花钱买票的话,也可以一直进入内部,站在离那些著名的节目主持人三四米的地方,看他们最有名的"新闻提要"节目的现场播音。我们进去参观的这些人都来自世界各地。对于我们来讲,也就是慕名而来看个稀罕。

可是,在我们回到大中庭的时候,我发现在中庭里布置了一个演播场,这个演播场只用简单的围栏围起来。这时,我才知道,原来著名的"众说纷纭"节目,就是在这个到处有游客在旁边走来走去的敞

美国的全国有线电视新闻网总部

开的演播场里现场直播的。这真是一个大胆的主意,一个非常具有挑战性的设想。

这个演播场用先进的设备,保证与外界,例如首都华盛顿,请到的一些知名人士的现场对话。然后,它需要的就是参与"众说纷纭"的观众了。每天,一早开始,就有两个年轻人站在演播场的门口,向在大厅里参观游荡的人们介绍今天"众说纷纭"节目的议题,内容一般都是当前与美国有关的、有争议的重大事件或时事新闻,希望人们能够参加当天的现场直播节目。他们发票给愿意参加的人们,票子是免费的。

那天的议题,就是"档案门"。可惜,我们还要赶当天下午离开亚特兰大的飞机,所以,没有能够参加。但是在我们离开那里之前,当天"众说纷纭"的节目就已经开始了。

场内已经坐了满满的一场人。现场有很大的电视屏幕,屏幕上是被邀请当场回答大家问题的有关人士。我记得那天有千里之外的联邦调查局的高级官员。我趁着我的朋友在大厅礼品店选礼物的时候,站在演播场的外围看了一会儿。

这是现场直播,场内参与讨论的人们,就是那一天像我们一样,偶尔来到这个有线电视新闻网参观的民众。这些人不仅来自全美各地,甚至来自世界各地。他们真可谓是"众说纷纭",想说什么说什么。

当时正谈到"档案门"事件中,对于白宫违规调阅所引起的侵犯个人隐私权问题的看法。一名来自瑞典的年轻人说,我觉得这并不是什么了不起的事情,既然政府部门已经留存了你的档案,本来就是要被人查的,谁查都一样,白宫无疑是最有理由查阅的部门。主持人马上问他,那么如果是你自己遇到了这样的事情,你怎么想呢?那个瑞士年轻人回答说,我不在乎,我觉得自己也没什么见不得人的事情,档案要是需要查,那就看吧。

只见他话音刚落,现场马上举起一片手来。被主持人叫起来的一个美国女孩子马上激动地说,那怎么行,我也没有什么见不得人的事,可是我就是不愿意发生这样的事情,保留隐私是我的权利。

三个月以后,就有一个叫做"司法观察"的监督组织,代表五位前白宫低级职员,提出了一项要求九千万美元赔偿的集体民事诉讼。指控对象从克林顿、第一夫人希拉里,到联邦调查局和其他几个前白宫顾问。指控理由就是被告不当处理前白宫工作人员的背景档案,伤害到了这些人。这场官司刚刚开始,可以预计,这个"档案门"事件仅仅就违反美国宪法有关保障公民隐私权的第四修正案,就还会有一大堆麻烦跟在后头。

然而,对于"档案门"涉及侵犯个人隐私的问题,还不是最严重的关注焦点。它的关键还是牵涉到一个违规的政党运作,就是白宫是否违法搜集对手党"黑材料"的问题。这一事件的直接责任者是白宫人事安全室主任利文斯特,他就是一个靠"助选"进入白宫的"总统顾问"。他的直接上司就是已经自杀的前白宫副法律顾问福斯特,利文斯特甚至还被人指认,在福斯特自杀以后,曾经从福斯特的办公室里取走一箱文件,这一直还在调查之中。

尽管利文斯特也只承认调阅档案是一个无意"疏失",可是很难使人信服。尤其是调阅的档案中,还包括了被解职的前白宫旅行办公室雇员的背景资料。说是调阅他们的档案完全是无目的的"疏失",就更加令人难以置信了。

不管"档案门"的真正起因是什么,已经出了这么大的乱子,利文斯特在白宫是不可能再待下去了。在短短的一段留薪停职以后,他很快宣布辞职了。在辞职之前的国会听证会上,他承认的白宫违规调阅的联邦调查局文件,已经超过七百份。当然,对"档案门"的调查,并不会因为利文斯特的辞职而结束。

同时,由于白宫安全室主任一般需要具有一定的专业背景才能胜任,而已辞职的利文斯特显然不符合条件,他只是一个"助选功臣"。所以,又展开了关于利文斯特被"错误任职"的调查,在调查中,又一次有人提到利文斯特的任命与克林顿夫人有关,白宫断然否认了这种说法。可是,居然也一直找不出到底是谁决定的这个任命。

就在今年的总统选举日不到两周的时候,克林顿所任命的司法部长雷诺,向联邦上诉法院提出要求,让正在调查克林顿的另一个案件的独立检察官斯塔尔,进一步扩大调查作业,同时调查"档案门"。联邦上诉法院立即批准了这个要求。

这些都是我们在"水门事件"里已经熟悉了的程序,也是美国人在"水门事件"以后遇到类似情况时,运用得很自然的一些调查程序和调查手段。现在,你也看到了,行政分支的司法部长对于总统来说,有时会是一个关键人物。也许,这也是当初国会在审查司法部长的任命时,显得十分苛刻的缘故。

司法部长雷诺在这个大选当口上做出了这样的决定,一定经历了再三犹豫。只是不论是人们猜测的那样,她是迫于国会压力,还是她完全出于对正常程序的执行,我们看到的是,这里有一种必然的制度性的东西在起作用。

谁都知道,如果克林顿没选上,新的共和党总统会组一个新的内阁,雷诺作为克林顿的司法部长不可能留任。如果克林顿选上了,他也有一个重新组阁,重新任命部长的机会。雷诺在大选前夕对克林顿做出深入调查的指示,完全有可能使她在克林顿连任之后失去部长职位。所以不论从哪一种大选结果来说,站在她个人利益的立场上,她绝不会做这样的选择。但是,当一个制度运作成熟的时候,就会促使一个司法部长在其位,行其事。你一定还记得,在尼克松的"水门事件"里,就有两名前司法部长被判入狱。

在"水门事件"以后,其实所有的人都相对吸取了教训。所以,克林顿对于层出不穷的调查,虽然始终在挣扎,但是,还没有尼克松那样公然硬顶的情况出现。在各项调查中,克林顿与国会最大的冲突,还是对于被要求交出的各种文件,白宫尽可能拖延或拒绝,但是没有发生"水门事件"那样的独立检察官任命风波。现在任命独立检察官的过程相对平稳得多了。对于这一类制度性的程序,似乎已经被看作理所当然的事情了。

你也许会问,司法部长雷诺要求独立检察官扩大调查,插手"档案门",那么,这名独立检察官在此之前已经在着手调查的,是一个什么案子呢？这是在克林顿1993年一上台就开始的"白水门"。"白水门"是影响更广、枝枝蔓蔓更多、调查范围更大的一本与克林顿夫妇直接有关的"陈年老账"。这封信已经够长的了，"白水门"我还是留到下封信再写吧。

来信。祝好！

林　达

传被告总统先生出庭？

卢兄：你好！

上次给你的信中，我曾经把"白水门"称之为一个克林顿夫妇的陈年旧账，因为，这个案子确实和"旅行门"、"档案门"等在本质上有很大不同。它不是一个竞选中或者克林顿的总统任期中的一个事件，而是在二十年前，当克林顿和希拉里还是新婚的年轻夫妇，刚刚着手规划和建立他们小家庭前景的时候，曾经卷入的一场以亏本告终的投资买卖。应该说，这完全是一件家庭旧事，而且，是二十年前的家庭旧事。但是，它却成了克林顿执政期间最大的梦魇。

"白水"是一个小小的房地产开发区的名称，它位于阿肯色州，那是克林顿的故乡。希拉里是北方人，正是由于在耶鲁大学和克林顿的一场恋爱，才使得希拉里来到这里定居。一般来说，北方城市的年轻人是不太愿意在南方这样落后的一个小州落下脚来的。

克林顿出生于一个平民家庭，小两口成家之后，一切都要白手起家，打出一个天下来。好在，这是两个绝顶聪明的人，又已经在学业上打下了基础。凭他们两人的本事，要在司法界找个工作，然后一步步往上走，逐渐成为一个殷实人家，是完全没有问题的。但是，正因为他们能力极强，又年轻而充满自信，所以，他们还在不断寻找一条更好的道路，更快地富有起来，也做出更大的业绩。在美国，因为各种机会很多，所以任何一对聪明的年轻人都有可能产生同样的梦想。

他们好像尝试过各种办法，例如，在他们婚后的第三年，1978年，希拉里曾经以一千美元开户，投资农产品交易，在她第二年关闭这个账户的时候，她已经挣下了十万美元。在美国交易市场已经非常成熟的情况下，这样的高利润几乎是罕见的。

在克林顿当上总统之后，希拉里的这段贸易经历也被别人细细查过，但是也并没有查出什么名堂来。人们对于希拉里的质疑也是情有可原。因为就在同一年，克林顿已经以三十刚出头的年纪，成功当选了这个南方小州的州长。所以人们也就理所当然地怀疑这钱和权是不是有点什么关系。我倒只是很奇怪希拉里急流勇退的决断力，换了我的话，一定不舍得撂下这么好的高产田，立即抽身离去。

也在这一年，1978年，克林顿夫妇和他们的多年好友麦克道格夫妇合伙，向银行贷款了二十万美元，投资"白水"房地产开发。在美国购买房地产一般都是向银行贷款的，但是，一般也都需要自己支付一笔起码的头款。他们付了两万美元的头款，只是他们向贷出二十万美元的那家银行隐瞒了一点，就是他们所支付的头款，也是向另一个银行借来的。在这个"白水"投资中，他们两家的投资并不是对等的，克林顿一家占的份额要小得多。

之后，这个"白水"房地产开发始终不成功，而且克林顿夫妇的

"白水"投资，在1992年克林顿竞选总统的时候，已经有人开始对这个投资以及相关联的一些问题质疑。在那年大选之后，克林顿夫妇在宣誓就任总统之前，就把他们在"白水"房地产业中的利益，以一千美元的代价转让给了麦克道格。从此，与"白水"投资切断关系，从中脱身出来。顺便说一下，美国法律对于联邦政府官员的个人经济活动有严格的规定，你不能一边做总统或国会议员，一边业余"玩玩"股票。当上总统或国会议员以前，有钱尽管买股票，一旦给选上了，走马上任以前，请先把手上的股票出空。这道理是不言自明的。

记得在克林顿四年前当选为总统的时候，"白水"还不是一件了不起的大事。然而，很快它就突然"升格"，成为众所周知的"白水门"，这和我们前面提到的白宫顾问福斯特在1993年7月的突然自杀密切相关。因为，当时"白水"投资已经开始接受调查，而与克林顿夫妇关系密切的福斯特，也是调查中的一个重要证人和知情者。福斯特确实死得很不是时候，他一死，即使本来没事，也让人顿生疑窦。

那么，"白水门"是不是就真的没什么事呢？似乎也不能断然下结论。如果克林顿夫妇现在还只是一对小律师，当然，谁也不会对这样小小的一个投资案感兴趣，可是，克林顿现在成了总统，那么，他是否曾经违法，哪怕事情发生在多年以前，也必须查个水落石出。看来，克林顿在多年前一定没有预想到，自己竟有这么大的政治前程，否则，他不会为了这一点可能的经济利益，留下一大堆麻烦。

为什么一个简单的投资案会叫人轻易不敢下结论呢？原因是围绕在克林顿的"白水"投资周围的人，一个个被发现了问题。

"白水门"的调查开始以后，国会的参院调查委员会独立检察官和联邦大陪审团,对克林顿的生意合伙人起诉的阿肯色州小石城法院,以及新闻界的记者们,几条线索就同时展开追踪了。克林顿夫妇立即进入了穷于应付的窘境。这个状态几乎持续伴随着克林顿第一任的四年生涯。我有时候想,做美国总统可非得心理素质很好才行。否则,一面对付一大堆官司,一面还要维持正常的内政外交,还指望着做出像样的政绩争取连任,还有繁重的竞选任务,天晓得他是怎么顾得过来的。

因为,美国总统和其他一些国家的首脑不同,他是一个实实在在管事的行政主管。有一些国家,他们对于国家首脑,有更多的国家象征和礼仪方面的要求,而并不让他担任繁重的管理事务。在这种情况下,他们会设一个类似总理这样的职位,在这个职位上的人,才是真正的行政主管。

在美国则不同,也许是因为美国人比较务实,好像放一个象征国家的首脑在那里,就觉得浪费了似的。所以,美国是没有类似总理的职务的,总统全给包揽了。我以前一直以为美国的国务卿就是总理,后来才发现这是张冠李戴了,如果要套用的话,美国的国务卿应该说是相当于外交部长的职位,除了外交,别的他是不管的。

所以,克林顿总统就这么内外交困地艰难走了四年。说他艰难真不算是形容过分,在"白水门"的调查中,不论是克林顿还是希拉里都曾经被要求作为证人作证。希拉里甚至在美国历史上首创了第一夫人被联邦大陪审团传到法庭作证的记录。

在这些平行的调查机构中,最先得出明确结论来的,是位于阿肯色州小石城的法院。严格地说,这是针对克林顿夫妇的前合伙人,而不是针对克林顿的。法院起诉的对象是现在已经离婚的麦克道格夫妇,和在克林顿离开阿肯色州就任总统之后、他的继任州长塔克,他和麦克道格夫妇一样,也曾经是克林顿的合伙人。

这三个人的宣判是在今年这个大选年的五月底。在这次的宣判中,詹姆斯·麦克道格的十九项控罪中有十八项被判罪名成立。他的前妻苏珊·麦克道格四项控罪全部被判罪名成立。而现任的阿肯色州州长塔克,在七项指控中被判两项罪名成立。在宣判之后,这位州长就被迫宣布辞职了。

这三个人的主要罪名,是被控共谋在1986年以欺诈手段获得一项由联邦担保的三十万美元贷款,其中一部分用于"白水"房地产开发。

州长塔克本来面临十年监禁和五十万美元的罚款,最终,由于塔克身患重病,正在等待肝移植,因而被从轻判处四年的监守行为,赔偿近三十万美元的本金及利息给政府的小型企业管理局,外加两万五千美元的罚款。另外,法官针对塔克身为州长,知法犯法的情况,还例外地下令塔克必须向阿肯色州的中学生演讲,谈论价值观等有关主题。这也是美国地方法院判决的一个特色。

在判决中,除了法律条文规定的处罚,地方法官还有权力下一些类似的小小惩罚命令,以至于搞出一些审判花絮来。我记得有一次,在报纸上看到一个地方法官,在依法判处了一个小偷之后,居然下令允许那个受害者到小偷家中,随意拿一件东西。法官宣称,这是为了让小偷也体会一下心爱的东西被人拿走的心情。

苏珊·麦克道格被判两年徒刑,三年监守行为和赔偿政府合计约六十万美元的本息。在法庭上,已经离婚的苏珊·麦克道格曾含泪向法官求情,说她嫁给年长十五岁的詹姆斯·麦克道格以后,事事对丈夫言听计从,包括被控罪的行为也是如此。而法官似乎并不为所动,

"白水案"中的苏珊·麦克道格

他说,本庭决定让她与社会隔绝一段时间,让她有机会好好反省。

她在审理期间特别引人注意的,就是她宣称拒绝与检方合作,拒绝交代任何案情。同时在调查克林顿的联邦法庭传她去作证,并要求她在联邦大陪审团面前回答有关克林顿的问题时,她当庭拒绝。因此,被一名联邦法官判"藐视法庭罪"。所以,在正式判刑之前,她已经为"藐视法庭罪"开始坐牢了。

这三个"白水案"被告中,唯一给人留下悬念的,就是苏珊的前夫詹姆斯·麦克道格。苏珊曾经企图把自己的责任也统统推到他的头上,虽说此举并未成功,但是,实际上,他自己的被认定的高达十八项的控罪,已经够他喝一壶的了。因为,他自己的那些罪名,在法律规定的范围内,最高可判八十六年徒刑。还不包括还款和罚款。

詹姆斯·麦克道格听上去确实不像一个正经商人。他曾经买了一家储蓄信贷公司,在他搞的一次"虚假交易"中,使得这家公司倒闭,为此联邦政府动用了六千万美元的公款来清理他的债务。然而,这一次,只有他没有被立即判刑。

当然,人们感到留有"悬念"的,并不是他的刑期和罚款数额,而是他没有被立即确定刑期的原因。他的缓判时间很长,一直要延续到今年的总统大选以后。尽管法官并没有宣布缓判理由,但是大概连你都猜到了,詹姆斯·麦克道格要"将功赎罪",以交代换取减刑了。

这给竞选中的克林顿,又增加一份负担。

实际上,在这三名"白水案"被告被判有罪之前,已经有一名银行家海尔对两项有关"白水案"的重罪指控认罪。同时,他还在法庭作证的时候,宣誓作证说,当时的州长克林顿曾经向他施加压力,让他做出不适当贷款,并且还明确要求他在交易中不要提到克林顿的名字。海尔是第一个在誓言之下对克林顿做出不利证词的人。现在,眼看着詹姆斯·麦克道格就将成为第二个了。

克林顿对一切针对他的证词都断然否认。当然,不论有多少这样的证词,最后,法庭还是必须最严格地依照证据,由大陪审团判定能否起诉,以及由陪审团判定是否罪名成立。因为一旦站在法庭上,克林顿就成了一个普通公民,他享有宪法赋予被告的一切权利,要定下罪来,也绝不是什么简单的事。尤其是对于以"指证"换取"宽大"的证人,通常他们的证词受到更为谨慎的对待,因为他们显然有动机不良的可能。

对于这样的证人,一个最大的约束还是"伪证罪"的威慑力。你也早已熟悉了,誓言之下的伪证,在这里是一项重罪。所以,以证词交换减刑的同时,就是伪证加重罪行。

不管怎么说,在三名被告被陪审团宣布罪名成立的那一天,消息传到华盛顿,克林顿还是感到黯然神伤。他在白宫对记者们说:"对我来说,今天的事情是一件私人事件。我为他们觉得非常难过。"这些人都是克林顿多年的老朋友了。

克林顿这样的态度,在美国是很正常的。哪怕是政治对手,也不会因为克林顿这样的表态而指责他与罪犯"划不清界限"。因为在这里大家都理解,每个人都存在的这样一种私人感情,对于家庭,对于朋友,对于自己熟悉的人,在发生了这种情况的时候,会有一种难言的遗憾和难过的感觉。我相信,如果克林顿在这个时候仅仅表现出对罪犯的"义愤填膺",反倒会使所有的人感到意外。

当然,克林顿总统的感觉实际上一定更为复杂。因为,他们是在同一个"案子"里。在审判之中,克林顿还曾应被告苏珊在法庭提出的要求,向法庭提供证词,以协助被告洗清自己的罪名,可是没有成功。现在他们的判决结果出来,对克林顿还是很不利。按理说,每一个人是对自己的行为负责。他们是他们的问题,并不说明克林顿就一定也有问题。白宫在小石城的法庭宣判当天,就立即发表简短声明,表示克林顿与此案所控罪行"毫无关系"。

可是,今年是大选年。如果克林顿本身的调查还没有结束,而他身边有关的人已经一一被判有罪。你让选民们怎么想?选举可不是法庭判决,不需要当场就拿出什么确凿证据来。选举只是反映了选民当时一种模模糊糊的感觉判定。这也就是选举叫竞选者伤透脑筋的地方。

今年五月底出现的这场审判,一定使克林顿感到紧张。因为距离大选已经不到半年了。可是,不久之后的六月中旬,国会参议院的"白水案"专案委员会的调查报告,我觉得是在一定意义上扳回了一些影响。

在持续了十三个月的调查之后,国会参议院终于正式结束了对"白水门"的调查。我之所以说,国会参议院的调查报告对于克林顿的竞选,会产生比较正面的意义,并不是说调查报告显示了克林顿夫妇的清白,而是因为,在这个历时弥久的调查结束时,人们居然得到了结论完全相反的两份报告。

国会参议院调查委员会是由十名共和党人和八名民主党人组成的,调查自始至终,他们一直有相当大的意见分歧。

希拉里为"白水门"出庭作证。在法院门口的媒体都将焦点放在了这位第一夫人的身上

从一开始白宫顾问福斯特自杀后,就有人指认说看到希拉里的机要秘书,从福斯特的办公室拿走文件,但被当事人否认。这时,分属两党的调查委员,就分别倾向于两种不同的说法。此后,不断有这一类的情况出现。

又例如,希拉里曾经工作的律师事务所,与已经定罪的麦克道格那个问题百出的储蓄信贷公司,有一段业务往来。而且,也是由于希拉里,才发生了这样的关系。但是调查所需要的有关账册却一直找不到,直到去年年底,这些账册才突然在白宫的一个私人房间被找到。于是,共和党的调查委员深信第一夫人阴谋重重,而民主党的调查委员还是倾向于相信希拉里的说法:她也不知道是怎么回事,但是她一发现就交出来了,可见其老老实实对待调查。也正是为了这些账册的神秘失踪和神秘出现,当时在平行听取调查听证的司法分支发出了传票,希拉里才首创了美国第一夫人被传到大陪审团前作证的纪录。

最终的参院调查报告,共和党调查委员所提供的结论断定克林顿夫人希拉里一再妨碍司法。这份报告长达八百多页,里面当然提出了大量证据和疑点。然而,民主党调查委员提出的报告,又运用了相反的证据,得出完全相反的结果,他们的报告也长达四百多页。

这些报告在这里都是可以公开查阅的,可是,你也一定想象得到,除了专家学者及有关人员,一般的民众也就是在报纸上看一个大概介绍了。他们不可能去细细分析比较两者,找出哪一个更为可信。

所以,当他们拿着这张报纸,看到出来了两个不同调查报告的时候,他们会想什么呢?他们谁也不信。他们只会相信一点,就是调查至今,并没有确确凿凿使人信服的证据。这一点判断我想还是对的。

在这里,一切证据都是公开的。虽然,普通人一般不会去细细研究所有的证据和报告。但是,事实上,自有一大群专业记者、学者、作家等等,在那里悉心研究。没有一件真正说明问题的证据会漏过这些人的眼睛。一旦有了确凿证据,每一个人都会从报纸上看到它。如果有了这样指向一个定论的证据,那么,没有一个政党的议员会愚蠢到为了表达"党性",不顾自己在选民面前的形象去否定这个证据的。

我们以前也谈到过,就是,作为和当任总统同为一党的调查委员,当然有袒护的动机,作为对手党也明显有鸡蛋里挑骨头的企图。但是,这都是有限的。因为,他们本身的议员位置来自于选民的选票。他们必须在选民面前交代得过去。毫无前提的"党性"在这里是普遍受到谴责的。可是现在,国会掌握的证据还不能指向一个定论。那么,自然给双方都带来了发挥的空间。这样一个局面对克林顿显然有利,白宫的法律顾问马上就发表谈话,说:"如果经过四年的时间,你还不能证明一个人做错了事情,这说明你根本就证明不了什么事情。"

在"白水门"的调查过程中,还有一个作家出了一本叫做《血腥游戏》的书。在这本书里,围绕着"白水案",他非常生动地详述了克林顿夫妇在阿肯色州的生意和政治活动。里面的资料相当翔实,对克林顿的"杀伤力"也相当大。著名的《时代》周刊还以很大的篇幅予以介绍。克林顿对此也毫无办法。在美国的宪法第一修正案的保护下,他无权干预出版。在这里,不要说历史名人,当朝名人也是照写不误。可是看得多了,读者也有自己的看法,并不会"见书则信"。

在克林顿总统第一任期的四年期间,以"内幕"为名出版的书已有好几本,有的"内幕"不仅作者是"圈内人",内容也很有"爆炸性",可是,或多或少给人一种哗众取宠的感觉。相比之下,《血腥游戏》的作者给人一种写严肃读物的感觉,这也是他的书有可能会产生"杀伤力"的原因。克林顿管不了这样的书出版,那么,他怎么办呢?他可以自己也写。

克林顿在他的总统第一任期内,百忙之中也还是坚持出了一本书。可是,并没有人因为克林顿是总统,就对他的书特别青睐。不管作者是谁,书就是书。一出来就是进入市场,遵从市场规律。克林顿的书结果卖得不好,最后出版社只好削价处理。

在此期间,希拉里也在报上开了一个"谈心"的专栏,时不时地为克林顿和自己做一些辩护,包括为"白水案"辩护,在读者中也起了一定的作用。这看上去倒是一种公平的处理方法。在公众论坛上,不承认权力和权威。不论你是什么人,也不论你对别人的言论喜欢与否,你不能阻止别人说什么,你只有权也参与争论。

到大选开始的时候,对于"白水案"还在调查的,就只剩独立检察官所率领的一班人马了,为"白水案"组成的联邦大陪审团也依然存在。你可以看到,如果总统这一级出现什么疑问的话,这种各个分支的平行独立调查是非常难以对付的。

《时代》杂志封面上的"白水案"
独立检察官斯塔尔和克林顿

独立检察官斯塔尔虽然还没有拿出结果来，但是，他在调查过程中又查出了被称为"新白水案"的"案中案"。在这个案子中，小石城的两名银行家被控共谋欺诈。他们不当地输送银行资金到克林顿竞选州长时的竞选账户，并且挪用银行资金，补偿他们在支持克林顿竞选州长时的政治捐款。这两名银行家在经济上曾经有力地支持了当年克林顿在阿肯色竞选州长。克林顿出任州长之后，他们一个被任命为州公路厅长，另一个为州银行理事。

在这个"新白水案"中，克林顿总统最亲信的白宫顾问林希，被独立检察官斯塔尔宣布列为"不予起诉的共谋者"。在克林顿竞选州长的时候，林希曾一直为他执管财务。在这个案子中，克林顿也再一次被迫为辩方作证，但是仍然没有证据说明克林顿涉案其中。这就是大选前有关"白水门"的局面，人们只看到与此有关的人都被一个个卷了进去，但是，克林顿依然"幸存"。这一回，人们又一次眼看着克林顿险险地擦身而过，看着都叫人捏一把冷汗。

就在这几个大事件相互缠绕、克林顿艰难地挣扎其中的时候，他还有一个私人诉讼。虽然这个诉讼与权力无关，也没有被称之为"某某门"，可是，这样一个私人诉讼也几乎要毁了克林顿。这场诉讼不仅使克林顿面对选民十分尴尬，还使克林顿面临巨大的个人财务困境。而且，在围绕克林顿的诸多案件中，还只有这场官司真的走进了最高法院。这场诉讼就是前阿肯色州的州政府女秘书琼斯，控告克林顿性骚扰的民事诉讼。

这个案子是在两年前的1994年提出的，她指控克林顿在1991年任州长期间，曾在一个旅馆里对她"强行求欢"，因而要求七十万美元的损害赔偿。对于这样的案子，民众的反应一般都是将信将疑。而且，更容易让人产生怀疑的，反而是原告的一方。这倒不是因为歧视妇女，而是因为此类案子的经济诉求，总让人疑心这是来"敲竹杠"的。

这样一个在两个人之间发生的事情，是不是只要当事人一口否认就可以解决了呢？那肯定不是的。在美国，这样的案子尽管不是都发生在名人身上，但是，类似的诉讼还是很多的。当然，此类案子由于它的私密性，确实不容易轻易下结论，但是还是有不少搜集证据证词和判断的方法。

琼斯的诉状看来并不是很简单就可以打发的。因为，如果她一点拿不出像样的证据，法庭根本就不会受理。在遇到这个官司之后，克林顿由于不能动用公款为自己的纯私人性质的案子请律师，因此，不仅在应付官司纠缠上伤透脑筋，在筹措打官司的经费上，也一筹莫展。他请了最好的名律师，每小时的费用高达四百七十五美元。这样，他很快就用尽了家庭积蓄，开始欠债。甚至建立了一个"支持辩护基金会",开始寻求捐款,当然,每一笔捐款限在一个不大的数额上,以防违规。总统向民众募捐,以应付性骚扰官司,这本身就够狼狈的了。

问题是官司一打两年,不仅没有解决,而且看上去好像越来越难对付了。让原告撤诉的可能已经不存在了,再拖下去,就是在大选的节骨眼上总统上法庭应诉了。这一类的官司,不论青红皂白结果如何,自有它特别难堪的地方。总统不仅要回答律师提出的任何问题,在必要的时候,还必须接受身体特征检查。这对一个当任总统来说,是无论如何也要避免的事情。可是,怎么避免呢?总统管的是行政分支,司法是独立的。克林顿既管不了小小民女要上法庭告状,也管不了法院要把这个案子接下来,办下去。

结果,眼看着选期近了,性骚扰案的审理也逼近了。于是克林顿向法院提出辩驳,他当然没有任何理由说自己可以绝对不应诉。克林顿只是指出由于总统职位的特殊负担,要求将一切诉讼程序延后,直至他的总统期满再出来应诉。

一开始,地方法院裁决,审判前的查证工作照常进行,这个查证意味着律师可以向包括克林顿在内的所有证人取得证词。但是在总统任职期间,不应被迫接受审判。这个裁决,对克林顿已经不算是一个好消息,因为他还是必须在任期内接受查证。然而,在案子到达上诉法院的时候,地方法院的裁决被推翻,结果对克林顿更为不利。

上诉法院认为,克林顿不能仅仅因为他是总统,就可以得到他的私人行为不受控告的特别保护。一位参与裁决的上诉法院法官说,我们从公认的真理来看,宪法并没有创设一位君主。相反,总统就像所有的其他政府官员一样,对于我们所有社会成员适用的法律,也同样使他受到管辖。

克林顿万般无奈，只能进一步告到最高法院。他向最高法院的上诉，是由他的私人律师提出来的。但是，不同一般的是，它附有由司法部副部长戴斯写的一份支持上诉的辩护状。在上诉书中说，在美国历史上，还没有过法院下令让一个现任总统作为被告而受制于他个人行为造成的民事案件。上诉书强调克林顿并没有要求免除责任，他只是基于他的职位负担而要求搁置。因为"总统是不下班的，任何大量占据他的时间的事情，必然会使他履行宪法所赋予责任的能力受损"。

对于总统受到民事诉讼是否要出来应诉，最高法院以前曾经有过一个判例。那也是发生在尼克松任期内，但是，当时的情况与现在完全不同，尼克松所受到的民事诉讼是基于他在职务中的官方行为。最高法院当时的裁决是，总统绝对豁免于指控其官方行动的民事诉讼。

这一判决还是很有道理的。判决豁免依据的理由并不是总统没有时间出来应诉。它所依据的理由是，如果总统因为他的官方行动、他的职务决策而使某人感觉受到伤害，就要使总统去应付一场民事官司，甚至要面临巨额赔偿的话，总统在决策和工作的时候势必会瞻前顾后，也就无法正常履行他的职责了。可是，这条判决显然和克林顿面临的这场官司不是一码事儿。

所以，美国最高法院又面临了一个新的裁决。对于一个总统在出任总统之前的私人行为所引出的民事起诉，是否应该让他出来应诉。最高法院在今年六月底宣布，这项裁决最快也要1997年的年初才能完成。听到这个消息，克林顿一定松了一口气。这样，至少避免了他在大选期间接受预审或者审判。

如果克林顿今年没有选上，一切也就迎刃而解。他卸下任来，可以一心一意去对付他的民事官司。如果克林顿在今年赢得大选，那么，最高法院的裁决仍然是重要的。因为克林顿虽然想尽办法拖延此案，终于躲过了他的第一个任期。可是如果连任，那么，躲过了"初一"之后，还有一个"十五"等在后头。他能不能躲过这个"十五"呢？

克林顿所提出的延迟诉讼的最大理由，就是总统公务繁忙，如果应诉势必影响他管理国家大事。这个理由在我看来已经非常充足了。私人民事诉讼和国家大事，在我的眼里，这当然是两个不能等量齐观的概念。个人的事再大，也是小事；国家的事再小，也是大事。这样的思考逻辑已经深深地印在我的脑子里了。但是美国人很少持同样看法的。

在一项后来举行的民意测验中，大多数人都认为这场诉讼不应该被拖延到总统卸任之后。美国人想到总统的时候，首先想到的是，他也是一个公民。同时，他们会考虑，克林顿即使作为总统，他也无权侵犯他人的公民权利。

从报纸电台不难看出舆论倾向，美国人说，如果克林顿连任总统，并且审理真的要拖延的话，那么，一场民事诉讼就要被拖至八年之久。在这八年之中，证据有可能消失，证人的记忆有可能变得模糊，甚至证人都有可能死去。这显然损害了原告的公民权利。

克林顿大概也对自己提出的理由，感觉拿出去不一定管用。所以，他的律师给他出了一个谁也没有想到的主意。于是，在克林顿的律师给法院提出的辩护书里，援引了1940年的"军人救济法案"，在这个法案里，规定现役军人可以暂免民事官司缠绕。这个法案和克林顿有什么关系呢？这里，先要弄清楚美国总统和军队的关系。

提到美国军队在整个国家中的位置，我不能不想到第一支美国军队的诞生，想到它的将领们，以及在这个国家诞生的时候，美国人对

华盛顿将军

于军队与政府关系的思考。

当1776年的《独立宣言》诞生，当时做出"独立"决定的"大陆会议"，就把军权授予了华盛顿，以使得"独立"的梦想能够得以实现。我以前就提到过，这场美国革命其实质是一场推翻原有政府的"造反"，因此，和世界上任何一场"造反"一样，军队成了最关键的力量。

可是，当时的美国还属子虚乌有。美国政府还只是一个概念，这个"政府"当然也就没有一兵一卒。所谓军权只是组织军队的权力，并没有一支现成的军队可供其指挥。因此，华盛顿受命之后，确实历经艰难困苦，是从无到有创建了一支军队，并且历经八年之后，终于赢得了这场战争。使得美国从一纸《独立宣言》走出来，真正成为一个国家。

这时候，和所有其他国家的类似情况一样，建国者们必须对于军队有一份他们的思考。当时,华盛顿作为军队统帅,和国会进行了多次有关战后军队问题的交涉。问题的焦点在哪里呢?他们都同意一点,就是军队是为了美国独立而建立的。现在,战争结束了,美国独立了,军队也可以解散了。唯一的问题是,还欠着战士们军饷,伤员得不到抚恤。华盛顿需要一笔钱解决这些问题,但是,刚刚诞生的美国没有钱。

这时,在美国威望最高的就是华盛顿了。建国伊始,他利用他的威望只做了一件事,就是平静地解散这支军队。经过与国会的再三交涉,他确信国会实在没有钱可供他遣散他的将士的时候,他能够做的,就是以他个人在八年战争中建立起来的全部信誉和威望,站在战士们面前,告诉他们,国会并没有恶意,可是美国没有钱。这个国家希望大家就这样回家,"做个好公民"。于是,这些第一代美国人,听从了他们所崇敬的统帅的最后一个命令,两手空空回家了。

华盛顿在解散了部队之后,把自己的军中行装也托运回故乡。接着,他又骑马赶往纽约州,监督着最后一批英国军队离开已经独立了的美国。这时,华盛顿为他手下的军官们在酒店安排了一个告别仪式,这是他们与跟随已久的司令官华盛顿的最后一次聚会。华盛顿很快就和大家一样感情激动,他们热泪盈眶,无数次地干杯和拥抱。然后,

华盛顿解散军队

华盛顿就走了。

他知道，在回到他的故乡弗农庄园去之前，他还有一件重要的事必须完成，那就是，他要把人民授予他的军权，交还给当时象征着人民权力的国会。虽然，当他接受这个军权的时候，这支军队只存在于一张纸上。而今天，他不论走到哪里，都有热情的民众向这位九死一生的大陆军队总司令欢呼，表达他们的敬意。

这个交出军权的仪式，是和华盛顿同为弗吉尼亚人的托马斯·杰弗逊，专程从巴黎赶回来设计的。他们两人尽管在后来对于联邦和州各自权力的强弱处理，一直有不同的意见，但是这并不妨碍他们始终保持很深的友谊。华盛顿和杰弗逊，是美国建国时期最重要的两个人。美国人总说，华盛顿是打下了一场美国革命，而杰弗逊是思考了一场美国革命。美国的《独立宣言》就是由杰弗逊起草的。

在两百年前，人人都清楚地看到，没有华盛顿的浴血奋战就没有美国的诞生。两百年以后的今天，美国人越来越深切地认识到，没有杰弗逊的思考，也同样不会有美国的存在。

杰弗逊之所以在法国，是因为英国同意美国独立的签字仪式是在巴黎举行的。杰弗逊是代表美国在巴黎与英国签下和约的三名代表之一。签字结束之后，他匆匆地留下了另外两名代表，一个人赶回美国，并且亲自设计了他的好朋友华盛顿将军向国会交出军权的仪式。之所以这个仪式对杰弗逊来说显得如此重要，这是因为，对于杰弗逊和其他建国者来说，这不仅是一个仪式，这是象征了刚刚诞生的美国对于军队和政府关系的慎重思考和定义。

杰弗逊设计了这样一个仪式。华盛顿将军将走进"国会大厦"。在国会议员们的对面他可以有一个座位。当议长向大家做出介绍时，华盛顿将站起来,"以鞠躬礼表示国家的武装力量对文官政府的服从"。而国会议员们"只需要手触帽檐还礼,而不必鞠躬"。然后,华盛顿将军将以简短讲话交出军权。议长也以简短讲话接受军权。

结果,整个仪式完全按照这个设计进行。

只是,那时的美国根本没有什么国会大厦,只是借了一个市议会厅举行。当时的议长恰巧曾经是华盛顿的军中部下,但这时他早已脱下军装入选议会,并且担任了议长。

在今天的美国国会大厦里,就悬挂着一张表现这一历史时刻的巨幅油画,画面上历史伟人济济一堂,那是美国人民的开国大典。在油画下面,有一张小小的说明。上面记载了华盛顿和议长的简短讲话。

华盛顿将军在交出军权的时候,他只说了几句话:"现在,我已经完成了赋予我的使命,我将退出这个伟大的舞台,并且向尊严的国会告别。在它的命令之下,我奋战已久。我谨在此交出委任并辞去我所有的公职。"

议长答道:"你在这块新的土地上捍卫了自由的理念,为受伤害和被压迫的人们树立了典范。你将带着同胞们的祝福退出这个伟大的舞台。但是,你的道德力量并没有随着你的军职一起消失,它将激励子孙后代。"

据历史记载,整个仪式虽然简短,却令所有在场的人感动不已。当华盛顿将军发表简短讲话时,每一个人的眼里都充满了泪水。

这一历史时刻就这样定格在美国国会大厦悬挂的巨幅油画里。这一刻对美国非常重要。它确定了美国的政府和军队的关系,也反映了美国建国者们对于枪与政权的关系的思考。美国是一个依靠武力打下江山的新国家,可是在最初的一刻,他们就理解,这个国家是绝不能用武力

华盛顿的家

来管理的,因为这个国家是美国人民的。战争结束了,枪必须交还给人民。我有时候感到吃惊的是,他们,包括华盛顿在内,在这个问题上所表现出来的一致性。不论是出于智慧,还是出于理性,他们对于美国人民的个人自由的尊重远远地超越了对于一个英雄的尊重。

仪式一结束,华盛顿就回家了。沿着波托马克河,回到他的家。那是一幢极为简单的二层楼房。如今这房子是属于一个民间非营利组织的,这个组织买下了附近的大片土地,使之保持原先的模样。如果你今天去坐在华盛顿屋前的平台上,你几乎依然可以看到两百年前华盛顿所看到的风景。举目望去,直至非常非常遥远的地方,仍然看不到一点现代生活的痕迹。波托马克河,就像两百年以前在华盛顿面前一样地流淌。直到现在,也很少有船只经过。这是一个可以和自然对话,可以和历史对话的地方。

就是坐在那个平台上,我忽然想到,在那个时候的美国,各个州的力量相当强,意见也不统一,而中央政府又非常弱,他们难道就没有考虑过,"谁能够真正地控制整个美国的局面"这样一个问题吗?也就是许多国家在推举领袖时所首先考虑的"谁能镇得住"的问题。我想，所有的人都很清楚，华盛顿以战功建立起来的威望是唯一有可能"镇住"美国的人，是唯一有可能引导美国人趋于统一思想、统一行动，迅速强大起来的人。

但是，第一代的美国创建者们，显然有着全然不同的想法。尽管这个时候，他们还没有充足的准备去建立一个联邦政府，可是他们已经有了一些基本概念。既然他们的国家是人民的，只要是一些代表了当时各个地方人民利益的人，他们聚到一起达成的协议，包括许多妥协，就是这个国家在这一个阶段的存在方式和管理方式，尽管这里有着许许多多缺点，可是，这是大家自己的协议。

这样一个看上去并不理想的管理方式，容忍了很多的缺陷，却更顺应了历史道路的自然发展所需要的时间。因此，这个国家也就从来没有在强有力手腕的推动下，去试图勉强超越历史的经历。

这种基本态度，使得美国在以后制定宪法和建立政府的时候，永远避免了期待和寻找一名"伟人"的心态，也使得美国再也没有产生过由强权形成的张力。当几年之后，他们开始制宪，开始建立政府，开始需要一个总统的时候，他们基于这种最初的概念，才会发生这样的考虑。就是在第一个总统诞生之前，他们考虑的首要问题，不是寻找一个伟人，试图赋予他足够的强权，以便控制住美国的局面。相反的，他们考虑如何推选一个称职的管理者，同时限制他的权力，使得总统和政府都无法干涉人民的生活，使得自由自在的美国人依然自由如故。因此，美国和所有的国家一样不乏伟人，但是这里的伟人没有一个与强权有关。

也是由于在这个概念之下，当这个总统上任的时候，在美国，没有一个人，包括总统本人，会试图去强调这是一个高瞻远瞩、英明决断的伟人。美国的民众也习惯于对总统没有这样的要求。总统和他的同僚们，至多想证明的是，他们会比别人犯更少的错误，更忠于职守。至于美国民众，他们指望的是推举一个人出来管理公众事务，从没想过要弄一个人出来"镇住"大家。如果他们发现总统有这个倾向的话，他们反而会感到自由受到威胁，会请他下台。这已经成为美国总统与人民之间非常自然的默契了。这也就是美国的"宪法文化"。

在这个概念下诞生的国家，是最不担心总统突然发生意外的。美国总统从本质上来说，就是一个普通美国人。在这个概念下的总统职位，只是一个工作职位。于是，美国人发现，十全十美的总统，几乎找不到，也根本用不着。但是，可以基本胜任这个工作的人，实际上很多很多，随时随地都找得出来。

那么，总统和军队到底是什么关系呢？在美国建国以后近一百年里，都没有什么常规军。就是在发生南北战争的时候，南北双方的军队，都是临时聚集起来的平民，也就是所谓的国民兵。战争一结束，他们和独立战争中的士兵一样，不论胜负都立即解甲归田了。美国真正开始感到有必要保持一支颇具规模的像像样样的常规军，还是"二战"以后的事情。

但是武装力量确实是一个非常特殊的东西，在很多国家都是值得时时提防的不稳定因素。因此，发生在建国时的这样一个仪式，使得美国人一开始就在这样一个概念上达成共识，把武装力量定位于人民手中防御外敌的一种工具，而不是统治人民管理国家的一种工具。军队完全服从于政府文官系统。这个认识就在两百年前的华盛顿向国会行鞠躬礼的时候，得到了大家的确认。之后，美国人也是依靠制度来保证这样一个定位。

美国法律明文规定军队不得干预国内事务，动用军队于国内治安是非法的，所以在美国电影上只有治安警察领着本地民兵带着自家的枪来对付抢匪黑帮。虽然五角大楼里全是军人，但是这个军队系统和政府的行政系统之间有着一个中间人，他既是军队与政府之间的联系，使军队能够得到政府的指挥，他又是五角大楼与政界之间的绝缘墙，以确保军人留在五角大楼之内而不越界。这个中间人就是美国的国防部长。在英语中，他准确的职务是总统的国防秘书。非常重要的是，他是一个没有军职的文官。

美国的军界非常稳定，美国的军人是绝对不参政的。在这里也从来没有人担心军队会成为一个政治变量。这个稳定的另一个重要因素就是军队与党派活动的隔离。既然武装力量是服从于政府的，这个制度也确保军队与美国的各个政党毫无关系。所以，尽管美国由不同的政党推出候选人来竞选总统，总统四年一选，如走马灯一般，却与军队的稳定毫不相干。政府行政分支的变动完全在军人系统之外。军人系统内部则有他们自己的升迁规律，有他们自己的行为规则，有他们自己的荣誉感和价值观。

在宪法中，美国总统是三军总指挥，代表着美国政府的执行机构，为这个国家执掌军队。他就是通过他的文官系统的国防秘书，也就是我们平时所说的美国国防部长，和军队保持这样的一点联系，实际上，总统是从不干预军队的具体操作的。他只是有权下令向国外派出军队。例如应联合国要求派出维持和平部队这样的命令，都是由总统发出的。但是，对于军队的权力，总统同样是受到限制和监督的。

军队不得用于对内，这是已经有一百年之久的法律明文规定。同时，只有国会，才具有正式对外宣战的权力。就是总统的军队外派权，也在美国吸取了越战的教训之后，更严格地加以限制了。在军队外派之前，一般都必须得到国会的批准。

现在，我们再回到克林顿给大家提出的问题。他要求援引1940年的《军人救济法》以延缓他的性骚扰官司。该法所规定的是，现役军人可以暂免民事官司的缠绕。那么，克林顿给大家提出的问题就是，总统是现役军人吗？

克林顿之所以会这样提出，显然是依据宪法所规定的"总统是合众国陆海军的总司令"这一条。克林顿的律师确实非常想为他钻这个空子。其原因首先是，克林顿试图推迟他的民事官司的其他理由，看上去都岌岌可危，很难站住脚，而他又必须暂时从这个官司里逃脱。其次，假如这条理由居然侥幸成功抵挡过去，那么至少在他总统任期之内，就可以一劳永逸地不再为如何摆脱纠缠而苦恼了。因为，如果这一条成立，就是一条法律断定，谁也没法再上来找什么麻烦。

仅仅从宪法的那句话上，我们好像看不出否定克林顿这个推断的理由。既然他是三军总司令，那么，士兵们既然都是军人，推出个司令也是军人的结果，好像完全是顺理成章的事。但是看了我前面对于美国政府与军队关系的介绍，你会发现，这并不是一个简单的推断。

美国总统是三军总司令，只是意味着军队对于文官系统的服从，他似乎应该像他的国防秘书，即国防部长一样，仅仅是一个文官。然而，三军总司令按理说又是一个军职，因此，总统完全可能只是一个理论上的军人，是一个实际上没有军人身份的司令。实际上，这也是美国人解决军队与政府关系的一个非常特殊的安排。

这样的问题，你已经知道了，是属于宪法解释的范围，也就是属于最高法院的权力范围。总统是否想把自己解释成"现役军人"是没有用的。最终,也只有最高法院能够给出一个定论:理论上的军人算不算在《军人救济法》所指的"现役军人"的范围之内。

尽管结论要等到最高法院明年年初再做出决定。但是,平心而论,克林顿的律师给他出的这个主意实在不怎么样。克林顿提出的这条理由一公开,立即舆论大哗。也使他在越战期间出国读书以躲避兵役的旧事又被重提。大选当前,共和党立即在电视上打出广告,嘲笑克林顿如何当年"逃服兵役",今朝"假冒军人"。保守派的电台"谈论节目"也立即对克林顿发出猛烈攻击。

我们前面已经讲到过,对于克林顿的那段经历,由于越战的复杂性,而变得不是那么是非清楚。"逃兵役"的行为已经和反越战的概念混为一谈,除了竞选时的对手党,人们已经不想再去细细剥离和推敲,而宁愿忘记这件事情。然而,即使在这个问题上对克林顿没有什么非议的人,也承认,克林顿当初躲避越战兵役和今天要以"现役军人"躲避性骚扰诉讼这两件事情,放在一起,确实看上去特别"难堪"。

我只是想,也许,有时候,当克林顿偶尔想到华盛顿的时候,他也会觉得自己真是够没出息的。

写了不少克林顿第一任期内的困扰,那么,在重重困扰之下,克林顿怎么竞选连任呢?下一封信中再谈吧。

祝好!

林 达

跟着民意走

卢兄：你好！

你来信说，记得在今年年初的时候，你曾经问过我对于克林顿能否成功连任的看法，而我说过克林顿只要不出什么意外的话，就一定会连任。可是现在看了我的信以后，对我这种说法感到很奇怪。既然克林顿在第一个总统任期中出现那么多的"问题"，为什么我还会对克林顿总统的当选持有信心呢？

其实，我当时的回答一点也没有什么特别的远见，因为，我相信这是美国当时大多数人的看法。所以，今年的美国大选虽然看上去依然"轰轰烈烈"，可是，实际上这是一场相当乏味的选举，因为在选举之前，人们都基本上已经像我说的一样，预测到了选举的结果。

可是，又怎么解释这一切呢？

两年之前，美国曾经有过一次中期选举，前面已经介绍过，在中期选举的时候，国会中所有的众议员和三分之一的参议员必须投入竞选。结果在那次中期选举中,共和党夺回了失去已久的两院多数议席。那一次,给克林顿以相当大的打击。为什么呢?

因为所有的总统都是有限期的。四年任期匆匆而过,没有一个总统希望被历史证明,自己是一个没有什么政绩的总统。政绩又从何而来呢? 一般来说,总统在任期内所通过的立法的质量和数量,通常是一个重要的衡量标志。

在美国总统的政绩的衡量中,在一般没有战争等非常情况之下,对外关系占的比重是比较小的,对外关系只要不犯什么大的错误,就过得去了。主要看的还是总统对美国本身发展所做出的贡献。

根据美国政府结构的设计,总统本身只是一个行政主管,虽然他有发布行政命令的权力,但是他没有权力以他一个人的力量为这个国家做出什么战略部署。因此,总统如果试图推行一项什么新的政策和改革,兑现一项在竞选时对选民的承诺,他都必须说服国会予以配合。也就是说,他想对美国做出任何一点改动的话,他必须以提案的形式提交国会,并且说服国会,以立法的形式把他的想法确立下来。否则的话,总统即使有雄韬大略,也只能停留在夸夸其谈的水平上,根本无法实施。

本来,美国的总统任期就是非常短暂的,即使他的设想被国会接受而立法,美国总统也没有许多其他国家的领袖那么幸运。那些领袖可以亲手指挥实现自己所勾画的蓝图,甚至在一切完成之后,接受人们的欢呼和敬仰。而美国总统如果能有几个设想被国会通过立法,已属万幸,匆匆忙忙就要交班下台了。即使这个设想后来结出了丰硕成果,也已经没他的事儿了。真是十足的"前人栽树,后人乘凉"。

更何况,还有这样一些总统,他们的满腹经纶始终得不到国会的理解，也就一直不能通过立法这一关，只能眼看着绝妙主张胎死腹中。他们可以说是错失一个千载难逢的治国良机，然而不论有任何理由，四年一到，他们只能与他们的抱负擦身而过，回到平民的身份。这样的总统只能抱憾终身。所以，一个美国总统，获得竞选的成功，实可谓只是万里长征刚刚走完了第一步。

看上去，这样的设计似乎显得颇为荒唐，几乎是在为这个国家的发展设置障碍。你想，一个总统千辛万苦地通过竞选上得台来，满怀雄心壮志要给这个国家改变面貌。可是，这个制度却在捆住他的手脚。还有比这个更叫人难以理解的吗？

然而，他们却有他们的一套道理，听上去也十分简单。这个制度的设计基于这样的基本概念，宪法所规定的政府组成是人民之间的一个契约。大家以共同认可的方式推选出这样一些人，包括一个作为主管的总统，来管理公众事务。这个主管当然可以提出如何管理的设想，但是，这个国家并不是总统的，这个国家是大家的。总统只是一个公仆而已。他对于这个国家走什么方向只有一个建议权，愿意不愿意这么走，得看大家自己的意思了。

美国政府的立法分支国会，则在更大的意义上成为民意的体现。所以，在美国，人们很少有机会看到白宫和总统的操作过程。但是，国会的讨论、争辩、表决等等具体操作，却是时时暴露在民众面前的，只要一打开电视的特定频道，他们的全部工作就在摄像机前。这些议员代表着他的这一部分百姓在那里表态，他也必须顺从这一部分的民意，否则他们不可能在国会继续坐下去。

所以，总统的提案是否能成为国会的立法，实质上就转换成这样一个问题。就是，这一阶段的行政主管给美国所走的道路提出一个设

美国国会辩论现场

想,美国人民考虑之后,做出一个决定,他们到底愿意不愿意朝这个方向走,能走多远。

当然,这样的制度设计,也许扼杀了一个高瞻远瞩的政治伟人的宏大抱负,也许,也使得美国人民失去了一些"起飞"的历史捷径。但是,他们愿意支付这些代价的原因,是他们不愿意冒险失去他们掌握自己命运的权利。他们依然回到一个最初的忧虑,他们担心政府和公仆的异化,他们担心失去他们的基本权利,那就是,两百年前托马斯·杰弗逊在《独立宣言》中写到的"生命权、自由权和追求幸福的权利"。

如果在一个总统给民众带来好运的时候,大家就愿意放弃自己的判断,完全被动地接受强权的安排,那么,他们从此也必须接受强权有可能给他们带来的厄运。也就是说,如果今天民众面对强权的恩赐,就愿意放弃自己的选择权利的话,那么,明天强权落下一个苦果,那就不仅没什么可抱怨的,连挣扎的余地也不存在了。所以美国人才认为,失去制度对于人民权利的保证,就失去了一切。他们不能仅仅依靠对一个总统的信赖过活。他们会说，总统不也是一个凡人吗？而人是靠不住的。

现在，你一定明白，为什么说两年前的中期选举时，大部分议席落入对手党——共和党手中，会对克林顿是一个沉重打击了，尽管绝对的党性在美国是不受赞赏的。对一项法案的投票，每一个议员有自己独立的态度。否则，在美国，总统和多数议席经常分属两个不同党派的情况下，总统就无法使国会通过任何法案了。美国的这一台戏也早就唱不下去了。

说到这儿，我必须说明，根据我个人的经验，我们中国人在了解美国政治制度方面，最容易误解的是他们的政党组织和活动了。这里有很大的历史文化差距。西方政党组织基本上是应西方议会民主的需要而产生的。在西方民主传统的源头，雅典直接民主时期，是没有政党的。事无巨细均由全体公民表决的"广场民主"不需要政党。在帝王专制时期，权力集中在王室手中，也不需要政党。开现代议会民主下政党之先河的是英国在十七世纪末议会的力量足以和国王分庭抗礼的时候。在英国议会里产生了主张权归议会的辉格党和反对削弱国王权力的托利党。从此以后，两党的主要分歧就是关于政府到底应该做什么，到底应该有多强大。一百年后，美洲大陆人民起来要求独立时，辉格党人站在美国革命一边，而托利党人支持英王粉碎"叛乱"。两党当年的分歧，今天或多或少地由美国人继承了下来。

美国革命初期是没有政党组织的。华盛顿在他的总统告别演说中谆谆劝告美国人民要反对任何"宗派"。著名的联邦主义者亚历山大·汉密尔顿认为，"宗派"是必须永远予以防范的邪恶。

托马斯·杰弗逊

然而,代议制民主的形式注定了政党组织和活动的必要性。从1787年开始,主张有一个强大的中央政府的人就自称为联邦党人,而聚集在托马斯·杰弗逊周围的反联邦主义者就自称为民主共和党。然而,我们必须特别留意的是,从那个时候开始,美国的政党就承袭了代议制民主制度下组党的传统:政党是个人表达政治观点的地方,不必要也不应该有严密的组织。托马斯·杰弗逊在1789年就说过:"如果我要和一个党在一起才能够进天堂的话,我宁可根本就不进天堂。"

正由于这种传统,以后的两百年里,时代潮流起起伏伏,政治观点进进退退,政党组织随时代而变化,却只有观点的承袭和蜕变,而没有一条抓得住的组织线索。我曾经顺着习惯想弄清美国两大党的历史,花了很多功夫才抛开了在国内时的思维定式,悟出了一个事实:尽管美国历史上大多数时候都有两大党,但千万不可望名思义,彼两党非此两党也。要想理解美国政党活动及其在权力结构中的作用,必须记住,他们和我们近代中国人的习惯完全不同,他们重观点而轻组织。当然,"黑手党"不在此例,因为黑手党不是政党,而是有组织犯罪。有着广泛结社自由的美国人对任何有较严密组织的社团都心存疑虑和警惕。

明白了这一点,才能理解,为什么精于经营的美国人,能把什么都办成又赚钱又体面的生意,但是无论民主党还是共和党,却都没有党营事业。不要说党营工商业,连党营电台电视台也没有,竞选广告只好出钱让民营的电台电视台代劳,他们甚至连一张党报都没有。

现在我们再来谈克林顿。

克林顿所推出来的改革方案,一般来说,是代表了民主党的观点,而有些方案本身就体现了两个政党截然不同的政见。在共和党占了参众两院多数的情况下,克林顿要使自己的一些政策得到国会通过而实现,就显得困难得多了。

按说,这样的两党席位的浮动也是正常的,为什么这一次给大家一个意外呢?因为在最近的四十年里,尽管在总统大选中,共和党频频取胜,例如克林顿之前,共和党已经连续十二年主管白宫。但是,整整四十年里,国会的多数议席却一直在民主党手中。这怎么会呢?老百姓到底是帮哪一边的呢?

在美国,国会议员的产生和总统的选举在制度上的设计不一样。选举国会议员的方式,其根本出发点是一个如何反映各个不同部分的民意的问题。在这一类的设计中,也是只能做到逐步完善和尽可能完善。为了达到反映民意的目的,甚至美国众议员和参议员的选举方式也是不同的。

美国的众议院一共是四百三十五个席位,它的分配是根据以人口数量为依据所划分的选区。保证一定数量群的一批民众,总有一个人代表他们去国会表达他们的意见。大致算来,大概几十万人一个选区,可以选出一个众议员。也就是说,如果有大约二三十万人,不管他们和其他美国人多么格格不入,他们如能纠集在一起,形成一个选区的多数,他们就能选出一个代表,到国会去发出他们的声音。你不喜欢也没用。谁也阻挡不了他们。所以,从理论上来讲,每个众议员都只要对他所在的选区的几十万选民负责。他不代表全国人民，也不代表全体州民。

按人口数量比例分配众议员，人口数量少的州，不是就声音微弱了吗？为了弥补这个缺陷，美国参议院一百个席位的分配是按照州来划分的，不论大州小州，每个州产生两名参议员。参议员是由全州人民投票选出来的。

这个设定就是美国历史上著名的"伟大的妥协"，它对于美国特别重要，因为它表达了这样一种理念：多数人达成协议的统治也不能抹杀少数人的声音。

因为美国是一个联邦的国家，各个州相当于一个小国家，有它自己一整套的独立体制，从州宪法到州议会、州最高法院等等一应俱全。关键是，它的州政府与联邦政府没有任何上下级关系。州政府各分支官员的产生由各州宪法自行规定。这是美国诸项分权中的最大一个分割。参议院席位按州做平均分配，就相当于也给了那些人口很少的"小国家"一份同样的发言权。

因此，在这里，人们希望看到的是各种意见都得到一个渠道表达出来。有时候，一个有着非常"异样观点"的议员，照样会被选上来，而且照样在国会发表与众不同的激进意见，这在众议院里特别容易发生。因为，这位众议员，他根本不必考虑全美国人怎么想，他只需要顾及他的那个小小的选区的民意得以表达就可以了。只要他的这些选民们满意，他以后照样还会被选上来，照样在国会上班，而且可以连选连任，直至终身。相对来说，参议员要顾及的面就要大得多，他必须顾及一个州的民意。

而总统呢，那是由全国人民一人一票选出来的。可是你去读美国宪法，宪法里合众国总统是由大选举团选出来的呀，这是怎么回事？说起来很复杂，实际上也很简单。当年建国的时候，在当初的技术条件和政治条件下，民众一人一票选举总统是难以做到的。所以规定走两步：按人口比例分配各州大选举团名额，先由各州选出大选举团，再由大选举团选出总统。大选举团起的是信使的作用，除了代表本州去投票，不仅没有，而且不能有任何其他权力。在各州，竞选各方推出自己的大选举团，哪方得的票数占多数，就派出哪方的大选举团，这个大选举团在投票时当然就全票投向自己方的总统候选人。这就是今天美国总统选举时，在各州"赢者取得全部，败者一无所有"的来历。

后来，当技术条件和政治条件允许的时候，美国人实行了一人一票直接选举总统，这是美国人引以自豪的进步。但是大选举团的形式仍然存在，从而，某方候选人在某州取得多数就取得大选举团的全部票数，也等于是说全州人民都选了他，这样的做法也保留了下来。在理论上，就有了这样的可能性，某候选人在几个大州险胜而在其他小州以悬殊票数败北，他有可能最终得到了大选举团票数的多数而当选，但按全国老百姓的票数总计他却不是多数。这种可能性虽不大但存在，而且发生过。这是美国总统选举制度遭到很多批评的地方。但是美国人为什么抱残守缺而不改一改呢？大选举团已纯属"聋子的耳朵"，何不废除呢？

对此有很多解释。比如，这促使候选人在各州，不论大小，广为宣传自己的观点，而不重大薄小，尤其是那些人口额分散的州，如此等等。但我想，最主要的恐怕是原来的宪法规定涉及联邦和州的"双重主权"，改起来很不容易。

在这里，我又想到了习惯的汉译英的问题。实际上，这个"州"

的翻译也是造成诸多误解的地方。美国的汉译全称是"美利坚合众国",这个翻译可能更为确切一些。它是一些小国家联合在一起的意思。这个"合众国"的"国",在英语里与那个"州"实际上是同一个词。只是在译成汉语的时候,才一个译成"国",而另一个译成"州"了。与其说是语言差异,还不如说是文化差异造成了这样的汉译结果。

从我自己的体会来说,这个"州"的译法,给了我不大不小的困扰,因为,这很容易和中国的"省"对应起来,而实际上,这里的"州"和中国的"省",是完全风马牛不相及的两回事。也许,如果一定要把这些"小国家"与"合众国"的"国",在翻译上有所区别的话,那么,译作"邦",也许略为贴近一些。

对于美国人,这两个都是"国",都有独立的主权含义。只是一些小的"国家",它们商量好了,愿意联合起来,组成这样一个联合的结构。但是,非常重要的一点,就是它们各自有自己的生活。美国人的这个概念非常清楚。南北战争在北方是反对奴隶制的道德战争,而在南方,遍布南方大小城镇的纪念碑上,那是"南方争取独立的战争"。

然而,美国的联邦政府和各州的关系,也经历了很大变化。美国诞生后的前一百多年,州和联邦政府完全各自为政,甚至分庭抗礼,相互之间的联系非常薄弱。"州"作为一个小国家的独立性比现在更强。此后至今的近一百年,由于美国国力的迅速发展,对联邦政府所要求的集中力量也就越来越强,联邦政府也就在迅速扩大。从各州所割出去的权力也就越来越多。

在我们的忘年交朋友中,一个八十多岁的美国老人布鲁诺,曾经和我们谈到他所经历的美国变化。他谈到,在他们小时候,联邦政府是完全不干预经济生活的。当然,美国诞生以后,有很长的一段时间里，基本上还是一个农业国，也并没有什么大的经济规模。所有的小经营者，一切都由他们自己做主。

然而，随着历史的发展，美国的经济在迅速发展，企业的规模在迅速扩大。又出现了三十年代的经济大萧条。原来极弱的政府已经很难适应这样一个局面。布鲁诺告诉我们，大萧条时期他还是个少年，他们家虽然并不缺食物，但是他非常为自己的父亲担心。因为那时的失业率高达百分之二十几，经济不景气，时时都可能失去工作。由于政府几乎无权干预经济，所以也没有今天的政府有关失业救济的福利制度。在这样的情况下，如果突然失去工作，全家的境况会变得十分凄惨。

在那样的情况下，劳资关系也变得十分紧张。工业社会已经以人们意料不到的速度来到了。罗斯福总统实际上看到了这个历史大势，在加强联邦政府的力量，尤其是干预经济的能力上，做了许多努力，但是屡屡受挫。他无法得到政府的另外两个分支的支持。

当人们现在赞誉罗斯福总统的目光犀利，在历史重要关头能抓住要害的时候，我也想到，被人们指责为过于保守的最高法院，他们看上去跟不上时代的"拖后腿"的行为，实际上并不是毫无意义的。在飞速变化和产生重大改变的时刻，是必须有人在那里"拖一把"的，必须有那么一个减速器的。这个减速器就是在社会迅速变革的时候，必须有人再三推敲，新的改变和最基本的原则之间是否契合以及怎样契合。

联邦政府权力的有限制的适度扩大，是造福美国人民的，联邦政府权力的无限扩大，是会吞噬美国人民的根本利益的。因此，三个分支的历史任务不同，他们在历史转变时期，反应的不同也应该是必然的。

罗斯福总统

正是这样的"平衡和制约",这样几个分支互相牵扯的迟缓变革,才保证了变革的平稳,更重要的是,它使得这个国家既不断出现全新的历史面貌,又保存了人们最本原的基本理想。

在这个制度下,罗斯福总统并没有能够大刀阔斧地成功,但是,只要他的努力是顺从历史潮流的,那么他的一些理念,都会在后来一步步逐渐得以实现。这里还有一个关键,就是对于任何一个理念,不论是推出这个理念的一方,还是持谨慎态度、甚至持反对态度的一方,他们的争执必须是理念的争执,而不是打着某种旗号的党派之争或政治利益之争。对于这一点,美国人始终持高度警惕。

从1937年开始,美国最高法院终于同意联邦对经济有管制的权力。对于美国人,这是相当大的对政府的一个让权行为。美国人的概念是这样:权力本来就都是属于人民的。由于共同生活的需要,他们达成契约，出让部分个人权力，给一个共同的管理机构，即地方政府。而联邦政府的权力，是由地方政府出让的，从根本上来讲，是大家为了共同利益或者说绝大多数人的利益，而出让的一部分权力。所以，人民有权对此斤斤计较。他们必须确保基本权力还是留在自己手里，而不是在某一个借口之下，被一个高度集权的政府喧宾夺主，控制一切。

布鲁诺告诉我们，政府干预经济之后，他的感觉就是生活发生了相当大的变化。最大的变化还是福利和税收都同步增加。也就是随着工业社会的发展，美国人终于达成一个新的契约。大家拿出一笔钱来，在一部分经济出现问题的时候予以支撑，在一部分人发生困难的时候予以补助，也借以稳定这个大家共同生活其中的社会。

布鲁诺说，在他小的时候，银行开门的时间很长，尽量争取客户，但是，在经济萧条的时候，大量的银行倒闭，使得许多人一夜之间失去一切，非常没有安全感。现在我们所看到的美国银行，都是由联邦政府联保的。银行依然是私有的，但是它的运作受到法律的监督。普通民众的安全感强得多了。

布鲁诺还回忆到他小的时候，美国的老人除了用自己的积蓄养老之外，还在一定的程度上依赖孩子的经济援助。社会是不承担这方面的福利的。但是现在的美国，老年人的生活基本上完全依靠社会的一套福利制度。子女不必再承担父母的生活。他是一个普通的退休工程师，辛勤工作了一生。他现在常常觉得自己的生活状况，甚至并不比正在工作的年轻人差。这只是一个普通美国老人从自己的生活中所感觉到的变化。

政府依据法律对劳资关系的干预也是三十年代大萧条以后才逐渐深入。美国人传统上把劳资雇佣关系看做双方的自愿合约，任何一方随时可以中止合约，"炒鱿鱼"和"跳槽"容易得很。做老板的认为这没有什么不公平，你要感到不公平你也可以自己做老板呀。但是现实生活中，劳资关系中劳方经常是处于弱势的。所以法律就对此做出平衡。现在的法律保障工人组织工会的权利，罢工的权利，并有组织地和资方谈判，而法律对资方则做出一些重要的限制，尤其是雇工和升迁不能歧视，工人的安全健康要得到保障。

我在失业的时候对此很有体会。老板只用了半分钟就突然宣布我被解雇了，顿时生活无着了。美国同事说，找劳动部去。在州劳动部设在我们这个小城市的办公室里，一位黑人官员给我看了老板解雇我所写的理由。老板当然要找出一些理由来，因为弄不好他会惹上一场官司。这位官员问我有什么要说，我说我不认为我有什么过错。然后这位黑人官员只用了五分钟就在计算机上打出了他的评判，平静地向我宣布：法律规定，雇员如有过错，证明的负担在雇主一方。现在雇主没能提出证明，雇员就没有雇主所说的过错。所以，你将有权领取失业保险金，尽管雇主是否雇用你是他的自由。失业保险是雇主平时必须依法为所有雇员交的。这一失业保险让我有半年时间生活无忧，到了美国后第一次可以成天坐在图书馆里！你看，这个时候政府出面为弱者说一句，对穷人是很要紧的。

联邦政府干预经济，对美国的影响当然比个人生活中的体会要深远得多。整个美国的面貌不再相同。这使得劳资关系变得缓和。在发生冲突的时候，有了更多更成熟的取得妥协的方式。整个社会的经济不再像一匹放纵的野马。几个月一次，由美国联邦储备委员会宣布利率的升降。我们有时候觉得，好像联邦储备委员会主席的威严甚至在总统之上，他的一句话会立即引起全球的股市大波动，总统都没有这样的威风。但是，我的经济学教科书上又说，尽管几乎所有工业化国家在1900年以前就建立了中央银行，美国人却一如既往地对任何中央垄断机构深感疑虑，所以根据1913年的联邦储备法建立的联邦储备系统，美国的中央银行系统，居然设立了不是一个中央银行，而是分散在全国十二个联邦储备区域的十二个联邦储备银行。我现在钱包里的几张一元美钞，就分别是亚特兰大、纽约、波士顿、里奇蒙和旧金山的联邦储备银行印的。这样重复设置不浪费吗？但美国人几乎是习惯性地觉得分散让人放心一些。

然而，这一切都是有正负两方面的效应的。例如，福利的增加就必然导致税收的增加。而且，它们往往不是量入为出的。稍一疏忽，只要一眨眼的工夫，福利支出飞速增加，政府预算赤字也会突然失控。联邦政府越大就越难把握。经济干预本身就是非常复杂的，时时会遇到一个是否适度的问题。

联邦权力扩大，曾经因为美国最高法院的质疑，迟迟没有迈入一条本质性转变的门槛。但是由于一个农业社会向工业社会的转化，引起的社会本质性变化，使得这道门终于被突破。一经突破之后，联邦政府权力的扩大和联邦政府本身规模的膨胀，其速度都是惊人的，甚至是不以人们的意志为转移的。

美国民众终于有机会亲眼看到了建国者们当年忧虑的理由。政府就像是大家亲手喂养的一个怪兽，它的自我扩张能力是它的主人根本无法预料的。

这种联邦权力的扩大，引起了越来越多的美国人民的不安。1992年中期选举的结果也在一定程度上反映了这种不安。因为美国的共和、民主两党，它们对于政府规模的基本态度和意志是不同的。共和党是一向呼吁缩小联邦政府权限,把权力还给各州的。而相对来讲,民主党则更倾向"大政府"的作用。

然而,各州的自治权力,是美国的"权利法案"的重要内容之一。美国宪法第十修正案规定,"凡宪法未授予合众国政府,又不禁止各州行使的各种权力,均保留给各州政府和人民行使"。维持各州作为一个"国家"的独立自治权,从一开始就是美国人所理解的自由的一个重要部分。

因此,在我入学以后的第一堂法律课上,我的法律老师说的第一句话就是,你们同时是两个国家的公民,你们是美利坚合众国的公民,也是你们所在的"小国"的公民。他认为,你们要学美国法律,这是必须掌握的第一个概念。

在这个基本概念之下,各个区域的美国人获得了选择自己的生活方式的自由。这些作为合众国成员国的"州"共同约定,只有非常基本的一些问题被确立为联邦法律,也是作为成员国的"州"不能违背的共同法律。例如,犹他州的摩门教,在他们的教义里是允许多妻制的,但是,他们必须遵从一夫一妻的联邦法律。

但是,在绝大多数牵涉到生活方式的问题上,联邦政府是无权干涉的。每一次大选的时候,实际上,选民除了投票选举总统和议员之外,他们还必须对他们所在的州的许多提案进行投票。例如,他们投票决定,是否愿意在自己州的范围内发行彩票,甚至开设赌场。美国的赌场都设在有限的几个地方,就是因为其他州的人民,在赌场的高收益和平静的生活之间,宁可选择后者。实际上,这就是他们在以投票的方式决定自己的生活方式。联邦政府是无权决定在哪里开设一个赌场的。

对美国人来说，本来所有的权力就都是他们自己这些小国家的。是联邦政府的成立，使得大家出让了一部分权力。因此，联邦权力如果无限扩大，就意味着他们将失去自由。因此，合众国的存在和联邦政府的存在，只有在一个前提下是必要的，那就是，这种联合以及联邦政府的工作，使得各个州都能够在不失去自由的前提下，获得联合所带给各州人民的好处。所以，美国始终在一个如何"平衡"的讨论之中。不同的时代，也给这种平衡带来不同的问题。

尽管在我们的眼中，美国已经是一个地方非常高度自治的国家。但是，在这里，从建国一开始到现在，争论的最大的一个问题还是，联邦政府到底可以有多大的权力？始终还在为联邦与州的具体权力划分，不断地在那里探讨。这种充分讨论本身就是很重要的，国会也就成了提供讨论的一个场所和各州民众表达意愿的渠道。

正是这种意愿表达渠道的畅通和充分自治的基本满足，使得从南北战争以来，美国得到了最大的安宁，没有一个州愿意独立。因为，如果它们能够基本上按照自己的意愿和方式生活，又能够得到合众国联合和强大带来的利益，又有一个联邦政府在照应那些麻烦事，省了它们许多麻烦，这又何乐而不为呢？

这样的五十个州，也就是五十个小国家的联合，也是人民之间的一个契约。它的稳定依靠它们联合的共同利益的存在，而不是依靠强权和武力把它们留在这个联邦之内。因此，如何及时反映它们各自不同的声音，如何在合众国中时时能够争取它们各自的利益，这都必须通过选举制度来保证。各个地区所选上去的国会议员，必须确保是他们所属的地区的民意代表。

今天的美国人，每个人手里都是相同分量一票。所有的普通人都握有直接选举的选票,他们手里的选票,直接决定了总统的人选,直接选出了在国会中代表他所在的州的参议员,也直接选出了在国会中代表他所在的选区的众议员。甚至直接以投票的方式决定了一些重要的提案,而不是由国会议员替他们做主。

历史上,有关直接民主和间接民主有过许多争论。现代科学技术的发展使得这个问题有了新的解决方式。由于计算机和通讯技术的发展,直接民主的适用范围已经不再限于"小国寡民",不再意味着人们必须聚在一个广场里,在"群体效应"的影响下,可能是晕晕乎乎地投出一票。在美国,随着技术的发展,直接民主的比重正在逐步增大。

美国选举制度的设计,必然的结果就是给国会带来了全美国不同地区民众的不同声音。这也必定使得国会从此"会无宁日"。他们必然会不停地激烈争辩,永远没有一个统一的声音。他们也必然要为了共同的利益协调和妥协,然后又是新的矛盾、新的妥协。美国国会永远不会看上去谦和一致,但是,美国却正因为如此而平稳统一。

在国会大厦里,我为美国人这种使不同的意志和理想妥协共存的能力感叹不已。国会大厦的大厅里,陈列着众多华美的雕塑,那是国会决定让每个州议会送来的本州英雄的塑像,每州两座。这样,出了不知多少英雄人物的弗吉尼亚送来了南北战争中的"叛军",即南军的著名将领李将军的塑像,而密西西比州送来的居然有南北战争时南方自己的总统杰弗逊·戴维斯的塑像。他们和美国其他大智大德的历史人物的塑像在一起,毫不逊色。除了规定每州可以送两个塑像之外,还有一些塑像,是国会决定树立的"联邦英雄",例如,著名的黑人领袖马丁·路德·金。

我现在还是回到两年前的中期选举。一般认为,一旦国会席位的局面改变之后,也会有一个惯性,共和党占领的多数议席状态也会持续一段时间。但是,如果长期的局面发生大的突变,总是有一定的原因。外界评论多半把这个原因寻根溯源归到克林顿那里。

对于那次中期选举的结果,克林顿自己也十分沮丧地出来表示,民主党失去四十年来的多数议席,他具有无法推卸的责任。说白了,就是在克林顿开始的两年中,他的总统没有当好。如果在那个时候,你提出今年大选结果的预测问题,大概很少有人相信克林顿会取得连任的。

首先是"旅行门"和"白水门"确实造成很强烈的冲击。因此而反映出来的整个白宫的作风,给人的感觉很不舒服。第一夫人希拉里在白宫的比重也使人琢磨不透。克林顿在竞选期间最大的诺言——医疗制度改革,甚至都没有被他所属的民主党还占着多数席位的国会通过。克林顿在这一个阶段,不乏给大家提供种种疑点和"靠不住"的感觉,却没有在政绩方面有什么突出的举措。只有经济恢复的形势已经比较清楚,虽然缓缓迈进,但是已在路途之中。

这位年轻的总统在竞选时表现出来的勃勃生气,和当选之后所表现的不成熟,形成了一种令人疑惑的联系。人们怀疑,这位美国的第一个"婴儿潮"总统,是不是还"欠火候"?人们是否还是应该更倾向于一个稳健的风格?这次中期选举,可以说是美国民众给了两个政党一个很强的信息。然而,如何去理解和消化这个信息,两个政党却得出了完全不同的结论。也正是这种不同的解读方法,终于使得美国今年的大选局势又发生了一个逆转。

中期选举之后的共和党可以说是完全陶醉在胜利之中。在中期选举之前,他们提出了一个名为"与美国契约"的目标方案,其实就是一系列法案，许诺如果美国人民让他们在国会中占多数，他们就将在限期内实现这些目标。此后他们宣布完全如期完成。尽管后来有的人指责他们只是有折扣的实现目标，但是，也并不否认他们至少完成了其中的一多半。这一切，都如同给了1992年失去大选的共和党一剂强心针。

中期选举之后的一年里，共和党丝毫不怀疑他们即将在不久之后的大选中，夺回暂时被克林顿夺去的总统桂冠，毕竟，在此之前的十二年里，都是共和党人担任总统，他们觉得自己完全有理由相信，克林顿的上台是近年来的一个偶然事件，是民众被克林顿的巧舌所迷惑了。而这一次中期选举，真正反映了民众的觉醒。

有一项提案略为扩大了总统的权力，一般来说，这样的提案都是要经过非常吃力的反复才会得到国会的通过，但是，这一次却通过得十分顺利。新闻界普遍认为，这是因为共和党议员们坚信他们马上就要回到白宫，才通过得这么"痛快"的。此刻，共和党给外界的印象几乎是喜形于色。

然而，这些获胜了的共和党政治家们，几乎已经忘记了在一旁静静观望的，看上去土头土脑的美国老百姓。他们在想些什么呢？这种忘却，哪怕是十分短暂的忘却，有时也是致命的。因为，大选的选票还都捏在老百姓们的手上，还没有投出去呢。

共和党占据多数席位的国会，确实使得克林顿第一任期的最后两年显得十分艰难。他和国会之间的关系始终非常紧张。在立法问题上，白宫和国会经常发生意见不合。对于国会试图通过的法案，克林顿也一连否决了好几个。

根据美国宪法的设计，总统对于国会自行提出通过的法案所具有的否决权，也是平衡与制约原则的一部分。处理由人的因素参与其中的制度设计是不可能完美的，只能说是要尽可能完善。否决权的设计还是很有道理。因为虽然国会更多地体现了民意，但还是可能产生偏激和异化，而国会手中的立法权又是非常大的一个权力。

因此，除了我们前面提到过的，最高法院对于国会立法有一个司法复审权之外，总统也有一个对国会立法的否决权，但是，这个否决权并不是绝对的。如果把对立法的绝对否决权交给总统，总统的权力又显得太大了。所以，总统否决之后，国会还有一次机会强行通过这项法案。

但是，国会第一次通过一项法案的时候，只需要半数以上的赞成票，而在总统否决以后的强行通过，就需要三分之二的赞成票了。在一般情况下，国会取得三分之二的赞成票还是相当困难的。但是，如果总统的否决绝对没有道理而很不得人心，那么三分之二的赞成票也是完全可能的。就在这样的反复推敲之中，最终被确立的法案也就比较顺应民意了。

然而，如果白宫和国会这两个分支发生过多的冲突，这也是不正常的。在这个时候，由于他们之间的争论是公开的，民众对于问题究竟是出在哪一方，也会有一个他们的判断，这种判断也会在大选的时候被选票反映出来。

其中国会与行政分支发生的最大的一个风波，就是去年年底的美国政府关门了。记得当时我正在给你写信，也随便向你谈到了美国人对于"政府关门"处变不惊的态度。他们早就习惯了这种政府的两个分支产生对立的状况。

那一次的"政府关门"是由"平衡预算"的问题引起的。就是我前面提到过的，里根时代实行的"寅吃卯粮"经济政策，当时给美国带来了繁荣，而留下的最大后遗症就是天文数字的政府赤字。必须消除这个后患，达到政府的平衡预算，已经成为全美国人民的基本共识。因此，在这个问题上，民主、共和两党并没有什么分歧。

问题在于，如此庞大的赤字一时半会儿是根本解决不了的，必须在政府的开支预算中逐年扣除出来。那么，怎么扣，减少哪些方面的开支，减少多少，分几年扣清，当然都成了问题。

说实在的，美国政府的预算到了每年都以几千亿美元计的地步，这时候，他们之间的争论又是在几十亿美元的上下，你让老百姓怎么算得过来？老百姓怎么可能判断出个谁是谁非呢？这时，民众基本上是在依赖这个制度。依赖于白宫和国会这两个分支的互相监督。这两个分支都有大量专家组成的预算委员会，尤其是国会的两党结构，使得两个分支必定要做出认真测算，不致产生勾结而有意挥霍纳税人的血汗钱。

结果，克林顿和以共和党占多数的国会，在去年年底，他们双方的预算始终无法达成一致意见。由于政府行政分支的所有年度开支都必须由国会通过预算，才能拨出钱来，所以尴尬的僵局终于形成了。行政机构一年的钱花完了，拨钱的时候到了，预算却没有通过，当然钱也就拨不出来了。政府的所有行政机构，除了实在关不得的少数机构之外，其余一律由于没有经费没有工资而关了。当时正值圣诞节，克林顿总统十分狼狈地自己掏钱付电费，才使得首都华盛顿著名的"第一圣诞树"的彩灯没有熄灭。克林顿因此而产生的麻烦当然不只是为"第一树"支付电费。

所谓的政府关门，基本上就是克林顿手下的行政这一摊关门，关门之后庞大的政府雇员队伍拿不到工资,给民众也带来巨大的不便。所有的国家公园、国家博物馆等著名旅游点全部关闭,游客怨声载道,旅游点周围私营的服务设施也全都没了生意。领事馆签证停止,影响商人出国经商,甚至影响到国外。停止签发出口许可,造成出口商巨额出口损失等等。这些压力当然直接落到问题发生的部门,也就是落到克林顿的行政分支头上。

美国民众并不认为政府关门就一定是什么了不起的事,可是,由于这些具体问题激起的民怨,很自然是先集中到克林顿那里。然而,这个僵局维持的时间太长了,民众也开始试着琢磨这场政府停摆的门道。

那么,在这场行政分支和立法分支的重大分歧中,美国民众既然对于几十亿美元出入所造成的是非很难判断,那么他们究竟如何拿出他们的意见呢?这个时候,新闻界起了相当大的作用。

新闻界一方面竭尽全力向民众解释这几十亿美元的分歧所在,另一方面对于政府这两个分支紧紧地跟踪报道。几乎每天都要报道双方的谈判进展和发表的谈话。每天,大家都在电视里看着这两拨人,是如何在解决国家遇到的这个难题。

克林顿当时的确已经不堪重负。政府关门所引起的全部问题,他都必须设法解决。我们前面已经提到过,美国是没有总理这个角色的,所以克林顿就得自己想办法担着了。为了应付"内困",他甚至取消了极为重要的出访计划。当时,国会谈判中最"露脸"的,就是当时共和党在参众两院的领头人杜尔和金格里奇了。杜尔则在今年最终被共和党推选为总统候选人,成为克林顿的竞选对手。可是,人们在电视里看到,杜尔和金格里奇在预算谈判破裂之后走出白宫,却是一副喜滋滋的模样。正是这副藏不住的笑容,使人们渐渐开始对他们的"监督"诚意心存疑问。

结果,人们证实这种疑问不见得就完全没有道理。新闻界终于披露,众议院议长、共和党的金格里奇承认,他们送交克林顿的一份维持政府临时开支的法案,确实比较"苛刻"。原因之一居然是嫌克林顿在前往以色列参加拉宾葬礼的飞机上,没有对他和杜尔表示充分的礼貌。这个"不礼貌"不仅包括没有在飞机上主动和他们讨论政府预算的问题,也包括在下飞机的时候,他们没有被安排从飞机的前门下机,而是从后门下的飞机。

这条消息一经证实,很多美国民众对这个"政府关门事件",反而开始偏向于他们原来所抱怨的行政分支。尽管,这个预算之争,根本上还是反映了两个政党对于联邦政府的规模、联邦与州之间权力财力划分的重大分歧,应该说,还是各有各的道理。最终的解决也还是依靠双方的妥协和让步,达到一个平衡。但是,在解决这个争端过程中,共和党时不时表现出来的过强的党派性,在一定程度上摧毁了民众对他们的政治诚意的信心。

一个政党提出一个被人们所赞同的政治理想当然是重要的,而他们提出一个理想的目的,究竟是真正为公共利益服务,还是为藏在他们身后的政治利益服务,这也是美国民众时时关心的一个问题。在这次一个月内美国政府两度关门,而且关门事件长达近一个月的风波中,共和党在国会的两个领袖所表现出来的过分党派性,成为大选前共和党声望下降的一个转折点。这种过度的党派表现,也许也反映出共和党在中期选举后的胜利气氛中,一直没有真正清醒过来。

然而不论是什么原因,在美国看上去似乎是不可捉摸的民意,也不是丝毫没有道理的。至少是政治家们不可忽略的。此后的大选民意测验中，共和党候选人杜尔的声望虽然由于各种原因时上时下，却再也没有达到过一个满意的民众支持率。中期选举成了共和党昙花一现的胜利花朵。

相反，克林顿总统在中期选举民主党失利之后，好像是认真进行了一些反思。一方面他开始走向稳健，白宫的那群"顾问们"部分离任，留下的似乎也随之有所约束。另一方面，克林顿开始不再考虑一下子抱个大金娃娃，一下子做出"医疗制度彻底改革"这样过于复杂的大手术。而是谨慎地与国会合作，一小步一小步地推出一些切实可行的立法。例如在同样的医疗制度改革问题上，他和国会取得共识，先通过一项立法，使得离开原来工作岗位的人，可以保留原来的医疗保险，而不必重新申请。立即有大量民众直接受惠。

同时，经济的复苏在今年大选之前已经形势十分清楚。尽管克林顿总统依然受到已经发生的诸多案件的困扰，但是，这些事情基本上发生在他1992年当选总统之前，或是当选之后的最初两年，在中期选举之后，已经不再像过去那样频出状况。例如"档案门"的曝光是在今年夏天，但是，事情是发生在两三年之前。在中期选举之后，外界普遍感觉，在屡屡碰壁之后，1992年初入白宫时的克林顿春风得意的模样已经一扫而光，步子迈得稳多了。

中期选举之后的第一夫人，也似乎开始重新给自己定位。有一次，我们和一个美国朋友谈起克林顿的诸多麻烦，我们问他，你觉得在那些给克林顿带来麻烦的案子里，哪一个是最难对付的呢？他笑笑说，给克林顿带来最大麻烦的是他的妻子希拉里。

确实，在克林顿所钻进去的那些"门"里，时时刻刻都可以看到希拉里的影子。在国会调查和司法调查的时候,甚至往往第一夫人所占的分量比总统还大。尽管至今为止,还没有确切证据表明希拉里有什么违法行为,但是,各种疑点几乎像影子一样,一直跟在她的身后。这实在不平常。我们可以回想一下当初的"水门事件",事情闹得再大,也没听说有尼克松夫人什么事儿。

在美国历史上,希拉里确实是一个很不一般的第一夫人。似乎同克林顿一样,这个第一夫人也象征着一个"婴儿潮"的新一代。在耶鲁大学读书的时候,她已经是"水门事件"调查中的一名司法助理。在成为白宫的女主人之前,她曾被评为全美最出色的一百名女律师之一。

在克林顿进入白宫之后,我看到过这样一个笑话。说是在克林顿当选总统之后,他们夫妇有一次外出,在加油站加油时,他们遇到过去希拉里的一个追求者,此刻他正是这个加油站的老板。走出加油站之后,克林顿就笑着说,幸亏你嫁给了我,否则,现在你就只是一个加油站的老板娘,而不是美国第一夫人了。希拉里回答说,那可不一定,如果我嫁的是他,没准儿今天的美国总统就是他而不是你了。

这个笑话的作者大概是克林顿的一个反对者。他既影射了希拉里可能在影响白宫的政治生活,又嘲笑了克林顿的无能,是靠着夫人才有了今天。可以说是一箭双雕。笑话当然只是一些反对克林顿的人的情绪表达,但是这个笑话也反映了克林顿执政的前两年中,希拉里在民众心中非常突兀的印象。

在克林顿的第一个任期刚刚开始的时候,他们自己也吃不准将如何处理这个第一夫人的位置才是恰当的。人们可以感觉到,克林顿也强烈地意识到自己是新一代的总统,他好像很想开创出白宫一个新的风貌。他有一个公认的能干的妻子,为什么不让她在这四年之中也发

克林顿当选后,任命希拉里主持医疗改革特别委员会

挥一些超乎常规的作用,也一显身手呢?

于是,希拉里在克林顿一上台之后,就令人瞩目地被委以主持医疗改革的重任,频频作为一个重量级人物在公众场合曝光,吸引了很大的注意力。当然这样的安排,引起不少的攻击,但是,一开始,许多人都持观望的态度,甚至也有不少人乐观其成。

最终,医疗改革并没有成功,希拉里带着一帮人辛辛苦苦搞出来的改革方案过不了参众两院的关,白白辛苦一场。但是,对于第一夫人希拉里的逐渐不满,却和医疗改革的失败没有太大的直接联系。人们更多的疑惑还是来自希拉里在"旅行门"、"档案门"、"白水门"中所扮演的角色。尽管至今为止,还没有确切证据认定,但是,从已经公布的一些证据中,尤其从"旅行门"公布的一些材料中,人们倾向于相信希拉里在白宫中管了一些超出她的职权范围的事情,对这些事件负有或多或少的责任。

我不知道克林顿夫妇是如何重新思考这一切的。但是,相信围绕希拉里所发生的一切争论,并不能完全归咎于美国民众对于第一夫人形象的保守要求。在美国,总统第一夫人确实有一个大家所习惯的贤妻良母的传统形象。但是,时代在发展,人们也逐渐理解,像希拉里这样的"新女性",你要求她在克林顿可能是整整八年的任职期间,完全浪费自己的能力和放弃自己的事业追求,彻底成为克林顿总统的一个陪衬,似乎对她也不公平。

尽管历来的惯例,美国的总统夫人就是一个不支薪的总统秘书。然而,希拉里承担诸如医疗改革这样一个具体的工作,不论成败与否,人们都有可能接受。但是,她必须有她非常清楚的职权范围。克林顿处理希拉里位置的失败,并不在于她领导了一次失败的医疗改革计划,而是,他没有使民众建立起这样的信心,相信第一夫人不会在白宫的政治生活中不恰当地四处插手。

所以应该说,克林顿总统试图对于美国第一夫人形象做一些改变,并不是一件不能为民众所接受的事情,只是这样的改变一开始就走得不够谨慎,使得人们对于夫人过度参政的疑惑压倒了一切。

在事情已经到了这一步,希拉里已经成了公众对白宫不信任的因素之一的时候,总统夫妇检讨之后所能够做的,大概只有"矫枉过正"了。中期选举以后,希拉里竭力回到传统的白宫女主人的角色,致力于妇女儿童事业,大力修正形象。她在报纸上开辟的专栏,经常谈到她的孩子和家庭生活。她甚至潜心写作和亲自朗读制作了一部有声图书《集全村之力》,教育人们如何养育子女,在书中,她也大谈自己养育女儿的经历。情深意切,使人闻之动容。尽管还是有人攻击她的这种变化是"做姿态"。但是,她的"有声书"十分畅销,这本书刚出来就赚了四十万美元,她把它全捐给了慈善事业。克林顿总统改变作风的另一个重要部分,是他开始在他宣扬的政见里,吸收一部分共和党的主张,也就是更多地考虑妥协。在改革福利制度等问题上,他终于和共和党人占多数的国会达成一个协议。福利制度也是一个涉及面广,一直需要不断调整的复杂问题。

在发达国家中,美国的福利一向是低得出名的。但是也有很多人相信,这是美国充满活力的原因之一。然而,具体制定福利制度的分寸,一直是非常艰难的事情。在这个问题上,我甚至觉得,听政治家们的辩论往往是没有意义的。因为在他们宣扬自己主张的时候,往往是强调一个侧面,听哪一面都是振振有词。而实际上,这却是一个寻找平衡点的困难的"技术活儿"。

福利过紧,影响大量底层民众的生活,福利过高,经济不发展,最终也是损害大多数人的利益。这实际上不是什么美国问题,找出福利的平衡点是全世界各个国家都伤透脑筋的事情。最终,平衡点的确定往往还是依靠实践的结果,实行一个时期,根据结果再做调整,但是已经在实行的政策都有一个强大的惯性,要做出调整都不是轻而易举的。尤其是要把过高的福利调下来的话,立即涉及已经在原来的制度中受益的千家万户,你很难说服人们为了一个构想的长远利益,而放弃他们已经得到的"胜利果实"。

因此在事实上,主张提高福利的一方总是更容易受到底层民众的欢迎。克林顿以前所留给人们的印象,在福利问题上,是比较坚决地站在穷人的立场上,赞同政府的大幅度干预。当然也颇有蛊惑民众之嫌,这也是共和党提到克林顿非常不屑的原因之一。因此,在大选之前通过的美国福利制度改革的法案,看上去像是克林顿向中间路线迈出去的较大一步。因为在这个福利改革中,一些已经被联邦政府掌握多年的福利经费和权力都还给了各个州。因此,人们相信克林顿在签署这个福利改革法案的同时,也在修正过激的联邦"大政府"的观点。

总之,四年一度的美国总统大选逼近了,美国主要的两个党派,共和党和民主党都在顺着自己对于民意的了解往前走。谁的理解正确就必须在大选的时候见分晓了。在美国这样一个民众散漫的国家,要琢磨准确民意,真还是要费一番工夫呢。

今天就写到这儿。

祝好!

林 达

扑朔迷离的民意

卢兄：你好！

今年的美国大选终于临近了。我想最后给你谈谈会有一些什么样的因素，影响美国的民众选择。之所以我直到最后一刻才提这个，显然是因为这个话题很吃力。

你一定记得，去年我试图给你介绍美国的时候，一开始就介绍了美国的移民大背景，以及来自全世界的人们共同在一起生活，是多么的洋洋大观。

美国人有着不同的肤色、发色和"眼色"，有着不同的语言、文化背景甚至与国籍无关的故土认同。同时，他们又生活在一个除了遵从法律，不要求任何思想统一的国家。在这样一个地方要搞竞选，要琢磨出选民们会以哪一个指标作为首要考虑的因素，真可以说是一门大学问了。不要说我看着这样的话题感到吃力，就连总统候选人和他的竞选专家们，有时都会不知如何下手为好。

比如说，我去年向你谈到过的我们的一个修士朋友弗兰西斯。在今年大选的时候，我们问到他投票的情况。他告诉我们，在他的那个修道院里，除了他之外，所有的人都是投共和党候选人杜尔的票。为什么呢？理由完全是因为共和党主张反堕胎，而他们这个修道院是属于天主教的，这些虔诚的天主教徒又都是坚决反对堕胎的。就是这么简单。

在他们面前，克林顿总统所有在经济上的努力，在各个重大内政外交上的政策方针，统统化为乌有，他们只有一个简单的宗教信仰的出发点。然而，他们手里也人人各有一票。

那么，弗兰西斯为什么投了克林顿的票呢？这是因为在美国，一般的教会对自己的信徒并没有什么控制。他们出于共同的信仰聚到一起，教堂向他们宣讲该教派的教义，但是，并不强迫和控制信徒。教堂是社区民众的社教场所，在社区生活中起着非常重要的作用。因此，即使在天主教的修道院里，到了该投票选总统的时候，还是大家根据自己的选择去投票站投票。事先都不对修士们做任何选举的劝导。他们完全可以自行其是。弗兰西斯从宗教信仰的角度，也反对堕胎，可是，他觉得选总统还是需要一个综合权衡，所以他做出了选克林顿的选择。有趣的是，其他的修士其实也知道弗兰西斯是投克林顿一票的，却并没指责他违反教规，我们只看到跟他较要好的修士善意地拿他这个自由派修士开玩笑。尽管有他这样一个修道院中的特例，我们还是看到，信仰的考虑对大多数教徒起了相当大的作用。

你不要以为这是一个不寻常的情况。美国的教堂之众、教徒之多，都是远远超出我们的想象的。据美国公民自由联盟的统计，美国有一千五百个不同的宗教实体，三十六万个教堂、清真寺、犹太教堂或佛教庙宇。而且，教徒的多，还不仅是人数上的多，还有教派品种上的多。比如到处可见的基督教浸信会，大约有七十五个不同的派别，很少有人能弄清这中间的区别，但大部分人都知道有南方浸信会和北方浸信会的区分。根据六十年代初的调查，有百分之九十的美国人宣称他们信仰上帝，百分之四十说他们每日崇拜上帝，百分之六十三的人是教堂的成员。经过六十年代的大变迁，情况有了很大的变化，但是专家们说，宗教信仰的基本趋势是社会因素中十分稳定的一种成分。估计大部分人仍然相信他们是有宗教信仰的，所不同的恐怕是宗教信仰更宽松更宽容了。

宗教和迷信是两码子事，不可混为一谈。据最近的研究，百分之四十的美国科学家认为自己是信神的，而且这种信仰帮助了他们的科学生涯。我的朋友戴维的父亲是浸信会教堂的神父，他却不上教堂了，他说他跟他父亲去教堂去得太多了。可当我问他是否是基督徒时，他沉吟片刻，清楚地给了我肯定的回答。我还有一些很自由派的青年朋友，他们却也按照基督徒的规矩在就餐前祷告，只不过祷告的内容有了世界和平、保护地球、万物昌盛之类的理想。很多美国人有自己在宗教或人生信仰上的一些思维定向，往往正是这些信仰的问题决定了他们选总统的问题。

你也不要以为，堕胎问题在这里仅仅是一个与天主教信仰有关的问题。堕胎问题在这里，几乎是一个人人关心的、构成一个人的基本立场重要部分的问题。而且在这里，有关的讨论是非常激动的、动感情的，甚至引起了过激行为。这绝对是美国的总统候选人不敢忽略的重大议题。

可是，在如此多样化的一个美国，也有一些大的趋势。这些大的趋势可以帮助我们理解美国大选,也可以帮助我们理解这个国家。

首先我们看到,美国的大选,基本上选来选去,都在共和党、民主党这两个大党之间做选择。究其根底,美国的这两个大党实际上并不像有些国家的政敌那样,存在"走什么道路"这样的重大分歧。美国的两大政党根本上的理想是颇为接近的。因此,才会产生这样的现象,就是大量的民众在选举的时候游离于两党的候选人之间,往往是某一点并不大的偏差,就使他们改变了投票的方向。就像我前面谈到的那些修士们,他们认为,不论是克林顿还是杜尔当选,美国还会是那个美国,只是在堕胎的问题上,会有本质的差异。

在这里,对很多人来说,是民主党还是共和党当政,虽然有所区别,但是,绝对不会有翻天覆地的变化。对于这两个政党来说,失去大选也并不意味着丢失了江山。他们之间根本不存在"生死存亡"的斗争。这两个政党都认同宪法,都崇尚这个国家最根本的自由理念。因此,你可以看到千变万化的美国表象,然而对绝大多数的美国人来讲,尽管有些人他们在人生的半途才加入这个国家,这个国家建国时的基本精神始终还是他们追求的目标。

美国这两个大党的区别只是在于如何实现这样一个目标。那么,这两个大党的主张,也就基本上代表了民众中的两大思考方式的归属。这就是我们在美国时时可以听到的所谓保守派和自由派。一般认为,美国的共和党代表了民众中保守派的趋势,而民主党则代表了自由派的趋势。但是必须解释的是,不论是保守派还是自由派,从名称上来说,都和我们在中国所通俗理解的"保守"和"自由"并不一样。最关键的是,这两种叫法在美国都没有任何褒贬的含义在内。

还必须说明的是,我在这里所谈到的自由派或保守派,只涉及美国一般平民的思维定向的差异，我并不是在这里讨论学者们所研究的派别和观点。你知道我没有这个能力，去探讨上升到学问研究的领域。

既然有这样的基本分野，为什么还是令人困惑呢？因为这里面还是十分复杂。就是同一个保守派，还有激进与不激进之分，激进的也有程度之分。更有大量的人，他们基本赞同某一派的观点，但是又在一些问题上，赞同另一派。

尽管很难把这样一个与人的思想方式有关的复杂问题彻底搞清楚，但是，对美国人天天挂在嘴上的保守派和自由派有一些基本了解，还是非常有助于对这个国家的了解和对美国人的思维方式的了解，也有助于对参加竞选的美国两大党的了解。因为竞选之争说到底还是一个理念之争。

我们在这里待的时间长了之后，有时候开玩笑说起来，觉得自己在遇到一个美国人的时候，不用开口交谈，都能基本上看得出来，这个人是倾向于保守派还是自由派的观点。这两种倾向几乎在生活的各个方面都会表现出来。

我们先找一个简单的切入口，先谈谈我们刚刚提到的堕胎问题吧。我们已经说过，基本上保守派是反对堕胎的，而自由派是赞同堕胎的。这里的堕胎指的都是自愿堕胎，被动堕胎在这里是根本不可能被任何一派考虑的一个问题。可是，一个自愿堕胎问题在美国为什么会成为引起两党之争、民众分野的大问题呢？

刚到这里的时候，我们也非常不理解为什么堕胎问题会在美国变得如此重大。我们是从中国这样一个人口大国来的，在那里人口问题已经像枪管顶到了下巴上，十万火急地等着要马上拿出个高招来控制。根本谈不上再稳稳地坐下来，讨论它所牵涉到的人类本原的一系列理论问题。所以，在我们的印象中，好像这些问题已经不存在，或者从来就没有存在过。我们所讨论的，是一个具体操作的问题。怎么做将能更有效地做到控制人口，或者说，怎么做，才能更合理地控制人口。

美国是一个基督教传统非常强的国家，当然很多人的态度与宗教态度有关，但是，美国人对待堕胎问题，即使是很多宗教信徒，他们也并不是简单的"宗教追随"，而是有自己非常哲理性的思考。这也是我们在和弗兰西斯修士以及他的亲友们的一次聚会上，才第一次真正认识到的。

我们以前一直知道弗兰西斯的反堕胎立场，但是，我们虽然是好朋友，却从来没有深入去讨论过这个问题。因为众所周知，梵蒂冈教皇的立场是反堕胎的，天主教又都是跟随梵蒂冈的。所以，我们把他的立场非常简单地归到了他的"宗教追随"上面。

在弗兰西斯修士的一次亲友聚会上，大家自然地谈到了这个人人都很关心的议题。他的亲戚们基本上都是倾向于自由派的，也都是赞同堕胎的。弗兰西斯在其他的观点上，可以说也是相当自由派的，但是在堕胎问题上，他却有着和大家不同的想法。结果，引起了一场十分激烈的争论。

这时我们才发现，他的观点可以说很能够代表理性的保守派在堕胎问题上的思考。要理解这样的思考方式，还是必须回到在美国《独立宣言》中所表达的美国人的基本理想，那就是"生命权、自由权和追求幸福的权力"。在美国的思维方式中，尊重每一个个人的生命，成为最基本的出发点。

这也是理解美国人对待战俘问题的出发点。美国人从来认为，在战争中当军官和士兵们已经尽力而为，并且陷入绝境，那么继续进行抵抗，只是无端地伤害士兵的生命，是不可取的。因此，在这种情况下，投降是正确的选择。没有人认为这样的投降和成为战俘，是一件羞耻的事情。当一些美国人成为战俘之后，所有的人都会为他的生命和处境担忧，当战俘回到祖国和家乡，绝不会有灰溜溜的感觉，他毫无疑问会受到英雄式的欢迎，就和得胜回朝的将军一样。这些现象都是源于美国人对于尊重生命的基本看法。

基于对同样的人道精神的理解，美国人承认，人有害怕和恐惧的权利。这是自然的，是可以理解的。所以，尽管谁都知道，美国人是最崇拜英雄的，美国电影里充满了英雄的形象，但是，他们并不认为产生害怕和恐惧，是一件可耻的事情。

我们曾经和美国人一起经历过这样一件事。一架联合国维持和平部队的美国飞机在波西尼亚执行任务时，被塞族击落。双方都知道有一名美国飞行员跳伞降落在丛林里。塞族游击队在拼命地设法抓住他。这时，每天大家所关心的最大新闻就是这名飞行员的安危了。最后，在经历几天几夜之后，仅仅根据士兵身上装备的一个简单的信号发生器，美国部队从军舰上派出直升机，追随这个微弱的信号，几乎是在塞族游击队的眼皮底下，把他从丛林中吊了出来。

消息传来，我们看到美国人难以形容的激动。白宫是禁烟的，此刻，只见克林顿高兴地走出白宫，在草坪上抽了一支雪茄，轻松欣慰之情溢于言表。这名士兵回来之后，大家在电视里看到他和总统一起穿过白宫的草坪进入白宫，克林顿特地请他在那里吃了一顿饭。在晚上电视台黄金时段的莱利·金谈论节目中，这名士兵和他的妹妹一起接受了采访。

在整个采访中，最使我们感到不寻常的，就是他毫不隐讳地谈到事情发生之时他的害怕和恐惧。他谈到自己躲在丛林里，塞族游击队搜索的士兵多次就在他的身边走过，他是多么的惊恐万状，直想着自己这下是完了。他表达的只是人类真实的软弱的一面，全美国的人却一起在那里感动得热泪盈眶。美国人能够使崇尚英雄和承认软弱并存的这种思维方式，也是出于他们最基本的对于生命的看法。这种观念已经非常深入人心，已经成了这里绝大多数人能够相处交往的基本依据。

我之所以先扯开了去，谈了一些似乎是与堕胎无关的话题，只是想说明，"生命权"在美国是无处不在的一个重要概念，它已经溶化在人们的血液里。美国人把关怀的极大比重放在儿童身上，实际上也是这种思维方式的一部分。因此，在美国，有的家庭会有意去领养一个残疾儿童。这绝不是罕见现象，有相当数量的领养家庭是这样做的。这在其他地方几乎是无法理解和不可能发生的事情。他们认为，儿童是人的生命中最弱的一个阶段，因此所有的人都应该有责任去帮助这样一个柔弱的生命。而伤害儿童在美国是判得非常非常重的。

最近在美国就发生了一个很轰动的案件。就是一对高中的小恋人，都来自家教比较严的富裕家庭，两人平时都是品学兼优的好学生。意外地怀孕之后，他们害怕家长的责备，一直瞒着双方的家庭。那正巧是他们进入大学一年级的当口，他们离家住校成功地躲过了父母。在大学里，一个怀孕的女孩当然有自己的隐私权，自己不说什么，别人是不会来过问的。在临产的时候，他们住进了一家汽车旅馆，自己生下了这个孩子。然后，由于他们的一念之差，把孩子扔进了垃圾桶。当有人发现这个孩子的时候，孩子已经死了。

现在，这对生活刚刚开始的年轻人，面临死刑的起诉。我曾经告诉过你，在美国死刑是非常罕见的，但是，许多州的法律，对于杀害儿童的罪行就是判死刑。现在，大家看着报纸上这对年轻人的照片，尤其是认识他们的人，当然感到非常惋惜。但是，谁也救不了他们。他们犯的是一级谋杀罪，而且杀害的是一个儿童。

随着这样的思路一路寻来，你才会理解，牵涉生命的堕胎问题，为什么会在这里如此普遍地引起人们的不安。现在，我们再来看美国保守派的观点，就一点没有什么奇怪的了。

美国的保守派认为，胎儿本身已经是一个生命，堕胎就不仅是一个特别的"是否允许堕胎"的问题，而是"是否允许谋杀"这样一个问题的一部分。我跑到这里，第一次听到人们居然把"堕胎"与"谋杀"等而论之，着实怀疑他们思路是不是出了什么毛病。但是，很快我就开始理解他们思维的逻辑性和严肃性。

如果你质疑胎儿是不是一个与婴儿同等的生命，那么，他们确实有严格的科学证据。如果你说界限是在出生之前与出生之后，那么，正像我以前告诉过你的，极端保守派的"谈论节目"指责说，这等于是说，谋杀的合法性只有两英寸距离的区别。他会问你，如果出生之后的婴儿是不可谋杀的，那么，凭什么说，一个即将临产的婴儿就是可谋杀的呢？你确实必须承认这样的事实，临产前的婴儿已经完全成熟，基本上和刚出生的没有什么大的区别。

如果你再把界限往前划，划在早期怀孕和晚期怀孕的区别。那么，现代科学确实也已经可以把一个非常早期的胎儿在体外成功存活了。终有一天，科学可以使一个受精卵完全在体外培育成婴儿，这时，胎儿和婴儿之间的区别根本就不存在了。面对一个连续的生命体，你甚至再也找不出体内体外这样两英寸距离的借口。他们的推论使你无法否认堕胎等同于扼杀一个生命，等同于谋杀婴儿。

于是，问题是，到底是谁有权去扼杀一个像胎儿这样的生命，扼杀一个比儿童，比出生后的婴儿更为柔弱无助的生命呢？是这个生命的父母就应该有这样的权利吗？为什么社会不允许谋杀出生后的婴儿，却能够允许这样的一种谋杀呢？

在那次聚会上，弗兰西斯颇为激动地问大家，如果我们失去了对生命的尊重，我们承认了对生命的谋杀，那么，既然我们同意父母有权谋杀一个胎儿，那么父母是否也可以出于某种理由谋杀一个婴儿呢？比如，他们生了一个他们不需要的女婴，是否有权一生下来就把她给扔了呢？

当弗兰西斯的姐夫举出人口爆炸以后，有可能产生的普遍的生活质量下降的问题，有可能产生的大饥荒的问题，大饥荒也同样要导致大量人口死亡的问题。

可是，弗兰西斯说，从伦理上来说，如果你同意为了某一种理由，比如说，为了让其他人有更多的食物和避免饥荒，类似的这样一种非常实用的理由，就同意谋杀婴儿，那么大一些的孩子呢，甚至成人呢？是否都可以在一个非常实用的口实之下，把一部分人，例如有缺陷的人，被社会认定是坏人的人，都给谋杀了呢？是否就可以允许以谋杀的手段来解决其他人的类似饥饿一类的问题呢？又由谁来为哪些人应该生和哪些人应该死做一个判定呢？

在这样一个逻辑的推导下，在不同程度上同意堕胎的各种美国自由派也很难在同一个逻辑下与之对抗，于是，一般来说，他们是从另一个角度去切入。比如说，这是妇女的个人自由，他人无权干涉。"我的身体，我自己做主"是在赞成堕胎的游行中经常高举的口号。还有一些同意"有限堕胎"的自由派，提出至少一个被强奸的妇女有权不要由此导致的孩子。

在竞选的时候,克林顿总统和副总统戈尔在竞选辩论的时候,就这样绕开。他们说,决定是否要生下一个孩子,这应该是个人隐私范围内的事情,如果一对夫妻,他们决定不生下这个孩子,我们怎么能够以政府立法的形式,一定要替他们做选择,强迫他们生下来呢?更何况,有的患病的孕妇,生育会危及孕妇的生命,在这种情况下,又怎么能置母亲的生命于不顾,而不允许她堕胎呢?

所以,我感觉在这个问题上,美国的两派一直不是正面交锋。

再深入下去,我们的朋友弗兰西斯认为,堕胎是鼓励人类加速从大自然中异化出来的举动。人类本来应该是自然的一部分,可是在发展的过程中,却不断地抗拒自然,人类的异化已经导致了许多物种的消失,现在居然发展到了要扼杀自己的孩子的地步,如果再不加以阻止,人类自身还会有什么尊严呢?还会对什么东西产生敬畏呢?他所担心的,正是人类在伦理观念的一个重大突破之后,在彻底失去对于生命的尊重和敬畏之后,会向着异化的道路迅速奔去。这种异化的后果连人类自己都无法预测。

有关堕胎问题的争论在美国至今还没有结果。现在的法律则是允许堕胎的。自由派中较为激进的,赞成妇女有权为任何理由而堕胎,例如,她只是不想要这个孩子。这种观点同时也和女权运动结合在一起。而自由派中比较温和的,就只赞成有限堕胎,也部分接受保守派的观点,他们只是觉得这个世界已经没有两全之策。

当然在保守派中,在这个问题上也有激进程度的不同。在美国,极端激进的保守派曾经几次在堕胎的诊所开枪,伤害甚至打死了堕胎医生和前来堕胎的妇女。在我们没有完全了解保守派观点的时候,我们会对这样的行为感到非常荒唐和不可理喻。既然你在提倡不伤害胎儿，为什么倒反而会去杀死一个成人呢？

如果你了解了他们的出发点，再往极端的方向推一推，你就会发现这样的行为也在他们的逻辑之内。因为他们认为这样的堕胎诊所无异于一个杀害婴儿的屠宰场。而美国现行的法律却不干涉这样的"谋杀"。因此，只能由他们出来"替天行道"，惩罚凶手，阻止人类继续扼杀胎儿的行为。但是，这样极少数的过激行为，绝大多数的保守派都是不赞成的。当然法律也不会放过他们。

我们有时候开玩笑地和美国人说，你们真是幸运，至少还有很大的空间可以讨论这样的问题。确实，与其他人口众多的国家相比，美国显得空空荡荡。还没有被人口问题逼到死角上。但是回过头来想想，大家都有过空间足够的时候，只是没有如此广泛地在民众中习惯于深入讨论这样与人类自身有关的最基本的哲学伦理问题。

我们无数次看到美国的普通老百姓这样激烈的讨论，也不知道讨论会有什么样的结果。可是我想，大家都承认，人类与自然的关系已经非常不协调，人类正在以无法预料的加速度从自然中异化出去，因为科学技术的发展是有一个加速度的。科学技术发展之后，人类原来的基本伦理道德是可能被颠覆的。自然是可能在人类的某一个不小心的动作中，遭到无可修复的破坏的。在这个世界上，如果所有的人都能够对自身跨出的每一步认真思索甚至忧心忡忡，而不仅仅是对科学成果取完全急功近利喜出望外的态度，也许至少可以把人类异化的脚步拖住一些。

在环境保护的问题上，美国的两大派也是有重大的意见分歧。为什么呢？因为在美国环境保护和个人权利在一定的时候是冲突的。实际上和堕胎问题一样，这都是时代发展以后出来的新问题。

美国的私人财产不可侵犯，是进入宪法的个人权利。这一点在美国的思维方式中，可以说已经根深蒂固了。在农业社会的时候，多少年来一直平安无事。可是在科学技术和大工业发展以后，人们终于有一天醒来，发现这个世界已经给人类糟蹋得不成样子了。人们久已忘却了世界应该有的模样，已经麻木到了站在原来应该是一片森林的土地上，却望着一片工厂的烟囱兴高采烈，嘴里还喃喃自语"发展了，发展了"。

因此在美国，当他们清醒过来的时候，一些环境保护法迅速相继出笼。应该说，这是一件好事，但是，确实带来了许多前所未有的困惑。例如，土地的主人顿时失去了他们历来所拥有的一些权利。比如说，在美国有一种稀有的红杉，树龄远远长于人类文明社会的历史，要几十个人才能抱得过来，伐一棵就少一棵。但是自从技术发展到可以采伐如此巨大的树木，就没有停止过采伐。直到美国人有了环境保护意识开始立法禁止。

一禁止，问题就出来了。许多这样的树木都是长在私人的土地上，按照历来对于私人财产的绝对尊重，长在土地上的一切，土地的主人当然都拥有权利，别人是无权干涉的。这样的树伐一棵，木材就值上万美元，伐上几棵就很富裕了。环境保护法一出来，树的主人

美国红杉树

就只能望树兴叹了。对于他来说,理由也十分充足,第一,政府侵犯了他的个人权利;再者,他每年要向政府交地产税,政府却不让他靠变卖自己的财产致富。

在这个问题上,美国的保守派是支持土地所有者的个人权利的。而自由派是主张政府立法干预环境保护的。在这里,你也可以很清楚地看到,政府的权力实际上是从个人手上切割出去的。在环境保护的问题上,激进的自由派也常常采取行动。去年有一个拥有红杉树的土地拥有者,以清林为理由,终于获得许可,可以采伐两棵红杉树。结果,引起自由派的愤怒,一些人冲进那块土地,围绕在树下阻止采伐,最终惊动警察。

这样的冲突很多。又如美国有大量的沼泽地,为了同样的保护生态的理由,美国政府禁止土地所有者改变湿地的现有状态,但是在缴纳地产税的时候,给予一定的优惠。也就是说,如果你拥有一块湿地,你就不能在这块土地上开发和建设。既然这块地只能看不能用,它的价值当然就大大地降低了,而且很难再找到买主。这样,从另一个角度去看,当然损害了土地持有者的个人权利。

在美国,在私人土地上焚烧垃圾,除了受到火灾因素的限制,同样受到环境保护问题的限制。随意焚烧是要受惩罚的。为此,保守派的"谈论节目"愤怒不已。自由派认为焚烧国旗是人民表示不满的一种形式,是一种自由表达的权利,是属于宪法第一修正案所保护的言论自由的范畴。保守派坚信这个国家是被自由派给毁了,居然国旗可以烧,而垃圾却烧不得。顺便提一句,总的来说,美国保守派在这里是强烈的"爱国主义者"。

美国人的规矩是,既然立了法,违法者就必须严惩不贷。几年前,有一个亚裔美国人买了一大块土地,打算开辟成农场。谁知道,在清理树木的时候,打死了一只鼠类动物,而这只小动物偏偏是立法明令保护的珍稀动物。结果,农场还没有开成,先惹上了一场官司。而且还有巨额罚款。这样的事情,当然都是环境保护法出来之前闻所未闻的。习惯了传统生活的民众对此不能接受也是非常自然的,因此保守派的愤怒也绝对不是没有来由的。

虽然在我们眼里,这里的环境保护已经相当好了。包括我们在内的许多人,都有过开车与野鹿相撞的经历。然而,这里的自由派对于环境保护问题的关注,还是比我们想象的要敏感得多。大多数的年轻人都是如此,这和多年来的美国教育是有很大关系的。自从环境意识在这里醒悟,它在教育中就占了极大的比重。有很长时间,我一直觉得这种教育和我们所看到的一些环境宣传不太一样,后来我才发现,他们对于环境保护的教育是从人与自然的亲和力着手的。

我刚到这里才几天,就参加了当地公园举办的一个蛇节。在这个节日里,有许多家长带着孩子参加。当然有关于毒蛇和非毒蛇的知识的介绍,有不同品种的蛇的展出,但是出乎我意外的是,在这个蛇节上,主办人让那些养蛇作为宠物的人,都把他们的宝贝带来。

这些蛇的主人黑人白人亚裔的都有,也有女孩子。他们抱着他们的蛇,站在那里高兴地回答大家的各种问题,家长们都鼓励自己的孩子抚摸或者抱一抱蛇。鼓励他们提出一些感兴趣的问题。在草地上,还铺了毯子,给孩子们发了蛇状的帽子,让他们不用手脚,匍匐扭动前行,体会一下做一条蛇的感觉。

这也是我第一次知道,蛇对自己的主人也是有感情的。一个小女孩告诉我,每次喂养蛇的姐姐回家,她们的蛇都会前去迎接,还会跟着她的姐姐游动。之后,我在这里许多次遇到蛇,从来没有人喊打的。年轻人会设法把蛇移到树林等更安全的地方。更绝的是有一次,发现在我们工作的地方,门外的椅子上躺了一条蛇,结果一个数学系毕业的叫济娜的美国女孩,一边柔声地和蛇打招呼,一边一把捉住蛇轻轻提起,然后放进了树林里。然后说,这种方法是从学校里学来的。

电影界在这方面的教育中也起了很大的作用。他们拍了大量的动物演员参加的电影,甚至是纯动物演员拍的电影。同时,由于美国的自然保护工作做得比较好,孩子们接触各类动物和植物的机会相对要多得多。使得美国的孩子与自然界的距离大大拉近。他们迷恋各种各样的动物,连对待一般概念中不大能接受的蛇都是如此,更不用谈其他动物了。从昆虫类到哺乳类,包罗万象,没有什么他们不喜欢的,都是他们的宝贝。

与一些年轻朋友在一起干活时,常会有人在手掌里捂了什么东西,神秘兮兮地招呼大家去看,原来是一只小青蛙或一条小虫子,然后大家异口同声地赞叹它的美丽可爱。他们能够说出很多名堂。莉迪亚是文科硕士,却是她告诉我有关蜘蛛的知识,蜘蛛网的辐射线是没有黏性的,只有同心线才有黏性,蜘蛛丝不是从口中吐出来的,而是从后面排出以后用一条后腿勾起来再搭到其他丝上面。这时,为了向我做示范,活泼可爱的莉迪亚跷起自己的脚,一甩一甩地学着蜘蛛织网。我们当时打工常常是单调和劳累的,离开以后,当年打工的好朋友重又聚在一起的时候,回忆起来,一致同意大家一起看小虫子小动物的时候,是打工生涯中最开心的时光。

这种教育和风气超越了人类保护自然是为了保护自己这样功利的宣教。那种宣教似乎使人觉得人类是超越自然的一种特殊力量,为了自己可以"征服自然",也同样是为了自己才需要"保护自然"。但是,美国对学生环境意识的培养方式是动之以情,使他们对动物和自然界产生很深的感情,使他们增强"人只是自然的一部分"这样的概念。这样的教育已经持之以恒很长时间了,因此非常有效。这使得新一代成长起来的年轻人,根本就否认人类对于自然所具有的这种为所欲为的征服权利。

最容易获得美国年轻一代捐款的,就是一些与环境保护有关的组织了。在这一点上,他们非常敏感和容易冲动。因此,在环境保护的问题上,美国的保守派确实很难取得年轻一代的赞同。相反,克林顿和副总统戈尔,都是积极提倡保护环境的。戈尔还出过一本环境保护方面的书。在这方面,他们就相当受年轻一代的欢迎。

环境问题确实在当今人类生活中已经非常突出。保守派也很难直接从正面与之对抗。以至于一些极端保守派在电台里,有时干脆否认环境问题存在。他们在"谈论节目"中说,那些所谓的大气臭氧层空洞之类的"恐怖故事",都是自由派为了剥夺土地持有者的权利,故意编造出来的。这里还必须说明的是,在美国并不是保守派才持有土地。平民拥有房地产的比例,在这里高达百分之六十以上。

应该说,这里绝大多数的美国人都热爱大自然,也热爱自己的土地,保守派的美国人也不例外。问题在于保守派不能接受这样的结论,就是在环境保护法与个人权利冲突的时候,要个人权利完全让路。自由派在理论和实践上,也都没有为更好解决二者的冲突开出良方。看上去也只是在回避这个两难问题。

克林顿在今年大选之前,又把美国的一大块区域划为自然保护区。当然,从自然保护的角度,从人类长远利益的角度,无疑都是有益的。但是，肯定也影响了这个区域的大量民众的生活。因为这么一来，这个区域就不能再搞建设，会影响到许多人的私人经营。

这个决定一宣布，就遭到保守派的猛烈攻击。我们前面已经提到过，联邦政府是没有干涉一个地区民众生活的权利的。但是，自从一系列的环境保护法出来以后，"环境"压倒一切。环境保护成了一个非常特殊的理由。对于保守派来说，环境问题已经成了自由派肆意扩大政府权力、干涉人民自由的一个巧妙借口。

因此，对于保守派来说，这不是一部分人的生活受到影响的问题，这是捍卫美国宪法所保护的人民基本权利不受政府侵犯的大原则问题。他们不允许这个大原则出现一个突破口。

这样的讨论对于美国当然是必要的。因为在这里，个人自由和环境保护一样，也同样是一个与生命同等重要的话题。在这个对话中，美国的自由派和保守派也基本上是在从不同的角度探讨，至今不能达成一致的看法。

给我们留下深刻印象的，就是一切问题的可讨论性，以及讨论的激烈和深入的程度。持反对态度的一方，甚至可以以此作为他们政治纲领的一部分，以求民众的支持。这样，对于一切与民众密切相关的问题，就可以在大家面前全方位地彻底摊开。各方面的利弊，有可能发生的前景，都使大家有一个清楚的认识，然后，请人们自己做一个选择。选择的最重要方式之一，就是去投票站投下自己的一票。

我刚才曾经提到过，美国的保守派基本上都是"爱国主义者"。但是，需要说明的是，在美国，国家和政府完全是不同的概念。对于这一点，在美国的保守派这里是最典型不过的了。在对待联邦政府的态度上，美国的保守派基本上是反对"大政府"的。他们始终在要求联邦政府缩小规模,不要对经济过多干预,并呼吁联邦政府"还权"给各个州,还权于民。极端保守派几乎就是"爱国反政府"。去年在俄克拉何马市的联邦政府大楼放置炸药的两个,就是极端保守派中的激进分子。

保守派的美国人确实非常爱国,他们特别喜欢用美国国旗作装饰品。你到处可以看到国旗图案的衣服,国旗的胸针,汽车上国旗图案的粘贴标志等等。在家里挂国旗的也特别多。就是刚才讲的那两个到联邦政府机构放炸药的激进分子,他也绝对不承认他不爱国。事实上,他们正是为了他们理想中的美国,才去放这车炸药的。因为他们认为联邦政府控制了美国的自由,正在毁灭美国。

联邦政府的权限和规模,是美国的保守派和自由派的重大分歧所在,也是美国两大党的争执焦点。那么,为什么会造成这样的分歧呢?

美国的两大党基本上是代表了不同社会阶层的利益。共和党一向认为,必须始终给私营经济以最好的发展空间和条件。不要对他们进行过多的干涉。这当然直接符合大企业主的利益。但是,他们同时相信,只有在这种情况下,整个经济高度发展,社会上才会人人受益。限制太多,搞得经济没有活力了,对谁也没有好处。而提倡高福利,只是民主党看中普通人手里的选票而搞的花招,因为企业经营者,尤其是大企业主总是少数,普通民众总是多数。共和党认为,高福利只是有毒的糖果,具有极大的欺骗性。看上去是关心穷人,但是从长远来说,在损害经济发展的同时也损害了穷人的利益。

美国国旗图案的鞋

而民主党一向被称为是穷人的党。他们的具有代表性的理想,就是我上封信已经提到过的罗斯福总统推行的"新政"。把联邦政府推上了干预经济的舞台,也使得美国的福利制度被真正建立起来。极端的自由派主张有政府出面达到社会公平,缩小贫富差距,几乎就是社会主义者了。

这两个党的观点向着两个不同的方向扯,最终取得的是一个平衡。而这两种观点如果不偏激的话,实际上都有一定的道理,所需要的正是一个平衡点。因此,你很难说究竟是哪个党更有道理。真理多走几步,都会走进谬误。这两种观点一旦走极端,都可能会带来灾难性的后果。因此,严格地说,并不是哪一个政党给美国社会带来了两百年的稳定发展,而正是这两大政党不停地激烈争执和互相攻击,把美国向两个方向"拔河"所形成的动态平衡,才造成了这样的稳定发展。

从美国两大党所代表的经济利益来划分的话,可以基本上像前面这样归类。但是,他们的争执基本上还是在于,究竟应该通过什么样的方式,可以使所有的美国人过得更好。同时,如我在前面提到的堕胎和环境保护带来的争执,这两大党不仅在经济政策上代表了不同社会阶层,还在观念上代表了美国社会不同的思维方式。

所以,美国民众中的保守派和自由派,并不是说保守派都是富人而自由派都是穷人。例如,那个在联邦大楼放炸药的保守派激进分子,就是一个生活并不富裕的平民。美国的这两大派,基本上还是观念上的差异。

持保守派观点的美国人,一般来说生活比较稳定,行为方式比较中规中矩,穿着比较规整,上教堂的比例更高。他们比较习惯于六十年代以前的平稳的生活方式。他们对于近几十年来生活方式发生的剧

美国遍地可见小教堂

烈变化很难接受。

他们从感情上无法接受突如其来的如此之高的离婚率,如此之多的单亲家庭,还有大量的同性恋,触目的女权运动,震耳欲聋的摇滚乐,根本就不成画的现代美术,不成体统的服装,等等等等。对于他们来说,这个世界仿佛一下子打开了潘多拉的盒子,"妖魔鬼怪"都一起跑了出来。他们把这一切都归之于自由派的罪恶,因此,尤其是极端保守派,提起自由派几乎总是咬牙切齿,因为"好端端的美国就是毁在他们手里"。

当然保守派美国人也是各式各样的。他们几乎包括了两个极端,有富裕高雅的或生活安排得很好,似乎从老电影里走出来的,非常迷恋老时光的一个阶层，以及生活在乡村传统生活中，很难接受新事物的一个阶层，他们中间包括有文化水平很低，甚至举止十分粗鲁的人。

他们中间很多人喜欢美国传统的乡村音乐。乡村音乐很能够代表美国以前平和稳定的生活。你也可以看到，他们的反堕胎，反对侵犯土地持有者的权利，这些也都在他们传统的思维习惯范围之内。

至于自由派美国人，则是非常复杂，涵盖面极广，五花八门。大概从教育程度非常高的"雅皮"的一代，一直到大量的青年学生、艺术家音乐家，甚至流浪汉和街头小混混大概都可以说有自由派的风格在里面。他们并不是都认同同样的东西，所以自由派是颇费琢磨的。

正因为如此，在比较保守的地区，你可以看到以"保守派"作为自己竞选标志的，但是，没有一个实际上是偏向自由派风格的竞选者，在自己的竞选牌子上敢打出"自由派"的旗号。因为自由派的弹性太大了，这样的标志完全可能吓走大量原来还可以争取的选民。因为，谁也不知道你这个"自由派"的自由边际在哪里，是不是"自由无边"。

但是，自由派毕竟不是"放浪形骸"的代名词，自由派是一种新的思维方式。比如说，自由派提倡多元文化。那些自由派的年轻人会对世界各个国家的文化都非常感兴趣，所以在宗教上也就会表现得很杂。他们会宣称自己是信佛教，或者印度教、喇嘛教等等。会在家里挂上一幅佛像，但是你细细一问，会发现他还搞不清佛教究竟是怎么一回事。正是有了自由派的美国人，日本茶道、花道、剑道、柔道、空手道、中国功夫、瑜伽、太极拳等等对于保守派美国人来讲是怪里怪气的东西，才会在美国有一定程度的流行。在亚特兰大一年一度的亚洲文化节上，你每年都可以看到金发碧眼的美国人一板一眼地跟着日本人学茶道，年年不落下，一年比一年有长进。每年表演和讲解古老的日本剑道的,则是清一色的白人,讲起这种古老仪式的年代、起源、功能、规则,头头是道,恭恭敬敬。这个亚洲文化节规模不大,在美国各地无数文化节中名不见经传,但是很多亚洲的东西,我这个亚洲人是在这个节日上才第一次得知的。你想想,你也喝了一辈子茶了吧,我们有几个人知道点儿日本茶道的?我这一问一定让爱国心切的人跳起来:"中国是茶的故乡,干吗要去知道日本茶道?"这回答正在点子上,保守派美国人所持的就是类似的态度。

然而,承认多元文化还不仅仅是对一些"新奇玩意儿"的好奇心,它包含了相当彻底的平等思想。尤其是对于种族问题,美国的自由派更多地表现了对其他民族的尊重。他们认为,没有一种文化是更为优越的,只是价值体系的不同。就是说,在白人文化的价值体系内,也许认为黑人文化的一些东西在价值上是落后的、野蛮的。但是同样,相对来说,在黑人文化的价值体系内,白人文化的一些部分也可能是无意义的、低能的。因此,他们得出结论,不同的文化,不同的价值体系是不可比的。它们各自有自己存在的价值,没有什么高低上下之分。

这样一来,就从根本上铲除了种族歧视的基础。尽管种族问题是一件非常复杂的事情。在美国如此众多的种族在一起发生相当密切的联系,各种冲突是难以避免的。尤其是,许多问题的产生是基于个人的经历和生活的经验。每一个民族生活在这里,实际上都有入乡随俗和尊重他人,遵守一个多民族社会的公德这样的问题。如果,人们来到"中国城",总是发现非常脏乱和不讲礼貌的情况,基于个人经验,也就会产生对这个民族的偏见,在这种情况下,很难说责任只是一方的。

例如,我们的邻居杰米老头,是个非常好心的保守派的美国老人。他们夫妇年龄很大了,但是对于我们这样新搬来的亚洲人,还是竭力予以关心照顾。有一次，他特地关照我们：要尽量避免和黑人打交道，"他们很坏"。他这样说绝对是善意的，怕我们遇到什么麻烦。我们也相信，他的看法基本上来自他曾经有过和某些黑人打交道的不愉快经验。

相对来说，我们遇到的一些自由派的年轻人就更为理性。他们受到根深蒂固的多元文化和平等思想的影响，因此他们竭力去超越自己的个人经验，而坚持维护这样一种理想。我们有个叫戴维的年轻朋友，他是个艺术家，画画得相当好。当我有一次和他谈起种族问题的时候，他告诉我，他住在佛罗里达的时候，曾经有一次被四个黑人抢劫。他们用手枪顶着他，抢走了他身边所有的钱，还拿走了他的衣服。总之，当时他感到极为惊恐，而且非常狼狈。此后，有相当长一段时间，他遇到黑人，几乎是条件反射地感到害怕。

他做了很大努力让自己恢复正常的心态，并且仍然说服自己并且坚持相信，这件事情的发生只能说明，抢劫的这几个黑人，他们个人是罪犯，但是，与黑人这个种族并没有关系。他还告诉我，有一次他被抽中成为一个黑人抢劫案件的陪审团候选人，在初选的时候，他在约谈中被问到，他个人是否有被抢劫的经历。他如实回答之后，司法部门没有让他进入陪审团，这是司法部门的通常做法，就是要避免有因为个人经历而形成偏见的人进入陪审团，以免影响公平审判和损害被告人的公民权利。戴维对我说，实际上，他倒是个例外，如果让他进入陪审团的话，他一定会保持公正，他坚信自己能够做到这一点。我也很相信他。然而，他能够这样超越个人经历而保持理性，确实非常不容易。

当然，在今天的美国，代表着保守派观点的共和党也没有表现出有任何种族歧视的倾向,而且也同样在他们恢复美国传统观念的旗帜下,集合了包括黑人、亚裔等各个民族民众在内的支持者。但是,在保守派的美国人中,尽管他们承认"人生而平等"的最基本思想,可是,他们中间还是有一部分人,是相当容易形成种族偏见的,尤其是在美国保守势力比较强的南方。也许,这是因为在他们的思想体系里,没有多元文化的概念。也许,是因为在他们曾经生活得平和的美国,种族隔离也是他们生活中已经习惯了的一部分。因此,极端保守派的激进分子,几乎都是有程度不同的种族偏见的。而自由派的多元文化观,则对于种族偏见清算得比较彻底。

然而,涉及的这些问题都不是很简单的是非判断,有很多复杂的因素掺杂其中。比如说,自从自由派思想在美国逐步盛行,人们也常常陷入困惑。由于对于多元文化的极度信奉,对于任何一种非传统的文化现象和社会现象,自由派都基本上持"理解万岁"的宽容态度。这也使得原本除了法律之外,还依靠一定的伦理道德所维持的社会宁静被严重打破了。甚至自由派中一些走火入魔者,把自由派的宽容精神转化为对自己行为的无约束,产生了大量的社会问题,也使得犯罪问题日益严重。

一个十分极端的例子是纽约曼哈顿地区的一名法官。案情是这样的,在警察截获一辆当场查出八十磅毒品的车辆时,五名运毒嫌疑人拒捕试图逃跑,最终被捕,而且供认不讳。他们认罪的录影和缴获的毒品作为证据上了法庭。在法庭上,这名自由派的法官宣称,这个地区的警察屡有侵犯人权的行为,因此,这几名被告见到警察就本能地想逃跑是情有可原的,属"正当防卫",是警察的坏名声把他们给吓坏了。这么推理下来还是警察不好,是"不正当逮捕",有证词证据也不行。因此，宣告被告罪名不成立，当庭释放。这条消息一公布，引起全国舆论的强烈不满。最后，该名法官向警察道了歉，并且否定了自己的裁决。虽然这是罕见的极端案例，但是，这个例子在竞选时，自始至终成为共和党攻击克林顿的有力证据。共和党要大家注意，如果让具有自由派作风的民主党掌了权，还怎么了得。

又如在近二三十年来，美国青少年怀孕的问题日益严重，发生在黑人社区的青少年怀孕情况特别多。极端的自由派就认为，这是不同的文化有不同的价值观，在我们的文化中，也许对于十四岁怀孕有负面的价值判断。但是，在黑人文化中，这个年龄怀孕也许就是正常的。而且，我们还可以在许多非洲国家找到大量实例，那儿部落里的黑人女孩这个年龄都已经有孩子了。所以，我们指责她们实际上是一种文化歧视，我们应该理解这样的文化价值观。

听上去这逻辑一点毛病也没有。但是，问题在于，这不是一个封闭的文化社区，换句话说，这毕竟发生在现代的美国，而不是非洲丛林的部落。在一个丛林里，自给自足的部落生活自有办法养活这样的妈妈和孩子。他们还是自然的一部分，还没有从自然中异化出来，他们有自己在大自然中求生存的方式，的确，在那里，一切都是自然的，当然没有现在美国人所面临的价值判断上的问题。

可是，现在这是发生在各个民族共同生活的现代美国。社会必须维持他们母子起码的生活水平，而不是让他们在丛林法则中强者生存，自生自灭。他们自己对于生活也已经有了现代文明社会的要求。也就是说，他们已经不是生活在一个封闭自圆的价值体系之中。最终，这些青少年怀孕的后果，都是由具有现代文明价值体系中的民众，以他们的辛勤劳动缴纳的税金予以负担。这当然使得保守派对这样的"理解"无法赞同了。

问题在于,一些极端保守派在表达他们类似的反对意见的同时,使得听的人总是感觉他们实际上还是带有种族偏见的倾向,这种倾向所引起的反感往往淹没了他们意见中合理的部分。总之,各种复杂的因素,也包括感情因素,使得许多争论本身变得胶着难缠,理性的东西反而无法剥离出来。

尽管,有种族偏见的人在保守派中间,也只是一小部分极端分子。但是人们对于保守派在种族问题上的态度,总是感到不信任。这也是有历史原因的。因为在六十年代,黑人要求取消美国南方的种族隔离的民权运动中,自由派是站在黑人一边的,而大量保守派是反对取消种族隔离的。

自由派的反越战运动和他们的许多观点,都是和黑人的民权运动在同一个时期出现、成熟和发展起来的。甚至使得自由派以及此后的一代代美国年轻人彻底解脱思想束缚的现代音乐和现代舞蹈,也是从黑人音乐和黑人舞蹈发展起来的。他们之间有着文化中渗入血液的联系。而美国的保守派,尽管现在三十年过去,时过境迁,新的一代也已经成长起来,他们大多数人都多少改变了种族偏见。但是,他们的文化脉络上,是完全不同的一条路径,因此,他们和非传统美国文化的异族文化,总是隔着一条鸿沟。

所以,我们也发现一个很有意思的现象,就是,从文化倾向来说,绝大多数的美国黑人几乎是天生倾向于自由派的。而在这里同为少数民族的亚裔,却在文化认同中,更容易接受美国保守派的观点。亚裔在美国的人口比例,远远低于黑人。尤其是在六十年代民权运动的时候,亚裔人数还远远低于现在。和老一辈的亚裔移民聊起来,他们觉得,黑人在民权运动中的艰苦奋斗,使得当时对此没有什么动作的亚裔,享受了黑人争取有色人种平等权利的成果,"白白捡了个大便宜"。

美国的亚裔,在文化认同上,始终和黑人文化有较大的距离。在亚裔的文化背景中,倒是非常容易接受美国保守派的社会理想。以至于在亚裔的移民家庭中造成两代人的冲突是非常普遍的。在美国出生的亚裔新一代,和美国的年轻人相处,他们中的很多人和自己的美国同学没有什么区别。在这种情况下,他们和上一代就会有很大的观念上的差别。一般来说,人们在评价这一类情况的时候,总是把它归结于亚洲文化和美国文化的差异,实际上,更确切地说,这是亚裔文化和美国自由派观念的差异。

所以,在很长的时间里,尽管亚裔相对来讲参与美国政治活动的比例不高,然而,如果他们去支持一个政党的话,他们中的很多人会倾向于支持共和党。但是现在却似乎产生了一个很大的变化,尤其是在今年的大选中,大量的亚裔转向支持民主党的候选人克林顿。这种转变,有很大的原因是两大政党对于移民问题的不同看法和政策所造成的。

移民问题和种族问题当然也有一定的关联,但是并不是同一个问题。移民问题更首当其冲的是移民引发的经济和社会问题。在这个问题上,自由派基于他们多元文化的出发点,是始终对移民表示欢迎和采取宽松的态度的。

我记得,我刚来的时候美国经济一度相当不景气,而移民照样是年复一年,只多不少地大量涌进美国。因此,美国开始有紧缩移民政策的呼声。有一次,我和朋友德格聊起这个话题,他的父亲是南方浸信会教堂的牧师,而他却是一个民主党人。他表示了非常坚决的继续支持大量移民的态度。我很奇怪地问他,难道你就不担心大量移民的涌入会降低美国人的生活水平吗？他一脸天真地对我说，移民正是我们美国变得伟大的原因呀。最近，德格以四十岁刚出头的年龄意外去世。一想到他，我就不由得会想到我们的这次谈话，以及他对我们这样的外国移民的善意。

还有一次，在一个自由派的"谈论节目"中，一名犹太裔的年轻人编造了一个有关他祖父的移民故事，以嘲笑那些反对移民的保守派。他说，他的祖父在美国海关排队等候移民，排了很久也期待了很久，然后才得以进入美国海关。谁知就在他刚刚踏上美国土地才一步，他就一个转身，以"老美国"的口气教训排在他后面的人，说"你们移民"如何如何。

在美国确实严格说起来，个个都是移民。考证下来，连所谓的美国土著印第安人，都是在遥远的年代里，从亚洲穿过白令海峡"移民"过来的。"移民不分先后"，你是可以说，早来的移民后代也没有什么理由因为自己早来了几天，就有资格反移民。美国也确实因为多元文化而受益匪浅，它吸引了全世界的各类人才，并且发挥了他们最大的创造力。这些道理都是对的。

但是，事情总是不那么简单。美国的土地也是有限的。我们的朋友卡琳，她曾经出面担保，帮助了好几个中国人来到美国。但是，她现在对我说，她以后不愿意再这样做了。因为她看到这里的人口密度也在迅速增长，建设的发展速度和自然破坏的速度同步，开始令她感到担心。卡琳的态度转变是很典型的。随着移民的逐年增加，许多原来赞成移民的人，也开始怀疑是否至少要有一些限制。

在经济形势不太好的时候，之所以移民问题首先会被提出来，这和美国在移民政策中坚持他们的一些基本理念而在金钱上付出大量代价，是有相当大的关系的，比如说，不论你是合法还是非法进入美国国境，只要是进来了，美国人就认为必须提供最基本的人道服务，例如，医疗救助。美国的医疗费用相当高，一般都是靠医疗保险解决。新移民生活还不稳定，很少去买医疗保险。这样，一旦有了问题，就只能拒付了。但是按这里基于人道精神的法律规定，医院是不能不给治的。这样，这些医疗费用当然就必须摊在美国民众身上。

美国实行义务教育制，在公立学校上学，直到高中毕业之前都不用支付费用，学校还有免费午餐。学校的开支当然是美国纳税人的钱。也是基于人道精神，对于前来读书的移民孩子，甚至是刚刚偷越国境过来的非法移民的孩子，也一视同仁。学校还必须聘请更多的老师，开设双语班，使得不会英语的孩子，在英语还没有跟上的时候，能够一边补习英语，一边用自己的母语跟上其他课程。

又如我们的一些同学，是在来美留学以后怀孕生孩子的。留学生按规定一般都是不能合法打工的，所以打黑工挣的钱当然也就不报税。因此，他们都理所当然地申请到了美国政府给予贫困孕妇的社会福利。这样的福利可以说是面面俱到。从怀孕以后的孕妇的定期检查，整个孕期的免费营养食品券，生育时的医疗费用，直至生育以后包括纸尿布在内的婴儿用品及食品等等。写信回去，反倒让在国内怀了孕的老同学羡慕不已。

移民一般都是一移就是一家的。同样是根据人道的原则，美国的移民政策长期以来规定，移民的直接亲属可以申请前来美国与家人定居团聚。虽然根据亲属关系的不同，等候的时间也不同，但是，毕竟是时间问题，团聚总是有希望的。同时，美国六十五岁以上的老人，如果没有一定的积蓄和收入，政府都予以照顾。这样的老年福利包括免费医疗和每个月的生活费,如果没有住房,还可以申请由政府补贴的老年公寓。根据以前的移民政策,如果是外国人,只要在取得永久居民身份五年以上,也可以享受同样待遇。因此,在美国,有大量的移民家庭的老人不是由子女负担,而是由美国政府负担的,实际上也就是由美国纳税人的钱负担的。

以上这些例子,还只是移民问题的一小部分。我前面所提到的移民,指的是还没有入美国籍的外国人。也就是说,长期以来,美国的公民为了潮水般涌来的外国人,为了坚持他们的一些基本理念,已经支付了相当大的代价,但是移民势头依然不减。

主要是在加利福尼亚州等一些非法移民比例非常高的地区,改革移民政策的呼声越来越高。因此今年大选,移民问题成了一大热点。共和党比较坚决地站在紧缩移民政策的立场上,而相对来说,民主党的态度要温和得多。

例如,在移民改革的具体条款上,民主党尽量和共和党讨价还价。同时克林顿的行政分支简化了入籍手续,使得大量有可能在福利改革法案通过之后失去福利的外国老人,在入籍成为美国公民之后,仍然享受他们原有的福利待遇。简化手续之后,去年形成美国成百万之众的入籍新公民大军。这些美国新公民对于移民改革正有一肚子的意见要表达,因此他们的投票率非常高,票当然也都投给了民主党的克林顿。这使得共和党非常恼火,声称这样的"快速入籍"完全是克林顿的拉票手法。

这里的亚裔很多人都已经是美国公民了,但是,紧缩移民政策依然与他们息息相关。例如共和党提出取消公民的一些成年亲属,如兄弟姐妹或成年子女可以理所当然前来团聚定居的政策,就引起了一阵恐慌。在这场移民改革之争中，许多亚裔经历了不同程度的担惊受怕。使得他们中间的很多人，把对移民政策的态度，看做他们对政党支持的首要考虑因素，甚至是唯一考虑的因素。这样一来，也造成亚裔对民主党的支持，达到一个前所未有的高比例。

美国的保守派和自由派的分歧，在美国社会生活中的一些敏感问题上，几乎是到处都可以遇到。但是社会上的两大派意见分歧，反映到政党宣传和总统竞选上，情况是不一样的。因为这两个政党虽然各有保守派和自由派的倾向，但是，他们在一些政策和竞选政纲上，有时要显得中庸和温和一些。原因是他们都想争取更多选民的支持，而不仅仅是某一派的支持。例如，在移民问题上，社会上的自由派有非常开放的主张，可是克林顿在处理这个问题上虽然有自由派的倾向，也为争取移民权利做了努力，然而在大选之前，他还是同意了基本反映共和党意见的移民改革法案。因为移民政策必须有一些变化，似乎反映了现在的多数民意。

在处理同性恋的问题上也是如此。保守派美国人对同性恋很难容忍，自由派对于同性恋却是持宽容态度的。他们认为，这只是某些人的一种个人倾向，就像异性恋也是一种个人倾向一样。尽管这发生在少数人身上，但是他们就是生成这个样子了，你不能因此而剥夺他们追求幸福的个人权利。因此，他们基本上倾向于允许同性恋在婚姻和领养孩子等具体问题上，享有与普通人一样的同等权利。当然即使是自由派，每个人对这个问题的宽容程度也是不同的。

应该说，在美国这些年来，对于同性恋的态度是日益趋向于理解宽容。尤其在自由派的大本营纽约、旧金山这样的城市，每年都要举行盛大的同性恋争取人权的大游行，声势一年更比一年大。在旧金山同性恋的聚集区，象征同性恋的彩虹旗到处飘扬。尽管旧金山所属的加利福尼亚州规定，同性恋不能合法注册为夫妻，但是，旧金山却有三千多对同性恋夫妻在市政府登记。前不久，旧金山举行同性恋的集体婚礼，市长还为他们当场证婚。

你也许要奇怪，旧金山怎么会有那么多同性恋。实际上，正是由于这个城市对于同性恋的宽容态度，才使得美国各地，甚至世界各地的同性恋搬到此地，在旧金山和纽约这样的自由派大本营，出现这样的情况也许还不算说明问题。令人感到惊讶的是，在最保守的南方，在佐治亚州的首府亚特兰大市，现在也同样出现了一年一度的同性恋聚会，在那一天，在亚特兰大也到处可以看到彩虹旗。这在几年前，完全是难以想象的。

但是这样的问题，似乎牵涉到最本原的人类伦理道德。因此，个人看法是一回事，一旦要进入立法程序，对这样的问题给出一个法理上的论定，就是另外一回事了。在这个时候，所有与立法程序有关的人，都会比原来的自己变得更谨慎和更"保守"。其实在民众中也是如此，有相当一部分人对同性恋者表示同情和理解，但是对于是否应该立法确认同性婚姻，也不知是否合适。所以，社会上自由派对同性恋的宽容，并没有使民主党和克林顿试图阻止在大选之前，由共和党议员提出，由国会参众两院通过的《婚姻防卫法案》。该法重申了婚姻的定义应为异性的结合。

根据"平衡与制约"的原则，国会通过的立法，还必须由总统签署同意。大选之前，这毕竟是一个过于敏感的话题。而在敏感的历任总统中，克林顿是第一个公开对同性恋表示理解宽容的总统。现在，他顺应大多数人的意见，认为解决这个问题暂时还不到火候，这个问题还必须留给将来。目前还是维持现状。然而这还是有违克林顿在同性恋选民中的一贯形象。

我们已经提到过,在美国总统任期内,如果能够与国会取得谅解而达成一项立法,是显示总统政绩的一个标志。因此,一般来说,克林顿总统在签署一项法案的时候,会有一个简单的仪式,邀请一些与法案相关的民众代表参加。这一次,克林顿一反常态,在午夜凌晨时分,悄悄签署了这个在美国极为敏感的法案。

在社会上,自由派一般都倾向对大麻解禁,成为保守派攻击的一大目标。因此,尽管克林顿本人也有可能对大麻列为毒品不以为然。可是,只要大麻开禁的时机并不成熟,在竞选时,他会避开大麻问题,而强调严格禁毒反毒,以此作为他重要的施政纲领。否则,他将失去大量的选民。

民主党的克林顿一向提倡逐步对烟草进行控制,这也是民主党与共和党较量的武器之一。共和党常常提到,自由派对大麻的态度实质就是主张吸毒。民主党立即就掏出烟草的问题与之对抗。在克林顿总统的任期内,一直在做这方面的努力。这使得美国的烟草业大为恐慌。使烟草业尤为紧张的是,联邦食品及药物管理局将宣布烟草的主要成分尼古丁为致瘾药物。这样,烟草将首次受到该局的管制。香烟广告将受到更严的限制,烟草产品售于青少年也将有新的限制。与此同时,司法部已经开始调查烟草公司在香烟成分和对健康的影响等问题上,是否向联邦管理人员做了不正确的说明。如果真的有这样的情况,是可以按照刑事犯罪起诉的。

我们前面谈到过,共和党基本上是保护企业家的利益的,烟草是个大行业,不仅涉及烟草公司,还涉及大量烟农的生计,所以也就有大量的选票在里面。大烟草公司一向是支持共和党的。烟草行业大量捐款给共和党以帮助它的候选人竞选，从来就不是什么秘密。但是自从克林顿总统上台以后所做出的对烟草业的进攻姿态，使得烟草业开始了积极的竞选捐款运动，去年上半年就捐给共和党一百五十多万美元，是1994年上半年的五倍。

尽管烟草公司发言人宣称他们的捐款是为了支持共和党的政治思想，但是，大多数的人都认为，他们这样做是为了让共和党的领袖代表他们的利益，对目前的状况进行干预。

那么，从美国社会民众的角度，他们怎么看待这样的问题呢？从保守派观点来讲，烟草是传统生活的一部分，对于他们也并没有什么触目惊心的，他们早已经习惯了这样一种东西。而对于自由派来说，烟草一直是他们对于把大麻列为毒品感到愤愤不平的原因之一。因为他们认为，烟草对人体的危害人所共知，烟草甚至比大麻更为糟糕。

于是在今年竞选时，发生了一件很有趣的事情。共和党的候选人杜尔被一帮记者问到，既然你提倡严格禁毒，并且攻击克林顿禁毒不力。那为什么你明明知道烟草也对健康有害，却对此网开一面呢？在这个问题上，杜尔大概自己也感到理亏，但是又必须给出一个解释。因此，他含糊其辞地回答说，烟草的危害在科学上也还在争论，并没有一个非常确切的定论说香烟就一定会上瘾。在科学上持有各种不同看法是经常发生的。例如，也有人说喝牛奶也对健康不利，但是也没有定论。所以，并不能一产生负面的看法就立即禁止。

结果，第二天，报纸上的采访报道以这样的标题吸引了大家："杜尔认为，香烟不会上瘾，牛奶对健康有害。"这条消息当然在民众中引起一定的反应。这使得杜尔怒火冲天。一般来说，竞选人总是尽一切努力搞好和新闻界的关系,也就是尽可能不要批评新闻媒体。但是在杜尔竞选的后期,他对新闻界忍无可忍,几次抱怨说,是自由派的新闻记者毁了他的竞选大业。

在美国的政治生活中,在法律限定的范围内,"游说"是合法的,而且有着很长的历史。社会各个阶层的利益团体,都会向政党和国会进行"游说"。也都有可能会以政治捐款的形式,支持代表他们利益的政党。"游说"一词在美国没有任何贬义,之所以法律允许这样做,就是美国人认为,这是民意表达的一个正常途径。他们通过"游说",使得政党和国会议员充分理解这一部分民众的要求。

在美国,"游说"已经成为正常的政治活动的一部分,也发展出专业的游说公司,成为一个行业,所以,还有专门的"游说人士协会"。不同的时代,随着"游说"发展产生的不同问题,也相应产生不同的法规予以限制。最近国会参议院就以全票通过对游说的严格管理法案。使游说登记的规定更为严格,并且迫使"说客"公开他们在为什么人游说,他们的接触对象,以及收入等基本资料。使得游说进一步增加透明度,变得更公开化。

那么,这是不是说,选举就是几个有钱的大老板操纵的呢?在这里我们可以看到,并不能就因此而推出这样的结果。一方面,许多代表底层民众的团体,他们获得大量的社会捐款,有时候他们集合的社会力量并不比一个大企业的力量小。例如我在去年曾经向你提到过的,专门协助普通人的公民权利受到损害而打官司的"美国公民自由联盟",就是一个具有相当实力的民权组织。

另一方面,除了法律的限定,一个政党的政治主张,对各种问题所采取的态度,都是公开的。在刚刚通过的游说严格管理法之下,这个政党的议员受到一些什么利益团体的游说,也是公开的。在这个前提下,政党和它的候选人同时受到各种民间团体、新闻界和选民的监督。例如烟草公司对于共和党的捐款,就有一个叫做"共同大业"的公益团体,专门搜集烟草公司向共和党捐款的资料,然后向民众公布和宣传。这样的公益团体,也许它的经济实力远不如烟草大亨,但是他们的这些做法并不用花太多的钱。然而,在民众中造成的影响却相当大。而且,这种影响在大选时,可能是至关重要的。

因为,如果一个政党受到某些大公司的影响,甚至收到他们的大量捐款,因此打算要推行对这个公司有利的政策的话,还是必须说服民众。强词夺理可能反而会坏事。例如,烟草公司固然可以对共和党进行"游说"和捐款,但是烟草公司老板手里也只有他自己的那一张选票。最终对于烟草前途的决策,还是要看美国的大多数民众在这一个时期对于烟草持什么看法。

像私人拥枪这样的大话题,美国的两大派各持的态度也是不同的。美国的保守派是坚持要有比较彻底的拥枪自由的。现在的美国,有些枪支是不允许私人拥有的。去年的信中,我曾经向你介绍过,拥有武器是美国宪法第二修正案所规定的公民权利。但是,我们同时也谈到过,在美国建立至今的两百年里,武器的发展是非常惊人的。而且,在始终有人滥用自由的情况下,武器的滥用总是最危险的一个部分。因此保守派实际上是一直在让步的。

所以现在的美国,公民只有有限拥枪权。美国在本世纪初,就有黑手党武装犯罪的问题。全自动步枪发明以后,首先就是黑帮开始使用。因此,全自动步枪是最早被立法禁止的。在克林顿执政期间,以遏制犯罪为理由,又通过了一个部分限制私人武器的立法,限制了包括半自动步枪在内的几种武器。这个法案通过得十分艰难，经过了几次的反复修改。

在这个提案出来以后，可以说是引起了极端保守派的极大愤怒。认为这是政府有意剥夺人民的宪法权利。在这一点上，共和党的态度也是非常明确的，他们对于与禁枪有关的法案远比民主党谨慎。共和党的历届总统有不少都是美国最大的民间组织之一——长枪协会的会员。

为什么喜欢过传统平稳生活的保守派美国人对拥枪如此有兴趣呢？原因之一是因为枪从来就是美国传统生活的一部分。同时强调个人权利，强调个人的宪法权利，基本上是美国人的共同特点。只是强调的方式和角度有所不同罢了。在自由派中要求全面禁枪的也几乎没有，因为谁都知道，这是大家所公认的宪法权利。

但是必须提到的是，除了出于对抑制犯罪的考虑而要求禁枪之外，在自由派美国人中间，有相当一部分的和平主义者，他们显得对于武器没有兴趣。保守派承袭了第二次世界大战以来所形成的"战斗英雄"的概念。自由派的年轻人尊重这样的老一代英雄，但是，自从越战给他们带来的反思之后，和平主义悄悄地在年轻一代自由派中兴起。我前面提到过保守派美国人很流行国旗图案作为装饰，而在自由派美国年轻人中，最流行的装饰图案是一个代表和平的符号。

和平符号的饰品

那么，自由派的美国人不爱国吗？我想，应该不能这样说。他们只是觉得保守派的爱国观念显得十分狭窄。他们觉得这样讨论"爱国"似乎显得没有意义。他们很多人觉得自己是世界主义者，就和他们的环境保护概念一样，他们觉得这个世界上有许多东西是已经超越了仅仅是"爱国"这样的概念。比如说，和平的概念、人道的概念、与自然和谐相处的概念、让所有的动物都有一个良好的生存环境的概念、让世界上各个民族保存他们原来的文化的概念，等等等等。

  这封信真是写得够长的了。正如我前面所提到的，美国民众中的自由派和保守派的思维方式的差异，几乎反映在生活的各个方面。因此，这可以是一个无穷无尽的话题。他们对于音乐的感受是不一样的，他们对于艺术品的口味是不一样的，他们的穿着，甚至他们的神态都是不一样的。所以，有时候我们真的觉得，一见面，我们就能做出一个基本的判断。不过，在我们的好朋友中，既有自由派，也有保守派。

  尽管这里只介绍了一小部分，但是，我希望我已经介绍了他们主要的观点分歧。希望通过这样简单的介绍，你对美国的这两大派和基本对应的两大党，有一个基本的印象。

  祝好！

林　达

大选，阳光下的一滴水

卢兄：你好！

从美国上一次的中期选举到这次大选，经历了两年时间。在这两年中最叹为观止的就是民意的变化了。几乎要使我回想起中国有关"水可载舟，亦可覆舟"的老话。

两年前，民众对于克林顿白宫的行事作风的不信任达到了最高点，而这种不信任主要还是质疑克林顿的白宫对于宪法的尊重。因为，正是在宪法的契约作用下，人民委托这样一些人，代为管理和处理公共事务。如果一个总统表现出对于权力的轻率，就是对于双方契约的不尊重，这样，就必然导致契约的另一方质疑总统的履约诚意和能力。在美国总统可能遇到的信任危机中，这样的危机是最本质性的，也是最危险的。

因为，我们在以前已经谈到过，在对美国人来讲最根本的出发点上，这两个政党都是站在同一个起点上的。也就是说，这两个政党都是承认宪法,并且表示愿意服从宪法的。所以尽管在具体问题上纲领不同,可是,对于美国民众来说,换一个政党执政,也许好一些,也许差一些,不会有什么惊天动地的变化。

所以,如果大家普遍对现任总统产生不信任的话,那么,自然的结果就是大家决定"换"。"换"也并不是什么了不起的大事。对我来讲,感到非常有意思的,就是看到这种判断和决定都是每一个个人自己做出来的。这样的"个人",相对于政府和权威来说,几乎是微不足道的。在美国,看上去大家都在那里辛苦地工作,憧憬着自己的一个小小的梦。在普通美国人中间,政治绝不是什么热门话题。然而,就是这样的普通个人所形成的"民意",成了一个分量最重的制约力量。

两年前,就在这样的情况下,共和党顺利地乘虚而入。结果在中期选举中,国会参众两院的多数议席,甚至多数州的州长位置都成了共和党的胜利成果。当时共和党觉得,克林顿这个"婴儿潮"总统真是果然不出所料,两年一过,已经险险乎要被送出什么"门"去,不管怎么样,大势已去矣。两年后的大选共和党一定可以稳操胜券了。

可是,曾几何时,在真的大选帷幕拉开以后,民意测验的指标越来越让共和党难以相信自己的眼睛,怎么看怎么觉得是出了什么岔子了。在不知不觉中,形势已经大转。美国的"民意"居然在又一个两年的观察之后,决定暂时"不换了"。

对于这样一个变化,什么样的评论都有,因为原因确实很多也很复杂。克林顿又是美国历史上这样一个颇受争议的总统。所以,要探究一番的话,虽不容易可是也很有意思。你知道我不是这方面的学者,但是我想,能从一个普通人的角度谈谈我们所看到的民意变化,也很有意思。本来嘛,别看美国大选风风光光的是那些候选人,可是实际上,大选真正的主角就是和我们一样的普通人。因此,我相信这也是一个很有意思的角度。

在克林顿这次寻求连任的过程中,在这一点上是非常运气的。在政府赤字有计划下降的同时,经济的增长非常稳定。这里所说的经济状况,并不仅仅是指的经济状况的实际好转,而是民众要有比较明显的感觉。就是老百姓要确实相信一切开始有希望。如果民众的生活没希望,总统也同样"没希望"。

经济的好转和克林顿总统的行政分支所做的大量工作当然是分不开的。可是,我之所以提到运气,是因为这里还有布什总统的努力在内,布什当初能把一个往下走的经济调转头来往上推,并且送上一程,想来花的力气也不小。根据经济学家的分析,这样的经济形势已经持续了几年,只是开头的时候并不那么明显罢了。当年,克林顿这样一个非常平民化的来自底层的"婴儿潮"总统候选人,是近几十年来的一个新形象。当初他的第一次当选,美国民众是冒了一些风险的。但是,既然在布什总统期间,人们对于经济的感觉不好,那么,"换一个试试"的念头自然就会冒出来。同时,人们也就会比较容易接受这样一个风险。所以,前总统布什相对来讲就不那么运气。

尽管经济因素是美国总统在寻求连任时的重要一环,但是,并不是绝对的。这次大选民意的转向,与共和党本身的一些问题以及克林顿在近两年里的转变作风,是有相当大的关系的。

美国在竞选开始的时候,各党派先在各州举行"党团会议"。由"党团会议"投票决定,这个党推出谁作为该党的总统候选人。克林顿总统寻求连任的优势比较明显,因此在民主党内一开始就没有什么强有力的对手出来向他挑战。所以民主党内在这一初选阶段是相当平静的。报纸上几乎没有什么民主党"党团会议"和党内竞选的报道。但是，共和党对于推出怎样的候选人，却有过一番颇为激烈的竞争。这一方面大概和共和党在开始的时候，对于今年大选还是抱有很大期望有关。另一方面，共和党党内也并没有出现一个压倒一切的人物。

在这场竞争中，共和党的极端保守派候选人有了宣扬他们观点的一个非常好的机会。我们提到过，一般来讲，美国社会上的两大派的观点，反映到政党和竞选中，会温和得多。但是，这一次的情况有些不同。一是共和党受到中期选举的鼓舞，二是在某些方面，民众对一些具有自由派倾向的政策，比较明显地表现出要求修正的倾向。例如，我们提到过的，对于长期以来宽松的移民政策，要求反思；对"平权法案"三十年来对少数族裔的照顾，要求考虑调整；对于福利制度是否过度，要求进行修正。

这些民间呼声不仅反映上来，而且一部分已经在新的立法中有所表现。这些都使得共和党内以及社会上的极端保守派都受到刺激，觉得他们所一向坚持的真理，终于被民众所理解了。

于是，在这样的刺激下，共和党的初选竞选人布肯南，以相当极端的保守派观点作为他的竞选纲领，风靡一时。他的许多"保守"得非常彻底的言论，使得美国社会上持保守观点的民众，感到耳目一新。

因为在相当长的时期内，共和党的主流对于民意的判断，一直是比较谨慎的，因此作为政纲提出的论点也就不敢过激。这样，保守派的民众也就很久没有机会在听竞选者演说时，有这么"痛快"过。因为布肯南的一些言论，他们以前只可能在保守派电台的"谈论节目"中听到，现在居然公然出现在竞选演说中，尤其令一些极端保守派感到欢欣鼓舞。

布肯南提出许多极端的主张。他有十分出色的辩论才能，言论不仅具有很强的煽动性，还具有挑衅意味和攻击性。二十多年前，他还年轻的时候，就是尼克松总统演讲稿的撰稿人。他反对堕胎，并且自称为一个基本教义派的信徒，这个教派主张相信《圣经》上的每一个字，同时对达尔文的进化论嗤之以鼻。布肯南在回答一个专栏作家的问题时说："你可以相信你是猴子的后代。我可不相信，我认为你是神的创造物。"他因此而赢得右翼宗教团体的极大支持。他反对环境保护，表现出带有明显的种族偏见和乡土排外情绪的"人民至上"的民粹主义。把极端保守派的"爱国主义"发挥到贸易保护主义和绝对的美国利益为上。反对自由贸易，宣称对日本商品都要课以百分之十的关税等等。

布肯南多次攻击邻国墨西哥，并宣称他当政以后要在墨西哥边境动用军队和筑起高墙，以阻止非法移民。同时，他对合法移民的态度也非常苛严。他主张在五年内禁止合法移民和彻底取缔非法移民。甚至在他的讲话中，也时时露出种族偏见的倾向。后来新闻界报道，在布肯南竞选总部的一名副主席，曾多次参加白人至上主义组织和右翼民兵领袖的集会，结果这名副主席迅速辞职。

布肯南在共和党初选中，获得了极端保守派的热烈拥护。一开始，杜尔都似乎有败在布肯南手中的可能性。我的自由派朋友曾经对我说，要是让布肯南当美国总统的话，他可就要考虑离开美国了。最终，共和党初选的结果，还是比较温和的杜尔占了上风。但是，这场初选给美国民众留下了非常深刻的印象，也给共和党带来了很大的冲击。

曾经有人评论说，共和党初选阶段的激烈竞争和互相攻击，使得克林顿坐收渔利。但是，实际上事情并不那么简单。通过共和党初选的无数场演说和辩论，共和党所坚持的理念，在现在这一历史阶段的观点,对美国人来讲就认识得比较全面了。当然布肯南的观点并不是主流共和党的观点。但是,人们可以找到他们在理论根源上脉息相通的地方。通过共和党和保守派的民众对于布肯南不算太低的支持率,人们也可以看到,在一些类似移民浪潮过于凶猛这样的社会问题的触动下,保守派的观点是很容易被推向极端的。

我们曾经说过,美国人选总统实际上是在选一个理念。那么,在今天的美国,人们在向着怎样的一个方向在走呢?我想,今天的世界,任何一个地区都不是封闭孤立的,更何况美国这样一个从来就开放的国家。因此,美国人的走向和世界潮流是分不开的。这样来看的话,也许更容易一些。

共和党的杜尔在竞选的时候,提出的一个口号就是,我们需要在过去和现在之间架起一座桥梁。这是很能够代表共和党的理念的。因为,这个世界变化太快了。

在来美国以前,我一直以为,只有中国这样曾经有过封闭历史的国家,一下子开放,才会产生对于变化太快的世界无所适从的感觉。印象中的美国,是一个多么眼花缭乱的地方。

记得我到美国的这一天,正是这里的"万圣节",也有称为"鬼节"的。这是一个非常美国化的节日,在这一天里,孩子们可以四处去要糖果,如果你不给的话,他们有权利给你制造一点淘气的小麻烦。但是,这并不仅仅是孩子的节日。在这一天,人们可以戴上面具,化装成各种人物甚至可怕的魔鬼等等,可谓是"牛鬼蛇神纷纷出笼"。总之,可以博人一笑,也可以吓人一跳。前两年,记得我们这个城市

万圣节的化装

里,"万圣节"晚上众多出来游荡的化装人群中,得到大家一致公认的最佳构思,是一个女孩子把自己打扮成一个"怀了孕的修女"。

我就是在这样的一个节日夜晚到达美国。可是,当我还没出机场大厅,就迎面遇上了几个"万圣节"的"孤魂野鬼"。问题在于,我看到他们之后,竟然丝毫没有感到有什么意外。我的意思是说,并不是我不觉得他们"奇怪",而是我想象中的美国人本来就都是十足"先锋前卫",奇形怪状的。

可是后来我才发现,平时绝大多数的美国人都出乎我意料地正常。和老一辈的美国人聊起来,才知道他们小时候,要是不好好读书,一样要挨老师打手心,哪像现在的美国孩子,碰也碰不得。他们对于这个新世界新美国的困惑,比我还要深重得多。他们会痛苦地举杯邀我为"失去的美国"干杯,老泪纵横。

我终于发现,我们都大大上了美国传统歌舞剧的当,在那一排排高高踢起大腿的女孩子的滑稽表演中,我们基于自己的文化背景,十足把美国人与生俱来的幽默统统解读成了"厚颜无耻"。实际上,尽管保守的内涵与我们不同,过去的美国也是属于一个非常"保守"的地方。

美国的变化产生在六十年代和七十年代,和中国文化革命的时代恰巧吻合。中国"革命"的各种信息跨千山越万水地传到美国,也已经变得面目全非。美国"革命"的种种消息再反馈回去,听上去好像也已经和中国"革命"的模样差不多,好像他们正在努力向中国靠拢。这种阴差阳错等我以后有了机会,一定要好好和你聊聊,实在是很有趣。

不管怎么说,在美国那也是一个风起云涌的时代。当风暴席卷而去,雨过天晴,许许多多已经在原来的安静生活中习惯了的美国人,期待着能够恢复往日世界的平静。但是,他们发现,美国已经不再是原来的美国，世界也已经不再是以前的世界。他们也面临着无可奈何亦无所适从的痛苦，这种痛苦至今未消。因此，才会有杜尔在竞选时的口号，"我们需要在过去和现在之间架起一座桥梁"。因为在大量的跨越了两个时代的保守派民众来说，过去和现在之间是断裂的，中间有着一条被生生拉开的峡谷。

有许许多多观念似乎没有被延续，杜尔想宣传的理念，他想做的事情，正是架起一座桥梁，把那些遗留在"过去的彼岸"的一切，引回这个迷失了的"现实的此岸"。他们坚信自己不会有错，错了的肯定是这个世界。所以，他们一再强调的一句话是"对的就是对的，错的就是错的"。如果不是对"真理在自己一边"持有信心，是不敢这样教育这个世界的。

我发现我的许多自由派的美国朋友，也赞同保守派的许多具体观点。例如一些和过去的平静岁月紧紧相连的道德观念。例如，要维护家庭，反对吸毒，要增强责任感等等。他们无法接受的，是保守派确认只有一种价值观。在他们的价值观内，就宣称"对的就是对的"，出了他们的价值观，就判定"错的就是错的"。不论你所坚持的这种价值观是多么美好，当你要求这个世界只局限于一种价值观的时候，当你的价值观不仅仅表现在严于律己，还发展成苛以待人的时候。这种价值观就可能是禁锢思想的，也可能是危险的。因为它很容易走向极端。

对于价值观的唯一认定，一走极端就是排斥异端甚至迫害异端。这在过去和现在，在美国和其他地方，都屡见不鲜。道德观和宗教信仰一旦走向净化，就可能发生迫害异教。北美洲从一开始移民，就有过清教徒对于教友派的迫害。民族自豪感一旦走向极端，就可能走向种族歧视甚至种族奴役。这在美国历史上，有过对印第安人不公平和对黑人的奴役。政治理想一旦走向极端，就可能发生政治迫害，比如美国五十年代麦卡锡主义的教训。

事实上，人类的历史就是一部逐渐醒悟，并且逐渐从各种各样的狭窄走向宽容的历史。只是有的地区醒悟得早一些，有的地区醒悟得晚一些罢了。应该说，美国也不例外。只是，宽容是要支付代价的。它的代价就是把价值评判交给每一个个人。它的限度是不得伤害他人。这样，人们有了无穷尽的价值选择，也开始有了痛苦。但是，这种痛苦是在本质上有别于一个"纯净"而狭窄的社会，强加给某一个社会群体的痛苦的。

因此，这个世界仍然不完美，但是，这是世界发展的一个进步潮流。在美国，保守派的问题不在于他们留恋以往的平静，也不在于他们宣传的种种道德价值观是否正确，而在于他们没有意识到，在美国这样从一开始就以"人生而平等"为自己基本出发点的国家，居然也因为历史的局限性，在走向真正平等的道路上曾经走过许多弯路。而这些弯路的根源正是某一些文化的文化优越感。这种优越感之所以很容易走向极端，正是它的基础仍然是不平等，它是以忽视其他文化的价值观来实现的。

美国的保守派竭力把美国在历史进程上所发生的，使人感到羞耻的不平等现象视作偶发事件，而把这些事件和他们所追求的狭窄的单一价值观割离开来。他们承认发生了这样的事情，但是那与他们所追求的道德高尚的社会无关。他们始终无法理解，哪怕追求的是再完美的目标，只要是具有排他性的，就会轻易走向极端，顺我者昌，逆我者亡，一个事与愿违的黑影就会在后面紧紧相随。

所以，在美国的保守派和自由派的争执中，有一个非常有趣的现象：就是保守派的电台节目中，总是在宣传自己的观点的同时，对自由派的一切愤怒指责甚至破口大骂。但是，自由派的"谈论节目"几乎没有什么义正词严的时刻，他们常常只是轻松地对保守派的愤怒开一些玩笑，甚至做一些自嘲。

这种区别，保守派一直认为，这是因为自由派理屈词穷的缘故，"他们根本就没有道理，他们根本就讲不出我们有什么不对"。在某种意义上来说，这种说法也有一定的正确性。就是，在自由派看来，这个世界的价值观是多元的，他们无意去指责别人的选择。所以，这场持续不断的争论一直在以一种滑稽的形式进行。一方在说，我的观点就是正确的，你的观点就是错的。而另一方却在说，你可以相信你的观点，我也可以相信我的观点，这并没有什么矛盾。这种出于观念性的不应战，却常常使得对方更为相信自己的正确以及对方的怯弱。

而从更进一步来说，保守派的这种"坚持真理"的观念特征，有一种我们掌了权，就要带领迷途的羔羊回到正道的劲头。而这种劲头在自由派看来是危险的。因为，自由派的多元文化特征，更倾向于由个人决定他的价值取向。也许有某些人，他们的价值取向是会通向痛苦的，但是，这是他自己的选择，也许他继续走下去，也许他会逐步转变，但是，这是他自己的事情。也许有一些人会走向毁灭，这的确是一种社会代价。但是，如果动用政府的力量去号召甚至规定人们的价值取向，这将是一种可能带来灾难性后果的倒退行为。

我们以前就听说过，现在还时不时听说，有一些小教派，相信世界末日将来临，然后组织集体自杀。近来最有名的是"太阳圣殿教"。看着好端端的年轻人走火入魔，有人叫起来，政府怎么不管管。美国政府此时确实很为难。不要说行政分支管这事儿无法可依，就是立法分支也在宪法第一修正案的限制之下,"不得立法"干涉民众宗教自由或提倡某一宗教。联邦调查局只能说,民众私下的宗教活动,不管形式如何,只要不触犯法律,我们是不能管的。民众在得知这种自杀教派的消息而震惊之余,只能眼睁睁地看着将来还会有人走上这条路。政府不能管,民众也不想让政府管,或者说他们不敢让政府管,因为这事儿一管开头就难有边际,民众担心宗教自由没了保障。

这时我又不由得想到,美国两百年前的建国者之一托马斯·杰弗逊。他当过两任的美国总统,但是,在他亲手撰写的墓碑上,却对此一字未提。他在临死之前,回顾自己一生的时候,觉得只有三件事,在他经历丰富的人生中是最有意义的,他希望他的同胞能够记住。因此,这三件事刻在了杰弗逊家族墓园中简朴的墓碑上:托马斯·杰弗逊,是美国《独立宣言》的起草人;是《弗吉尼亚宗教自由法》的起草人;是弗吉尼亚大学的奠基人。

《独立宣言》我们已经都很熟悉了,尽管美国的历史也走过种种弯路,但是,之所以它还是能够相对平稳地走到今天,没有发生大的偏离,与托马斯·杰弗逊在《独立宣言》中非常朴实地表达的"人生而平等"的基本思想所指出的方向,是密切相关的。那么,《弗吉尼亚宗教自由法》为什么如此重要呢?

因为,正是这个法案第一次明确政教分离的原则,使得美国在西方国家成为政教分离的先驱。在当时,美国各州还是受到英国国教的影响,而从这个法案开始,政治和宗教彻底脱离。而政教分离的更进一步的意义,就是政治和意识形态的彻底脱离。政府的功能是受人民的委托管理公众事务,而没有任何权力干预或者指导人民的意识形态。这个法案的文字风格,有着十分鲜明的"美国风格",非常平实质朴,

1786年由托马斯·杰弗逊起草的
《弗吉尼亚宗教自由法》

十足的"大白话",使得普通平民都能够轻松理解。

  这项法案是在1786年1月16日由弗吉尼亚州议会通过的。当年通过这个法案的议会会址,今天已经变成了一个停车场。但是,在停车场的两面巨大的墙上,整面墙壁做成广告,告诉人们这是著名的《弗吉尼亚宗教自由法》被州议会通过的地方,有一段法案的摘录和醒目的托马斯·杰弗逊的名字。广告的色彩非常鲜明,使我在冬日下午的阳光下,在那里站了很久。

  两百多年前的托马斯·杰弗逊,似乎就已经彻底领悟了在两百多年之后还是有很多人无法理解的平等思想,以及必须由立法的形式确定下来的人的价值取向的自由和平等。这个法案是这个世界向着宽容和多元迈进的一个里程碑。

  对于一个迅速变化的多元社会所产生的问题,使得美国的保守派产生困惑和不满,这是完全可以理解的。人类毕竟有许多本原的东西是如金砂一般,在时代变化的水流冲刷下,会依然留在河床的底部。因此,人类在快速发展的过程中受到巨大的冲击,重要的是维持一个反思的功能,而不是在过去的时代抽象出一个"绝对的真理",更不是荒谬地相信,迫使大家遵从这个"绝对真理","过去的美好"就能够在"现在"被复制。因此,保守派的积极意义应该是从他们的角度和人们一起进行反思。

其实,不仅是美国的保守派,所有的人,包括美国的自由派在内,都对于人类社会在技术刺激下的快速变化,感到程度不同的担忧。自由派在美国整个社会的多元和宽容局面形成以后,立即面临科学技术加速发展的推波助澜。在这种情况下,能在发展的波澜中不被冲走,亦不随波逐流,就显得十分重要。实际上,对于人类发展,包括对于科学技术发展在内进行全面反思,也已经是这个世界的一个重要潮流。尽管,发展的冲击力太大,人们显得没有充裕的时间也不可能完全停下脚步来思索。但是,陶醉在发展之中,单纯地为此叫好的人已经越来越少了。

因此,产生了人们对于超越民族、超越国家、超越近利的一些思考。环境保护、世界和平、区域文化保存等等,都属此列。然而,恰恰是在这样的问题上,美国的保守派暴露了他们在基本出发点上的弱势,因此,他们还走不到这么远。正是一个过去的时代拖住了他们太多的精力。因此克林顿在竞选中,聪明地回答杜尔说:"我们不是要在过去和现在之间架设桥梁,我们是要在今天和未来之间架设一座桥梁。"

正因为美国产生大变化的年代,距离现在还不很远。因此,在整个社会的人数比例中,还没有明显的哪一派一定占上风。因此,在选举中，形势不明确也是常有的事。然而，已经逐渐产生这样的趋势，就是在新一代的年轻人中间，在大学里、在新闻界、在知识界、在艺术和娱乐界等等，自由派的比例在迅速增高。

共和党最终推出的候选人杜尔已经七十二岁了，比克林顿整整长了一辈。相比当年里根总统竞选连任时的年龄，也已经大了好几岁。你也许会问到，两个候选人的年龄差异是否会对竞选有影响。我们前面已经提到过，美国总统不是一个荣誉职位，而是一个工作量非常大的事务性工作。美国是没有总理的，总统把总理的活儿都一肩担了。这里我只能再一次提到翻译的问题。相应于中国国务院的部门，在美国就是白宫。中文报纸上提到的美国国务院，实际上是美国的外交部，中文报纸上提到的美国国务卿，实际上就是美国的外交部长，这个国务卿经常东奔西走，他是不管美国国内事务的。

既然总统包揽了国内的大小事务性工作，年龄因素当然是有影响的。在竞选过程中，克林顿和他的副总统戈尔经常有意凸现这种反差，

克林顿和他的竞选对手杜尔

大选，阳光下的一滴水　　*373*

在电视上，大家会在新闻里看到他们穿着牛仔布衬衫，爬高落下地为学校安装电脑，或是挥锹种树，或是在世界环境日清除垃圾等等。当然，这带有极大的宣传表现的意味。

但是，共和党最终推出的是一名七十二岁的老人，而五十七岁的布肯南却在极端保守的道路上走得如此之远。这样一种状况，确实值得共和党对各个方面做一番检讨和调整。否则四年以后，面对行事风格远比克林顿谨慎的戈尔，共和党要夺回白宫，还是会感到很吃力。

所以，如果说，美国人选总统主要是选一个理念的话，我不觉得共和党有非常明显的优势。在这种情况下，最大的胜算就是盼着克林顿自己出事。这意味着两个方面，一是克林顿行政分支的政策失误，二是我们已经介绍过的，克林顿被困扰已久的各个事件的进展对于民众的影响。当然，最好是在大选的当口上再有什么对克林顿不利的事件发生。

然而，我们已经谈到过，在中期选举以后，克林顿明显改变作风。在国内政策上，尽管面临一个共和党占多数的国会，他依然能够审慎地与国会合作，在必要时做一些让步，也尽可能坚持他的一些原则，成功地和国会一起完成了一些重要的立法。白宫的幕僚有了一些变化和调整，克林顿夫人希拉里也成功地淡出了主舞台。

至于国会调查委员会和司法系统正在调查的，与克林顿有关的几个事件，直至今年大选并没有什么与克林顿直接有关的确切证据。而在这些事件中影响最大的"白水案"，国会参院已经结束调查，克林顿家乡小石城的刑事审判也已经结束，过程中并没有发现足以对克林顿起诉的证据。因此，民众的基本反应也就是继续等待一个调查结果。似乎并不认为在目前的情况下有必要影响他们的投票选择。

但是，就在大选之前不久，克林顿的周围确实又发生了一些对他十分不利的事件。先是他的又一个顾问被迫辞职。这个叫做莫理斯的白宫顾问因召妓等性丑闻被迫离任。这样的个别事件总是有的，按理说也不会有太大的影响。但是，那名与他有关的应召女郎向新闻界交出一份日记，里面有不少莫理斯向她谈到的白宫内幕，又有不少对于第一夫人希拉里的不利评论。同时，身为顾问的莫理斯，为克林顿写过不少讲稿，其中也包括大谈"家庭价值"的演讲，此事一出，共和党当然不失时机地指责白宫虚伪。

此刻，克林顿才知道，他的这位心腹顾问早就以二百万美元的高价，向出版社签下了一份出书的合同，内容是莫理斯本人如何帮助克林顿重振他的政治地位。在这本书里，除了他对自己的作用做出正面肯定之外，对克林顿总统也有一定的负面评价。在丑闻导致他辞职以后，莫理斯干脆"恶名也卖钱"，接受电视台的采访，大谈"白宫内幕"。

对美国的民众一般来讲，对此人的基本态度是不屑一顾，这样，从他这里出来的"内幕"也就很少有人当真了。但是在竞选的两个月前发生的这一切，确实使白宫颇为难堪。对于克林顿频频发生问题的那些"顾问"，相信也给了克林顿足够的教训。

在大选临近时，本来没有什么高潮的竞选，又出来了一个被称之为"门"的事件，即"政治捐款门"。这一事件在大选决出胜负的时候，才刚刚露出一小部分，但是，有很多人认为，这是自"水门案"以来最大规模的竞选违法行为。谁也没有料到，一向在美国政治舞台上不显山露水的亚裔，竟然在1996年的美国大选中，爆了一个大冷门。

美国的历史只有两百多年，但是这两百多年的令人目眩的发展速度,却是全方位的,远不止是在经济方面。不仅政府在迅速扩大,就连竞选经费也在以难以想象的速度增长。在美国刚刚建立的那些年里,竞选总统的经费低得叫今天的美国人难以相信。当时的总统候选人,也就是花个几十美元买些啤酒之类,招待一下帮过忙的朋友。

据估计,这次美国国会议员以及总统大选,用于候选人的经费要高达十二亿美元。其中联邦政府提供的竞选经费是十分有限的,余下的就要各显神通、分头筹集了。于是,问题自然就出来了,既然美国总统和议员在竞选过程中居然有人解囊相助,那么,人们当然会问,我们的总统或者议员是不是被什么人收买了呢?

美国有一个专门的"联邦竞选委员会"负责这方面的监督。针对这种水涨船高的迅速变化,《联邦竞选法》也几乎是几年就要修订一次。在"水门事件"中,有许多违法行为都是利用政治捐款的钱。所以,在此之后,美国厉行公款竞选,对私人捐款尤其控制严格。私人对每一个候选人的捐款以两千美元为限,对政党捐款,则以五千美元为限。

例如,1972年的《联邦竞选法》规定,没有永久居留权的外国人不得捐款。不得替他人捐款,也不得从第三捐款人手中接受助选捐款。非法捐款者,"联邦竞选委员会"有权将其移交司法部门处理。而接受捐款者,委员会也有权罚款,其罚款金额可以高达违法捐款数的三百倍。

又如,在1986年的《修正国税法》中规定,以宗教为目的的机构,不得参加和干涉任何政治竞选活动,以支持或反对任何竞选公职的候选人。违者不仅会失去原来的免税资格,还将被追缴多年来的累积税金、巨额利息以及罚金。

在美国，违法募款和捐款，都属于联邦刑事犯罪，都是归联邦调查局管。例如在今年，经过十七个月的刑事调查，有三名美国农业部的官员在法庭认罪。他们在工作场所劝募了十八笔政治捐款，并且许诺这些捐款人将给予职务上的特别照顾。这些捐款数额很小，在二十五美元到五百美元不等。这是美国发生的第一起涉及联邦的专业公务员在政府的办公场所为选举募款，并且把募款和个人利益联系在一起。可见，在法律的严格控制下，敢于这样知法犯法的人还是很少的。

虽然金额很小，但是这样的刑事犯罪，最重可判一年徒刑以及十万美元的罚款。这条联邦法律的目的，是彻底实行美国的政府公职必须与政治分家的原则。正如上述案件中的联邦检察官所说的："知道联邦雇员可以在免于政治压力之下工作，这对美国大众很重要。让美国人知道，他们的公仆是在为人民而不是在为政党工作，这也很重要。"因此，只要是在联邦政府的建筑物内为政党募捐，都是属于违法行为。

除了"联邦竞选委员会"之外，新闻界也是重要的监督力量。今年大选的"政治捐款门"，就是从美国的新闻界开始披露，逐步掀开重重帷幕，最终引发司法部、联邦调查局和国会的大规模调查的。在"水门事件"中我们已经非常熟悉，在美国，凡是有关政治捐款的来龙去脉，只要一展开调查，一般总是能够查出眉目来。因为在政治捐款中是不可能出现现金往来的。

同时，还有一些社会监督团体在那里盯着。

那么，这次大选，到底在捐款方面出了什么问题呢？先是新闻界揭露，说是民主党接受的一些亚裔捐款，实际上是来自国外的某个商业集团。以此为线索，大选以后国会和司法部门都开始调查，问题越牵越复杂。

我们先回到"收买总统"的话题。一些社会监督团体在这方面进行了长期的工作，以防美国总统被什么人"买走"。这个工作的重要内容之一，就是向全民宣传公开捐款的状况。这些资料在美国是公众都可以查询的，可是，一般的人不会有兴趣去查。因此，这些社会监督团体，就会搜集整理分析这些捐款材料之后，再向民众进行宣传。这些材料里，除了捐款大户的名单，所捐金额之外，还会告诉民众哪些捐款大户在它所支持的政纲执政中，得到了什么好处。

例如，《纽约时报》的记者就撰文说，在美国有一个酿酒公司，在1992年想把历史遗留下来的他们公司酒瓶标贴上的一句"大量制造"的话，改成法语发音的"查尔马氏香槟制造法"，以完成从当年的"大众酒"，向高档酒迈进的过程。于是他们开始给共和党的杜尔捐款，并使得杜尔说服美国的烟酒火器管理局，做了一些对酿酒公司有利的妥协。最后获准改为"瓶装前再次发酵"。

又例如有一个名叫"社会廉政中心"的社会团体，就在今年这个大选年出版了一本书名叫做《购买总统》的报告，警告民众"大亨们"正在用钱收买美国总统。书中有大量的捐款资料和分析。例如，排出了捐款给克林顿竞选的前五名"大金主"。名列第一的最大捐款者，是纽约投资银行的一个公司，该银行的高级职员们总共已经向克林顿捐了近十一万美元。排列第二名的是纽约州教师联盟，捐款为约十万二千美元。再排下去的三名，捐款额就都分别在五万美元左右。

看了这样的警告性的报告之后，我的感觉就是，实际上整个美国社会对于这一类的行为还是有相当大的限制，整个社会民众手里的选票也是与大企业利益集团平衡的一个重要力量。为什么可以这样说呢？

我们可以看到，就算是头一号"大金主"，相对整个竞选所需要的经费来说，他所捐的数额实际上占的比例也还是微不足道的，我们很难说，总统候选人当选之后，就一定能够给出多少利益进行回报。而在美国的竞选捐款透明度和新闻制度下，捐款的状况无法瞒人，而挂了号的"大金主"又始终是众矢之的。总统想回报也会很有顾忌，必须做到"师出有名"。否则，又如何向手里捏着选票的美国民众交代。就像杜尔为烟草公司讲好话，只要略有勉强，效果就会适得其反。

在美国，由于共和党反对政府干预大企业的施政纲领，因而一向是大企业的主要捐款对象，相对来讲民主党要困难得多。当然选票是在平民手里，除了共和党的施政纲领同时也能够吸引普通民众，否则，民主党的克林顿照样上台，有钱的大企业也还是干瞪眼。

从得克萨斯州被推选出来的参议员格兰姆，长期以来竞选顺利，能够留在参议员的位置上。从1979年以来，美国的全国长枪协会十七年来一共捐了四十四万美元的政治捐款，以帮助他竞选。这些捐款都是公开的。在格兰姆担任参议员的这些年里，他发起、支持或是投票同意的枪支法案，有十八项之多。他反对枪支管理的态度也是公开的。

如果这一切就简单地理解为，格兰姆其人拿到这些捐款就可以为所欲为地替这个利益集团说话，这肯定是不全面的。事实上，之所以格兰姆能够这样做，并且依然能够连连当选，根子上还在于大多数的得克萨斯州的民众是支持放松枪支管理的。所以，这些民众根本不在乎这些政治捐款的来源。对于他们来说，这等于是长枪协会在替大家出钱，支持一个代表他们声音的人进入国会。相反，如果得克萨斯州的民众是坚决主张禁枪的，他们面对一个公开接受长枪协会捐款并且公开反对禁枪的议员，早就在选举中请他下台了。

然而，正是因为有了"联邦竞选委员会"和不断在进行修正的《联邦竞选法》，正是因为有了政治捐款的来源公开，新闻监督和类似"社会廉政中心"这样的民间组织，更重要的是全民直选总统这样的制度，才使得美国总统和国会议员的选举活动，在涉及金额如此之大的活动经费的时候，还能够基本维持正常状态，而没有触发普遍的民怨。

因此，虽然共和党候选人杜尔，在共和党接受烟草公司大量捐款之后，曾经十分勉强地为香烟辩护。但是，在遇到民众的普遍反感之后，终于在竞选后期，承认"抽烟也是有害的"，企图挽回民众的影响，但是已经为时晚矣。

然而，如果没有这些平衡力量和制约，如果一切都成为私下操作的话，我们可以看到，总统被什么利益集团悄悄"买去"的可能性，是完全存在的。

我们看到，如克林顿竞选时的捐款大户，他们的捐款金额与所需要的资金相比，还是十分有限的。在这种情况下，就是说，政治捐款的来源必须是非常多的。这也就是这些党派会在全国范围广发征集捐款的信件的缘故。就连我这样与任何政治活动都没有关系的新移民，都会莫名其妙在信箱里找到一封征集捐款信。

于是，这些政党就出现了一些专职募款人。这些人完全可能自己一分钱都不出，可是他们自有办法为政党和竞选活动募来成百上千万美元的政治捐款。这些自己一毛不拔的募款人，可以因为他们的募款能力，换取一些连出钱捐款的人都根本得不到的利益。克林顿的"政治捐款门"的问题,一开始就是出在几个华裔政治募款人那里。

亚裔在美国人数比例很低,也一向没有做大量社会捐款的习惯。但是,在今年克林顿竞选的时候,在民主党内却出现了几个亚裔的政治募款明星。为此,华人在这里的报纸还一度做了正面报道,非常欢欣鼓舞于亚裔开始"登上美国政治舞台"。也许正是这几个人的突出表现,似乎超出了亚裔一般的捐款习惯和水平,才引起了一些疑问,使得一些新闻记者进行深入调查,并且终于引发了一个"政治捐款门"的事件。

这样的大案件,调查程序将会花费很长的时间。但是,从已经暴露出来的部分看,确实有许多值得人们思考的问题。事情一出来,在美国的亚裔几乎是一片声援的声音,又一次开始提起与种族偏见有关的话题。但是,随着新闻界揭露出来的问题越来越多,亚裔也很少再表示声援,因为他们终于发现自己并不了解这些人。尽管他们口口声声宣称,他们的目标是在美国政坛为亚裔争得一席之地,然而,似乎他们最先争得的是他们自己的一些商业和政治的利益。更何况,他们的募款过程究竟是合法还是非法,确实大有可商榷之处。

例如,一名在克林顿故乡的中餐馆华裔老板,由于克林顿去吃过几次饭故而相识。克林顿当选总统之后,他就竭力利用这样一个关系。当克林顿无力支付"白水案"的法律诉讼费用而成立了一个"白水案法律辩护基金会",向社会上的支持者募集捐款的时候,他分两次向这个基金会送了近六十四万美元。这个数字相当于什么概念呢?如果这些钱被收下的话,它相当于这个基金会成立两年至今总共募得款项的三分之一。

但是按照规定,所有的捐款人必须是美国公民,必须明确说明自己的身份,每年不得捐款超过一千美元。这样,这六十四万美元就必须至少来自六百四十个美国公民。但是,这位募款人送来的第一批支票和汇票虽然出自不同的姓名,但是,开票的笔迹却是一个人的。结果被该基金会退回。结果,在他送上第二批捐款的时候,基金会只能拒收了。

而另一位在这次大选中为民主党竞选募得五百多万美元的亚裔募款人,又和一些国外的商业公司似乎有着千丝万缕的关系。而他所募来的捐款,有很多说不出明确的来源,或者来源可疑。当正式展开调查之后,民主党募款委员会开始一批批几十万、上百万美元地退款。这些退回的款项大多数都来自那几名亚裔的"募款明星"。像这样十分明显地违法募款,一般来说募款人应该是非常顾忌的。

因为涉及数量如此之大的违法募款和捐款,在刑事判决中如果被确定有罪,将会有很严重的后果。这次涉及的几名亚裔,之所以会这样做,与他们的文化背景还是有一定的关系。因为,他们对于总统的接近,使他们本能地在感觉上模糊了事情的严重性。然而在美国,总统和权威在法律面前都不能成为什么人的保护伞。我们已经从克林顿遇到的种种麻烦中看到,如果总统被法律找上门来,他连自己都护不住。

这个政治捐款风波,到底会到什么程度,直至今年选举日的这一天还很难说。因为这个事件出来得很晚,事情刚刚一露头,选举已经要开始了。所以对今年的大选,影响也不是很大。

这次大选,越是接近选举日,形势越是清楚。尽管在募款能力上,民主党远远逊于共和党,但是,在选民的支持上,情况却恰恰相反。在1996年的竞选中,共和党所募到的捐给政党的政治捐款超过民主党上亿美元。共和党拥有的捐款大户也要比民主党的几乎多一倍。

可是，这并不能保证共和党的总统候选人因此而进入白宫。美国大选的主角毕竟不是少数的有钱人，而是普通民众。有时候，一个政党由于接受了过多的大公司捐款，反而会在民众中引起反感，在选举中造成负面的效果。关键在于，一个政党无法在这里向民众隐瞒它的捐款来源。

共和党竞选人杜尔到了最后，提出的口号都是非常讨好选民的。比如，大幅度的减税承诺，甚至提出撤销国税局。但是，民众依然无动于衷。自从经历了里根时代，美国人吸取了不少教训。他们对于政府冗员浪费极为反感，当然人人都希望减税。然而，他们也知道，突如其来的大幅度减税，可能就是政府赤字大幅上升的前兆。最终还是要大家承担后果。在美国，有一个小党，他们的党纲一直是根本不交税，但是支持者寥寥。

越到后期，杜尔越使人有一种气急败坏的感觉。一开始，双方基本上还是以正面竞选为主，尽量宣传自己的理念，而不是攻击对方。但是在后来，杜尔这一方负面竞选的比重越来越大，宣称要对克林顿"不客气"。可是，对于克林顿的攻击依然没有奏效。并不是美国民众相信克林顿，而是他们相信这个制度。既然现在还没有什么定论，他们依然把克林顿交给这个制度去继续调查。因此，他们还是每个人根据两个政党的政纲所表现出来的理念，以及能够带给他们的利益去做正常的选择。

为了竞选，杜尔辞去了参议员议长的职位。他已经七十二岁，之所以做出这样一个决定，离开原来的国会职务全力投入一场总统竞选，当然有过相当大的期望。在竞选的最后关头，杜尔似乎真的是乱了章法，他先是暗中要求除了两大党之外的第三党退出竞选，以便集中选票。结果遭到公开拒绝。然后,他开始指责新闻媒体,认为是"自由派"的新闻记者帮了"自由派"的克林顿的忙。他大声呼吁,"美国属于美国人民,不属于《纽约时报》"。他无论如何想不通,人民何以有可能选择毛病百出的克林顿,却背弃他而去。因此,他甚至开始指责美国人民是"盲目"地支持克林顿。苦口婆心地疾呼,要人民"醒醒吧,醒醒吧"。可是,民意依然自有民意的逻辑。在美国,这是最基本的认识,是人民在那里选公仆,你只能根据民意反省和调整你自己,使自己适合选民的需要,而不是相反。

在竞选的最后九十六个小时,杜尔整整四天四夜不眠不休地连续奔走于东西南北做最后的努力。最后,他过度疲劳,嗓子已经发不出声音,只能由他的妻子代为演讲拉票。他最后对选民说的话是,"我也许不能再发出声音,但是我将信守我的诺言"。在私下他终于对自己的助手承认,他已经没有希望了。但是在公众面前,直至最后一秒钟,他依然保持一个必胜的乐观姿态。这个时候,我真是对七十二岁的杜尔充满同情。

共和党实际上也早就承认了在总统竞选中的失败。在这种情况下,他们已经开始把方向转向保住国会的多数议席。这个时候,对于民众的最有效劝告,就是提醒他们"平衡和制约"的原则,共和党开始在电视中打广告,呼吁民众千万不能在克林顿连任的时候,再让他有一个以民主党为多数的国会。同时,在民意测验中,有相当一部分民众表示,他们确实会在国会选举中考虑到这一点。

事实上,如我们以前已经提到过的,美国的政党是一种理念的集合,在组织上是极为松散的。所以在这里,没有什么党纪处分,更没有什么人被开除党籍,因为进来也没有任何手续。每个人对自己的行为负责，只受法律约束。所以，即使是一个政党的人，也只是相信一个基本理念，在许多问题上，还是可以有很大的差异。在每个议员候选人在各个州竞选的时候，也完全不必与他们所属的党步调完全一致。

因此，在今年竞选国会议员的时候，共和党候选人也是根据各个州，以及各个选区的不同情况，宣扬不同的主张。在今年议员选举的时候，已经有很多共和党国会议员竞选人，宣称他们和杜尔以及人心尽失的众议院共和党议长金格里奇并不一样，甚至有人干脆宣称他们的主张如克林顿那样，比较稳健。

在大选的那天，克林顿回到自己的家乡阿肯色州的小石城投票。他和家人留在那里等候选举结果。在那里，整个晚上一直在举行音乐晚会。虽然选举结果还没有出来，但是，已经是一片喜气洋洋了。而杜尔在家乡投完票之后，回到华盛顿。他知道，今天晚上他还有最后一件事情必须完成，就是在克林顿当选之后，向他表示祝贺。

大选终于揭晓了。没有什么意外。克林顿总统顺利地得以连任。在这一刻，杜尔表现得相当有风度。他说，"在选举中失败是会感到痛苦的，然而，我应该继续积极参与公共事务，继续打漂亮仗"。在向克林顿表示祝贺以后，他再一次宣布："我在竞选时一再说过，总统是我的对手，不是我的敌人，我祝福他诸事顺利。"他还针对自己辞去参议员而一心投入选举的决策，自嘲地说："在我走下台阶的时候，我就在想，明天将是我这辈子第一天无事可做。"顿时引起大家一阵哄堂大笑。就在这一阵笑声中，我觉得杜尔一下子放松了。不再是政治漩涡中那个咄咄逼人的共和党总统候选人，而恢复了一个普通老人的轻松心情。这个时候起，杜尔变得可爱多了。

这次美国大选的投票率也如大家预料中一样，相当的低。尤其是选情如此明确,大家在大选之前已经觉得大局已定,多自己一票,少自己一票,都没有什么关系。尤其是那些打算选克林顿的选民,更是有这样无所谓的想法。我的朋友克里斯就是一个典型。在选举之前,我问他,你打算投谁的票呢?他说,如果克林顿有可能选不上,他一定会投克林顿的票。如果看上去克林顿一定选上的话,他会选择投一个小党候选人的票,以表示自己支持美国有多种"声音"。最终,那天在繁忙之中,他还是错过了投票的时间。所以,一度克林顿再三呼吁大家别忘了投票,他大概担心他的选民都这样想的话,他倒反而要选不上了。

不管怎么说,投票率低总是让美国人觉得脸上无光。我只看到一个刚从一个政局动乱的国家回到美国的人写文章说,他刚刚经历了那个国家的大选,由于政局动荡,人人超乎常态地关心政治,故而大选时投票率极高,可是整个社会非常紧张。回来再看到美国大选,尽管投票率低,他反而感叹美国人是幸运地生活在一个平稳的社会中。这也不是完全没有道理。因为今年大选,民众没有什么激奋的心情,没有觉得他们要奋力去改变什么。没有一定要把什么人拉下马,也没有一定要把什么人推上台。甚至连四年前经济黯淡的刺激都没有。

在总统大选结果出来的同时,国会的选举结果也已经出来了。共和党仍占微弱多数。正好在这个选举年步入五十岁的克林顿总统,与他四年前获胜时那种兴高采烈的表现截然不同。通过四年的总统经历,相信他对于这个职位,对于权力的含义,对于宪法,对于他所领导的行政分支和政府其他两个分支之间的关系,都有了更深的认识。

克林顿沉稳地对大家说,在面对一个仍然以共和党为多数的国会,他深知自己仍然面临艰难前景。他说,美国人民再次选出这样一个两党差距微小的国会,是向我们发出一个信息,要我们共同合作,面对挑战。

克林顿总统对着数以千计支持他的民众,请他们一起向他的竞选对手杜尔致敬,并要大家一起为这位"毕生为这个国家服务"的前参院领袖鼓掌。克林顿告诉大家,他已经在当天晚上和杜尔通过电话,在电话里,他感谢杜尔对美国的热爱,并且对杜尔勇敢奋战到底的竞选精神表示赞叹。"我对我们为促进美国目标的共同努力,向他道谢。"克林顿对着支持他的民众说,"我祝福他,也希望上天保佑他。"

大选之后竞选对手的互相致贺和致意,在这儿是一种起码的礼貌行为。但是,很少会有人怀疑杜尔和克林顿他们这种表达的诚意。首先,这是公开的公平的竞争,双方都遵从一定的游戏规则,并没有什么宫闱阴谋。不论是出发点还是目标,他们都有很多共同之处,从来也不是你死我活的斗争。

在克林顿总统就任的那个星期,他邀请杜尔的一家来到白宫。向他的竞选对手杜尔,颁发了象征美国平民最高荣誉的总统自由奖章,表彰他多年来为美国公众的服务。行政分支的内阁官员和参议员都参加了这个仪式。杜尔走上讲台,擦去一滴泪水,声音激动沙哑地开始有意地念起了"总统就职誓词",念了半句,他马上说,对不起,我念错了演讲词。克林顿和在座所有的人,都爆发出一片笑声。杜尔又说:"我有一个梦,就是在这个历史性的一个星期里,得到总统给我的一样东西,可是,我原来以为,那会是一把白宫的前门钥匙。"这番话引起了又一场哄堂大笑。杜尔不愧是以说话机智幽默出名的老牌政治家,他在开过玩笑之后,庄重地感谢总统,呼吁美国人以信念、勇气和品格,面对时代的挑战,并且呼吁总统和国会的团结。

克林顿第二任的就职典礼在首都华盛顿举行时，完全是一派欢庆景象。许多人从遥远的外地赶来，仅仅是为了让自己体会一下"成为历史的一部分"的感觉。他们并不都是支持民主党的，有许多人宣称自己是共和党的，但是他们照样兴高采烈，因为选出来的总统是大家的。在美国，基本上是有党派无"党派性"的。因为除了极少数的极端分子，大量的民众都没有什么"派性"之类的概念。对于他们中的大多数人来说，他们已经在竞选阶段，在投票时充分表达了他们的意见，现在，依照宪法程序，美国已经做出了选择，大家于是放下一切，欢庆这样一个历史阶段的选择。

这和美国人已经习惯了对于宪法的绝对尊重也有很大关系。只要是依照宪法选出来的总统，一般人不会在结果出来之后表示异议。即使事后证明大家是看错人了，选出的总统显得平庸无能，美国人依然会表现出极大的容忍，因为他具有符合宪法的合法地位。人们所能够做的，就是耐心等待下一次选举，以选票表示大家对他的否定。

就其个人风格来说，克林顿确实还是很多美国人喜欢的。他已经有足够的总统风度，同时又有十分自然流露的平民作风。在美国比较宽松的政治气氛下，在多数场合他都不必刻意故作姿态，尽可以保持自己的本色。比起杜尔，他的风格使他与民众的亲和力更强一些。记得他访问俄国的时候，逛商店时买了一个长面包，顺手就夹在了腋下，使得俄国店员大吃一惊。有时候大家会说，克林顿还是"蛮可爱的"。

在总统就职庆典的电视转播中，播音员还是提到了克林顿总统在他的第二任期，依然还面临着许多困扰，他的诸多正在调查中的案件还没有结束，包括刚刚冒出来的"政治捐款门"和已经纠缠很久的性骚扰案等等。在美国，电视播音员是没有什么顾忌的。他没有什么哪一天只可以说什么和不可以说什么的概念。当克林顿出现在摄影机前,播音员想到什么就说什么了。在这里,谁也不觉得在这"大喜的日子"里,提到这些问题有什么煞风景,更不会认为这是播音员或是电视台和克林顿有什么过不去,因为,他说的都是实话。

在民众兴致盎然,大家都举着一面小国旗的庆祝游行中,也有一名男子举着一面"弹劾克林顿"的牌子,表达他的个人意见。除了新闻记者,几乎没有人对此引起注意。因为在美国,这实在太正常了。大概没有哪一个场合是没有人出来表示不同意见的。

在游行中,只有几个年轻人受到了警察的干涉。他们是"善待动物"组织的一些成员,想借此热闹场合,不失时机地宣传他们反对用动物毛皮制作服装的观点。平时,哪里找得到那么多人来看他们宣传啊。他们高举着"宁可裸体也不穿皮草","美国无皮草"等宣传牌。警察对他们的干涉,倒不是因为他们的宣传与今天的游行内容不切题,而是因为他们的确在那里实践他们"宁可裸体也不穿皮草"的口号。为了引人注目,大冷的冬天,他们不论男女,都只穿了一条裤衩。

在全美国人民面前,克林顿在最高法院首席法官的带领下,做就职宣誓。总统的宣誓内容是由美国宪法所规定的,誓言非常简单,事实上只有一句话:"我郑重宣誓我一定忠诚地执行合众国总统的职务,并尽我最大的努力,维持、保护和捍卫合众国宪法。"这也是美国人民对于他们选出来的总统的唯一要求,忠于职守,维护与人民的契约。宣誓之后,首席法官给了克林顿一句祝福,就像对任何一个刚刚找到新工作的朋友,在这里大家都会说的一句祝福:"好运气!"

事后,所有的人都认为,首席大法官的这句祝词是"恰到好处"。在克林顿的第二个任期,他确实需要"好运气"。他还面临着一系列未

克林顿1997年进入总统第二任期的就职宣誓

完成的对白宫和对他本人的调查。经过两百年来仅有一例的尼克松的"水门事件"之后,不仅是整个机制变得更完善了,美国民众也处变不惊,成熟多了。对待总统和白宫已经出现和有可能出现的问题,他们显得十分沉得住气。在没有什么确切的证据之前,他们正常地选举,正常地让整个系统继续运作。

他们选出了克林顿,但是这就说明他们完全信赖克林顿吗?我想,他们相信的是这个制度。相信这个制度"平衡和制约"的机制,会使这个国家的政治生活保持正常,会监督总统按照他对人民的许诺正常工作。他们并没有放松警惕。

拖了很久的"白水案"依然在调查之中。在克林顿任职后不久,调查"白水门"的独立检察官曾一度宣布他将在1997年8月辞职移交,然后去一个大学教书。顿时引起了美国民众的强烈反应。一个星期之后,在舆论压力之下,他随即在记者会上宣布,他决定留任,直到此一调查和任何起诉行动都已经"实质上完成"。他说:"我的承诺是对美国民众做出的,我要追查真相。""为了使民众继续对本案持有信心,对于我的特别检察官的工作,设下任何中止期限的举动,都是不恰当的。"

　　克林顿刚刚选上，今年最高法院一开庭，立即就按原定计划对克林顿的性骚扰案开始听证。总统能否在任期内免予民事诉讼，不久就会有一个结论。最高法院会怎么判，谁也没数。

　　对于大选前刚刚出来的"政治捐款门"，新一届国会一开始工作，调查该案就成为最热门国会议题，参院已经以九十票对零票，通过拨款四百三十五万美元，对"政治捐款"问题进行调查。呼吁就此案指派独立检察官的呼声此起彼伏。

　　克林顿总统的第二任期的前景，谁也不能预料。因为这些事件调查的发展，谁也无法预料。也许，我们只能像最高法院首席法官那样，对克林顿说一句："好运气！"

　　祝好！

林　达

辛普森案续集

卢兄：你好！

克林顿总统宣誓就职之后，接下来最引人注意的一个大活动，就是一年一度的总统赴国会做国情咨文报告了。之所以每年的总统报告会引起人们的兴趣，除了克林顿总统将向国会，也是向全国发表他的施政目标之外，这也是少有的美国政府的三大分支聚集在一起的时刻。

在整个报告期间，总统后面始终坐着众议院和参议院的议长，由于今年的国会还是由共和党占多数，所以，众议院的议长是共和党的金格里奇，而参院的议长我们以前介绍过，是由副总统兼任的，所以今年的参院议长是民主党的副总统戈尔。

下面醒目地坐着九名穿着黑色法袍的最高法院大法官。其余的，就是黑压压一片国会议员了。共和党和民主党的议员是分开坐的。在克林顿发表他的一个个施政目标和阐述他的观点时，下面时时响起掌声。有时候，议员们表示非常赞同，就会站起来鼓掌。但是，非常有趣的是，这并不是表示礼貌的掌声，这只是议员们表示态度的一种方式。

首先是，大法官们是极少起身鼓掌的，他们也几乎没有表情。他们似乎完全是带着审视的态度对待总统的演说。而议员们只有在赞同总统观点的时候才鼓掌。这样，就经常出现一半人起身鼓掌，而另一半人完全无动于衷的情况。克林顿总统的有些观点是只有民主党才主张的，这时，由于两党的议席是分开的，因此，你可以非常明显地看到，民主党的那些议席上的人和总统身后的副总统戈尔，都起身鼓掌。但是，共和党的议席上静静地坐着不动，总统身后共和党的众议院议长也纹丝不动。这时，电视机前的民众，可以清楚地知道，他所选的那个议员对于总统谈到的这些问题，都是什么态度。因此，与其说他们在向总统表示支持或者反对，还不如说，他们也在向民众表示他们的态度。

每年的总统国情咨文报告都是各大电视台紧盯着国会大厦转播，其余节目统统让路的时刻。但是，今年却出了意外的情况，另一个同样重要的新闻几乎也在同时发生。这使得所有的电视台都紧张万分，不知如何是好。原来，恰恰在总统即将开始报告的时候，远在西海岸的洛杉矶附近，一个叫做圣莫尼卡的小小地方法院里，经过十四个半小时的核议，陪审团宣布，他们对于著名的辛普森民事诉讼案，已经做出了结论。

当时，正是美国西岸时间下午四点。一般情况下，法庭在四点也就下班了。所以，法官也完全可以决定到第二天再开庭宣布结果。可是，正是由于人们对于这个案子的关注，法官决定当天就开庭宣布结果。

在美国，陪审团核议的时间长短是没有限制的。一个复杂的案件，陪审团会重新审听一些法庭录音，重新审查证据，核议花个十天半月是正常的，而且他们是自己关在房间里核议，法庭的审判大厅是空荡荡的。所以一般来说，这段时间里原告被告都不到法庭，而是留在家里等候消息了。这时，法庭发出通知之后，就必须等候有关各方到庭。什么时候能够到齐也不清楚，消息一宣布，只见法庭外的人群越挤越多。各大电视台的设备林立，都处于"备战"状态。

由于美国东西两岸三小时的时差，正好使得华盛顿的总统国情咨文与之冲突。圣莫尼卡地方法院的等候是没有一个确切时间的，宣判随时都可能开始。对于电视台来说，这样两个尽管性质不同，但是新闻重要性几乎相同的事情可能将同时发生，真是无所适从。最后，由于国会大厦的总统国情咨文先开始了。因此大多数电视台还是把主镜头对准国会，但是，不停地在画面上打出字幕，通告西海岸的辛普森案大致还有多久可以开庭宣判。有的电视台则干脆采取分割画面的办法，画面上一半是总统在作报告，另一半则是圣莫尼卡法庭外人们等待开庭的情景。好在这番等候整整等了三个多小时，最终开庭的时候，克林顿总统恰好结束了他的报告。否则，相信会有很多人会离开国会大厦的报道而把频道转向辛普森民事案的。

记得去年，我曾经详细向你介绍了辛普森刑事案的整个审理过程，我想，你一定也会有兴趣知道一些有关该案民事审判的情况吧。

从辛普森的刑事判决出来，至今已经一年多了，尽管最后的宣判仍然吸引着民众的注意力，但是民众的关心程度，与当初被称为"世纪大审判"的刑事判决相比，显然是热情低得多了。当然，时间拖得太长，民事审判的法官不允许电视录像，这些都是原因，但是，刑事与民事审判的本质不同，应该是一个最重要的原因。

两次负责审理辛普森案的法官，恰巧都是日裔。刑事审判中，是你已经非常熟悉了的伊藤法官，他是以公正严谨而著名的。他当时在审理过程中允许电视摄影机全程陪同，表现了一种不寻常的自信心。这等于把自己的法律专业水平、素质和公正性都摊在全国人民和无数法律同行面前，没有两下子根本不敢如此自信。这确实是很不容易的。但是，事后也有人对这样的全程转播提出异议，觉得这个案件被这样的转播"炒"得太热了。

这次主持民事审判的藤崎法官，则禁止一切摄影机、照相机、录音机入场，也表现了他的谨慎。只是，他一谨慎，大家的好戏就看不成了。每天听着参加旁听的记者，站在法庭门外的"二手报道"，总觉得好像有什么地方不对劲。尤其是，上次的刑事案审了一年，辛普森也没坐上证人席接受盘问，这次好不容易把他逼上了证人席，精彩细节又都看不到了。

顺便说一下，辛普森案这样公认的重要大案，居然会两次都碰上日裔法官。你也由此可以看到，一是在美国的加利福尼亚州，少数族裔的比例已经相当高了。二是日裔美国人通过他们多年的努力，在这里的社会地位上升得相当快。

由于这次电视转播不得进入法庭，在最后宣判的关键时刻，电视台为了使观众能够同步得到消息，想了不少绝招。他们派记者坐在法庭邻近窗口的地方，与外面报道的记者约好暗号，然后把暗号写在牌子上。不同的暗号表示法庭正在进行的不同程序和判决的不同结果。

一开庭，里面的牌子就一次次地被举上窗口。当然，窗子是关着的。站在警戒线以外的报道记者频频回头，看一眼报一报。法庭外面挤满的人群，对这种以英语字母表达的暗号，也多少能猜出个八九不离十,所以,每当牌子举上窗子,法庭外面众多等候消息的民众,就发出一阵惊呼。我们这样守在电视机旁的观众,也几乎在法庭宣布的同时,就立即得知了结果。这一结果你也已经知道,辛普森被判对两名受害者的死负有责任,并因此必须付给受害人家属巨额赔款。

宣判之后的第二天,就有华人报纸以"辛案民事官司宣判,推翻刑事无罪判决"这样的标题,来报道这场民事审判结果的。这肯定使得读者对于美国的司法制度感到非常困惑。也许,你也会提出同样的疑问,既然是同一个案子同一个嫌疑人给判了两次,两次的结果又截然相反,那么到底怎么个算法呢?其中究竟哪一个判决算数呢?一个法治国家的司法制度怎么可以允许在制度上发生这样的矛盾呢?

实际上,这在美国人看来是一点也不矛盾的。在美国的司法制度的设计中,刑事诉讼和民事诉讼是完全不同的两个概念,它们有着本质上的区别。也就是说,这两种诉讼本来就是两回事,结果也就当然可以不同,它们之间根本不存在"一个判决推翻另一个判决"的问题。这两个看上去矛盾的判决,完全可以不仅"合法"而且也"合理"地一起并存。

首先,必须回到这两个诉讼不同的出发点上。在这两种不同性质的审判中,它们的目的完全不同,因此它们的原告当事人也是完全不同的。

在美国的刑事审判中,它所寻求的唯一目标就是"正义"。这样的审判和对受害者金钱赔偿之类的诉求,是没有任何关系的。即使在刑事审判中包括了没收财产和罚款这样的判决,与钱财有关的这一部分也是充公上交的。刑事审判寻求的是"正义",寻找的是"罪犯",它的起诉性质是"公诉",定罪的结果是剥夺被判有罪者的自由乃至生命。

在美国的刑事诉讼案中,提出起诉的一方,并不是受害者的家属,而是在线索上归属于美国政府行政分支的司法部之下的各级检察官。案件的名称通常是起诉地点的地名对被起诉者的名字,例如:"加利福尼亚州对辛普森","美利坚合众国对某某"。

事实上,上面的这个案件名称是不完整的。完整的名称应该是"某某地的人民对某某人",如"加利福尼亚人民对辛普森"。因为对于刑事诉讼,原则上来讲是一个地区的人民为在他们生活的地方发生的罪行,对嫌疑人提起"公诉",为这一地区的人民寻找罪犯,寻求正义。

那么,这个时候被害者的家属在这场刑事诉讼中,又是怎样的一个位置呢?他们仅仅是证人。而且,证人的地位完全是被动的。并不是你想要上去控诉表态就可以上去的。你和其他证人的地位是完全一样。也就是说,只有当一方的律师,通常是检方,要求你上去作证你才可以上去,上去了就是回答律师的问题,答完了就下来。律师不叫你作证,那就没你的事,你只能坐在旁听席上,静候发展。

虽然美国的刑事诉讼是一场"公诉",但是,作为原告的"人民"在这里是一个集合体的抽象概念。落实到具体操作、司法调查和诉讼就和其他的公众事务一样,美国人民是通过宪法这样的契约,委托一部分人组成政府来操作的。也就是委托被称之为"公仆"的政府工作人员来代劳。这里面既包括警察局或者是联邦调查局这一类的机构的调查、取证,也包括政府行政分支司法部检察官的起诉和法庭辩论。

在这样的刑事案件里,不论被告是否被判有罪,受害者的家属是不用出一点诉讼费用的。整个这套班子动用的都是政府工作人员,并且可以根据需要动用纳税人的税金进行全部操作。所以,人的资源是丰富的，经费通常也是充足的。因此，经过这样一个转换之后，名为"某某地人民对某某人"的案子，实际上就变成了"某某地政府对某某人"的诉讼。问题也就随之而出来了。尽管在理论上可以完成这样的切换，但是，我们在以前也提到过，当政府已经建立，权力已经集中，它相对于人民的异化很可能在同时就开始了。因此，当诉讼的公诉一方在操作中被切换以后，诉讼的性质也可能被偷换了。

正是因为有诉讼性质被偷换的可能，因此美国人民认为他们有理由这样担心，一场代表着人民正义的公诉，是否有可能被偷换为政府利用司法对平民进行的迫害。一旦这样的事情发生，作为个体的平民被告方在政府强势的对比下，又是明显的没有招架能力。

你想想，如果政府官员们讨厌哪一个惹麻烦的平民，想把他送进监狱甚至了结他的性命的话，这不是太简单了吗？从搜罗证据提出证据，从审理判定到送进监狱，统统都是政府的人。更何况，刑事审判的诉求是刑事惩罚，它所涉及的是一个普通平民的自由乃至生命。这使得以个人的生命自由幸福作为最根本目标的美国人，觉得无论如何必须设法防止这种偷换。

因此，不仅在美国的宪法修正案中，加强了保护平民被告接受公平审判的权利，同时在刑事诉讼的设计中，也有一整套保护被告公民权利的措施。它的做法依然是我们已经熟悉了的原则，就是政府的力量必须受到"平衡和制约"。

我们再回过头来看美国的民事诉讼。民事诉讼相对来说要简单得多。美国的民事诉讼寻求的唯一目标就是对于受害者或者其家属的"经济赔偿"，它和"寻求正义"的目标有着本质上的不同。当然，在民事审判中，也有人是希望通过审判结果，给自己"讨个公道"，"有个说法"的。例如，一些根本谈不上有损害的事件，也会有人因为"咽不下这口气"而进行民事诉讼。这时，就会发生象征性的"一美元赔偿"的判决。使得大家对一场民事争执，也给出一个"说法"来。但是，你也看到了，美国民事诉讼的一切结果，就是归结到金钱上面。

因此，民事审判的性质与刑事审判完全不同，它的判决结果民事诉讼寻求的是"金钱赔偿"。它寻找的不是"罪犯"，而是金钱赔偿的"责任承担者"。它的诉讼性质是"私人起诉"，判决的结果是"赔不赔钱"和"赔多少钱"。与涉案者的自由生命统统无关，它所寻求的仅仅是经济赔偿，说到底这场诉讼在法理上就是只和钱有关。

民事案件的名称一般都是"某某人对某某人"，也就是说，这里的原告方一般都是个人，或者是一个法人。而被告方通常也是个人、法人。有的时候，被告甚至是政府机构。

辛普森的这场民事诉讼，原告方与政府已经毫无关系，司法部的检察官也不再出现。现在的案子的名称已经是"两名死者的家属对辛普森"。原告方必须自己承担风险，万一败诉，他们必须自己支付巨额的诉讼费用。政府不再动用税金为原告支付任何费用。

正因为这是性质完全不同的两种诉讼，因此，它们是可以互不相干地进行审理的。在加利福尼亚州的法律规定，民事诉讼有个时效问题。原告必须在事件发生后一年之内就提出诉讼，否则这件事情就算过去了，以后法院不再受理。因此，在辛普森的刑事审判进行到一半的时候，也就是在案件发生将近一年的时候，本案两名被害者的家属，就已经分别做出决定，提出了民事诉讼。

正因为两种诉讼寻求的目标不同，因此，不论辛普森在走在前面的刑事诉讼中是否被判有罪，民事诉讼都会照常进行。我们假设辛普森在刑事诉讼中是被判有罪并且入狱了,这也并不意味着民事诉讼就可以"免了",辛普森到时候照样必须从牢里给解出来参加民事诉讼。因为,尽管正义被伸张了,罪犯已经找到并且被惩罚了,但是,民事诉讼是另一码子事,那是家属在要求赔偿经济损失。这一个不同的"诉求"在刑事诉讼中是没有也不可能得到满足的。大量刑事案的受害者或者家属之所以没有提出民事赔偿诉讼,其原因不过是因为大部分的刑事案的施害人是穷人,根本没钱可赔。

所以,辛普森案民事诉讼的发生,在法理上并不是说明,该案中的被害人在刑事诉讼中没有寻求到正义,因此,必须在民事诉讼中再来一次,再做一次伸张正义的努力,希望这次能够证明辛普森"的确是个罪犯"。而应该说,上一次刑事诉讼是政府给大家找罪犯,这一次是被害者家属在给自己找赔钱的责任承担者。

从法理上,二者之间没有什么联系。所以完全可以各找各的。两个不同的原告根据不同的出发点寻求不同的目标,完全可能一个达到了目标,而另一个却没有达到目标。那么,你一定要问了,不管怎么说,是毕竟同一个案子同一个被告呀,就算是"合法",可是两种不同的结果怎么可以"合理"共存呢?"经济赔偿"的"责任者"找到了,不就是等于刑事案中的"凶手"也找到了吗?别急,听我再往下说。

在这样性质完全不同的两种诉讼中,美国人处理它们的方式和态度是截然不同的。整个过程都有非常大的区别。从一开始,在起诉之前,根据美国宪法第五修正案,重罪刑事案就必须通过大陪审团的审前听证,以防止检察官对于平民的无理起诉。因为没有大陪审团的批准,美国政府的行政分支就根本无法对一个平民提出起诉。

所以,辛普森案的刑事诉讼是经过大陪审团审查的。记得我在去年的信中告诉过你，就在过这一关的时候，政府的检察官就差一点没能过去。因为检方提交的证据，是警察在申请搜捕状之前从辛普森家取得的。要不是最后检方以紧急状况为理由得到法官同意，按照美国法律，这些证据就不能呈堂，等于作废了。证据作废当然也就很难起诉了。

但是，这一道专为刑事诉讼所设计的监督关卡，在民事案件中是不存在的。辛普森的民事诉讼中也根本就没有出现过大陪审团。法庭直接就决定受理原告的起诉了。这是为什么呢？这就是因为两种诉讼的原告是截然不同的缘故。美国人认为，在刑事诉讼中，检方是实力强大的政府，而辩方是势单力薄的平民。诉讼双方从一开始就处于严重的不平等地位。因此，必须再增加大陪审团这样一个中间的监督力量，以增加平民受到公平审判的几率。而在民事诉讼中，双方都是平民，双方的较量是平等的，如果给被告以过多的支持，就等于是侵犯了也是平民的原告一方的公民权利，反而显得不公平了，反之亦然。

在这场民事诉讼中，辛普森所聘请的律师团是完全不同的一班人马。也许你会问，既然在上一次的刑事诉讼中，辛普森所聘请的"梦幻律师团"一举获胜，而且他们已经完全熟悉案情和证据，那么为什么辛普森不让他们一鼓作气"乘胜追击"，而去冒更大的风险重聘律师呢？

这是因为随着两种诉讼性质的不同，它们的辩护方法和策略也不同，在美国的法律界，这是两门不同的学问，是完全不同的两拨子人在那里操作，这就是刑事律师与民事律师两套人马。一般来说，他们之间也是隔行如隔山，不互串角色的。形成这个隔阂的最重要原因，就是这两种诉讼对于证据的要求是截然不同的。

在辛普森的刑事诉讼中，我们已经看到了，美国的"刑事证据法则"要求检方必须提出确切的证据,证明被告是杀了人。要求检方的证据必须是确凿无疑的,证人必须是诚实可靠的。按照法律的术语,检方必须提供"超越合理怀疑的证据"。而且,证明被告有罪的负担和责任,是在检方一边。在检方提出"超越合理怀疑的证据"而使陪审团裁定被告罪名成立之前,被告就是无罪的。

在刑事诉讼中,对于被告的要求是怎样的呢?被告的律师不必提出确切的证据,证明被告没有杀人。因为法律规定,"证明的负担"不在被告一方。他们只需要对检方的杀人证据提出合理的疑问。如果被告律师能够证明检方的证据确实是"有疑问的",大功就基本告成了。正如辛普森的刑事辩护律师考克伦所说,我们什么也不用证明。

在陪审团核议刑事案的时候,要求的就是百分之一百的陪审团员必须百分之一百地坚信,检方提出的辛普森杀人的证据证词都是没有疑问的。只要有百分之一的疑问,按照刑事诉讼对陪审团的要求,他们的结果就必须是判定被告"罪名不能成立"。

民事赔偿的判决标准就完全不同了。民事案件要求的仅仅是"证据的衡量",就是原告被告双方都提出证据,原告提出被告杀人的证据,被告则提出没有杀人的证据。然后,就是由陪审团去衡量。不仅衡量的标准是完全平等的,同时也不要求陪审团所有的人都要有一致看法。只要衡量下来,陪审团中的大多数人(在辛普森案中,要求十二个陪审员中的九人)认为其中一方证据的可信度达到百分之五十一,而另一方证据的可信度只有百分之四十九,那么,前者就赢了。

对证据的这样两种完全不同的要求,当然也就给辩护律师提出了完全不同的要求。他们因此会采取根本不同的策略,去应付原告律师不同的进攻方法。所以,辛普森民事诉讼的战幕一拉开,其形势和刑事诉讼就是完全不一样的。

坦白地说，辛普森民事诉讼案中的原告律师，与一年前刑事诉讼中的女检察官克拉克和黑人检察官达顿相比，可是好办多了。他们的策略，就是除了刑事诉讼中已经提出过的直接证据以外，还向陪审团提出大量的对辛普森不利的疑问。在"辛普森杀人"的论据上，尽量增大比重。

在原告律师的策略中，有很重要的一部分，是当初刑事审判中的检察官根本用不上的。这就牵涉到这两种诉讼规定中的另一个重大区别。

在宪法第五条修正案中还规定，在刑事案件中，被告有权不回答对自己不利的诘问。因此，就像我刚才所提到的，在刑事审判中，自始至终辛普森本人没有上过证人席。在刑事诉讼中，选择出庭作证和拒绝出庭作证，是被告的公民权利。完全根据他对"怎样做对自己更有利"的判断，来做出决定。他当然可以认为这是一个为自己辩护的机会，而选择出庭作证。也完全可以因为感觉自己对付不了盘问，怕会给陪审团留下不良印象而选择不出庭作证。

在辛普森的刑事诉讼中，根据宪法修正案的规定，被告有权面对自己的证据。因此，法庭上的一切都不可以瞒着辛普森进行。即使有的时候，争执一些陪审团还不能接触的材料，把陪审团都暂时请出了法庭，辛普森照样有权坐在那里。在法庭安排陪审团查看杀人现场时，辛普森也有权一同前往。只是在查看非常血腥的场地时，陪审团提出，希望这个时候辛普森不在他们身边，否则他们实在感觉不舒服。只有这一次，在预先征得辛普森本人同意之后，他留在车子里，没有下车。

在刑事诉讼中，辛普森自始至终拥有面对自己的证据的权利。法

辛普森在民事审判庭

庭上双方争得昏天黑地的时候,辛普森始终衣衫笔挺地坐在椅子上。他的梦幻律师团决定让他"放弃"作证的权利,结果他从没有像其他证人那样,当着陪审团的面,直接受到过检察官的严厉诘问,长达九个月的庭审过程中,居然就是没有一个人有权询问辛普森本人有关案情的任何问题。

然而,在民事案件中,被告没有拒绝出庭作证的权利。只要原告律师提出要求,他就必须走上证人席。他可以按规定拒绝回答非常有限的一些问题,例如,涉及他和律师之间交谈内容的问题是触犯律师与客户隐私权的,他可以不回答。又如,和他私人财产有关的问题,他也可以不回答。但是,其他问题他都必须当庭回答。

因此,对于辛普森来说,这成为一个巨大的挑战。因为,他和前妻妮可显然有过长期的感情不和的历史,最终还导致了他们的离异。不论是离异前还是离异后,根据人们在刑事审判中所得出的印象,一般都认为,在他们两人的相处中,发生过多次暴力冲突。在刑事审判中,在检察官强调辛普森的暴力倾向时,辛普森的律师也曾经非正面回答地提到过,辛普森并不是一个完人,他们所要证明的,并不是辛普森没有打过妻子,而是他没有杀人。作为律师,这样的回答还是相当聪明的,因为家里打架和杀人毕竟有本质的区别。由于辛普森当时并没有作证,因此,检察官对于这个情节的追究还是很有限的。

但是,在民事审判中就大不相同了。辛普森被迫出庭作证。原告律师可以在辛普森对于妮可的暴力问题上大做文章。他们可以追问细节，可以试图激怒辛普森，逼他发急。如果辛普森承认了曾经打过妮可，那么，原告律师就可以把这个家庭暴力问题尽量推到危险的边缘。尽量使得陪审团相信，辛普森是一个具有暴力倾向的危险分子，他无法控制自己的情绪冲动，从对妮可使用暴力到杀害妮可之间，只有一步之遥等等。

如果他否认自己打过妮可，否认一些对自己不利的事实，那么，他又站在一个撒谎者的悬崖边，一失足同样后果难以想象。我们提到过，在法庭上作证之前，是必须宣誓说真话的。凡是说假话，就要冒被控以伪证罪的风险。当然，还是有人冒险在法庭上撒谎。可是，哪怕人们并不能真的证明这是一个谎言，只要给陪审团留下一个撒谎的印象，仍然是一个证人最失败最糟糕的状态。

在走上证人席之前，辛普森又无法知道原告证人究竟会提出什么样的问题，他防不胜防。在这种情况下，辛普森在应对的策略上，的确处于两难境地。于是，不知道是他的律师出的主意，还是他自己的决定，反正，他走出了错误的一步，他决定否认一切。

而这一次原告律师用的一个重要策略，就是先逼着辛普森对一些问题做出否定回答，留下一个撒谎者的形象，再在这个基础上，把提问逐渐过渡到杀人的细节上，迫使辛普森一遍遍地重复否定这些细节。使得陪审团有这样的感觉：辛普森对前面问题的明摆着的证据的否定都是在撒谎，那么，辛普森对于后面否定杀人的一系列回答，也可能是在撒谎。所以，辛普森否定一切不利证词的选择，正是在民事审判中一步步走进了原告律师的预定圈套。

他从一开始作证就否认一切。面对妮可生前留下的鼻青眼肿照片，他宣称他从来没有碰过妮可一下。他说妮可是个强壮的女人，妮可在冲突中打过他,可是,他从没有还过手。

更令人无法置信的是,在现场留下的可疑脚印,是一种相当名贵的名牌鞋。当然,鞋子是工厂制造的,并不是只造一双,但是这种鞋实在太贵,穿的人是不多的。不过即使辛普森有这样一双鞋,也不能一定说就是现场发现脚印的这一双。但是,辛普森坚决否认自己有过同样类型的鞋子。

原告律师出示了作为证据的辛普森穿着同样的鞋子的照片,照片被放得如此之大,以至于从他抬起的脚步上,都可以认出鞋底的花纹恰与杀人现场的鞋印类似。于是辛普森坚持说照片是原告一方伪造的。

结果,原告律师又请来了摄影专家。摄影专家对陪审团说,尽管照片是可以伪造,可是,他实在不认为有任何理由说这张照片就是伪造的。更何况,辛普森是个名人,他长期以来一直是摄影师的目标。他宣称原告方"伪造照片"的话一放出去,原告立即从美国各地不同的摄影师那里,得到了三十一张不同的照片。在这些照片上,辛普森都穿着同样的这一种鞋。原告律师当场强调,如果他没有作案,他根本没有必要否认自己有这样一双鞋。

于是,在辛普森否认一些看上去明显的事实,给陪审团造成一个撒谎的印象以后,原告律师话题一转,开始问一些与谋杀有关的话题。例如,你那天晚上去过妮可的住处吗?你刺杀了高德曼吗?你是否用刀差一点割下了妮可的头等等。辛普森对一系列陪审团相信是事实的问题,刚刚硬着头皮说了一连串的"不",现在,又马上对这些性命攸关的提问,也说出一串"不"来,你说能让陪审团怎么想?

总之,辛普森在民事审判中被迫作证的结果,是一场彻底的失败。有一个陪审员事后甚至说:"他应该在上台前,把他的故事先顺一顺。"另一位陪审员则在事后表示,有一些很明显的事情,辛普森却说不是这样。其结果就是:"我们真的不知道什么应该相信他,什么不应该相信他。"还有一个陪审员在事后说,他就是在辛普森一连串的否认他曾打骂过妮可开始,怀疑辛普森是在隐瞒什么,怀疑他是在法庭上撒谎。原告律师的这一策略肯定是成功的。

在整个审判过程中,辛普森的律师再三提醒陪审团,这个民事诉讼与追求正义无关。辛普森的律师希望能够利用民事诉讼的这一性质,尽量减少陪审团倾注于死者家属的感情比重,使得陪审团相信,这两名死者的家属并不是在乎是否"讨到公道",他们的实际目标,只是打算利用死者敲诈一笔钱财。而陪审团不应该让他们"得逞"。

妮可的父母在女儿死后,及辛普森的刑事诉讼期间,妮可和辛普森所生的两个孩子一直由他们代为抚养。但是,辛普森在刑事诉讼中胜诉之后,马上进入了与他们争夺两个孩子的抚养权的一场官司。最后,辛普森夺回了孩子的抚养权。其关键原因之一,当然是由于辛普森在刑事诉讼中被判"罪名不成立",同时他又是孩子的生父。但是,另一个重要原因,是妮可的父母曾经违反规定,在没有通过妮可财产共同管理委员会的许可,就将妮可留下的一份材料卖了钱。

这样一个情节,辛普森的律师当然不会放过。同时,也由于死者高德曼的父亲,因为与一个出版社签了一份出书的合约,书的内容是有关他死去的儿子的。因此,老高德曼得到了预支的四百万美元的稿费。这件事,也成为辛普森的律师攻击的目标。辛普森的律师所拟定的策略之一,也是打击两个原告家庭的信誉。把一场要求"经济赔偿"的诉讼,演化为"合谋敲诈"的闹剧。

但是,这样的策略似乎并没有成功。其中很重要的原因,是死者高德曼的父亲确实始终留给人们一个非常"悲壮"的"寻求正义"的印象。面对辛普森律师的策略，老高德曼一再表示，尽管民事案件的性质与寻找罪犯无关。但是，他确实是希望借这个审判再一次寻求公道。最后，在此案宣判以后，他将有权从辛普森那里得到上千万美元赔偿的时候，他甚至向公众宣布，他决定公开与辛普森定一个条件：如果辛普森当众承认是他杀了人，他愿意将上千万美元的金钱赔偿一笔勾销。

你也许会问，假如辛普森考虑接受这个条件，承认自己杀了人，是否还会再次受到刑事处罚呢？这已经是不可能的了。因为去年介绍刑事审判的时候，我们已经提到过，美国的宪法修正案为了保护被告免受政府的无休止纠缠和迫害，有"免于二次困境"的规定。就是对同一个案件，刑事审判只以一次为限。一旦陪审团判定被告无罪，便不得再二次起诉。但是，辛普森还是当即拒绝了这样的"交易"。

由于民事诉讼的目标不是寻找罪犯，所以，在法庭用语上也是不同的。同一个行为，在刑事诉讼中称为"犯罪"，在民事诉讼中则被称为"侵权行为"。在刑事法庭上，最后宣判的时候，法官会问这样的问题，对于某某人的一级谋杀罪，被告是否罪名成立？陪审员则回答，"是的"或"不是的"。在民事诉讼中，法官对陪审员提出的问题是完全不同的，他的问题将不牵涉犯罪。法官在民事宣判的时候会问，对于某某的错误死亡，被告是否负有责任？如果有责任，接下来陪审团就会报出赔偿的金额。

这里必须说明的是，实际上这里是两个被害者家庭的两个不同的民事诉讼。只是因为被告和证据相同而放在一起审理了。但是在宣判的时候，两个案子是不同的。

在高德曼的案子里，死者的亲属提出了多项不同告诉和赔偿要求。第一项是告辛普森对高德曼的错误死亡负有责任。要求对死者的损失进行直接赔偿。

在这一项诉求中，家属并不是因为失去亲人而为自己索赔。这项索赔的含义，是家属为死者本人索赔，为他死去时所受到的痛苦索赔。法律规定，这项索赔要求只有继承人才有权提出。高德曼未婚，所以，他的生身父母依法可以替他索赔。索赔成立之后，根据继承法，这笔赔给死者的钱才由他的生身父母继承。在法律上，这种赔偿是没有上限的，痛苦是无价的。

而妮可的情况是不同的。她离婚并且有孩子，按照法律规定，只有年幼孩子的监护人才有权替孩子为他们的母亲索赔。现在，由于妮可的父母已经失去对孩子的监护权，也就同时失去了这项索赔的权利。孩子的监护权现在是在辛普森手里，他当然不会提出代表自己的孩子向自己索赔的要求。

因此，这一项索赔告诉，两个家庭中只有高德曼家庭有份。因此，他们当场获得了八百五十万美元的赔款。而妮可的父母是得不到这笔赔款的。死者高德曼的生身父母已经离异，因此，已经再婚的老高德曼必须和他的前妻分这笔赔款。

另一项告诉是辛普森对死者恶意进行身体攻击。这一项告诉成立的话，死者家属可以要求惩罚性赔款。这个"家属"的定义已经超出了"继承人"的范围。所以，这项起诉是两个家庭都有份的。一般来说，这项赔偿的金额不应该超出被告的能力范围。所以，这项赔偿不是在宣判那天决定的。陪审团还必须在此后听取诉讼双方对于被告财产的估计。

所以，在宣判之后，又经过了一段时间的听证，主要就是对于辛普森财产的估算。对此，双方的估算相差非常大。辛普森的律师宣称，辛普森在接连三场官司（包括他争夺子女抚养权的官司）打下来之后，早已经债台高筑。而原告律师则连辛普森的现有财产，还加上假定他的名气可以在将来再挣上两千四百万美元，认为他依然是一头"大骆驼"。对此，被告还特地请来了商人作证，证明现在以辛普森为标志的商品已经卖不出去，他的"名气"已经一钱不值。

但是，最终，陪审团还是以十一票对一票，同意对辛普森进行惩罚性赔款；以十票对二票，同意惩罚性赔款的金额为两个受害者家庭，各得到一千二百五十万美元。

辛普森的倾家荡产，大概是没有人再表示怀疑的了。新闻媒体曾经在核算之后，认为辛普森此生免于受穷的唯一办法，大概就是携款逃往一个与美国没有引渡关系的国家去了。

这次的辛普森审判，又一次引起了种族话题。因为，曾经有调查说，比较同情辛普森的是黑人女性，而相对更相信辛普森有罪的，是白人男性。上一次的刑事诉讼，陪审团是以黑人女性为主的，而这一次的民事诉讼，陪审团却恰恰是以白人男性为主的。那么，人们不得不想，这两次截然不同的审判结果，是否和种族因素，甚至和性别因素有关呢？

记得去年分析辛普森刑事诉讼的时候，我们就谈到过，十二名陪审员的判断，这确实是一件十分复杂的事情。你确实无法完全排除包括种族性别因素在内的种种因素。但是，我觉得，真正有意义的，还是看这样的判决在绝大多数人看来，是否符合法理。辛普森的两场判决，在美国已经作为法律专业的学生必修的案例。回头想想，辛普森案的典型性，使你几乎觉得它就是为了给美国法律制度提供一个注解而发生的。

人们对于两场不同结论的诉讼如果产生疑问的话，那么，问题就是，辛普森到底杀了人没有呢？我们可以先根据这两种不同判定方法的诉讼结果，来看一下，它们各自说明了什么。

在刑事诉讼的判决中，我们得到的结论是，陪审团认定检方没有提供绝对确信无疑的证据，而被告律师则提供了足够的对证据的疑点。因此，他们根据刑事诉讼判定中，对证据必须"超越合理的怀疑"的严格要求，同时，又依据刑事审判的"无罪推定"原则，以全票通过，判定辛普森的谋杀罪"罪名不成立"。

在民事诉讼的判决中，我们得到的结论是，陪审团认定，在对双方的证据进行权衡之后，所有的陪审员都认为，辛普森涉案的可能性，比辛普森无辜的可能性更大一些。因此他们根据民事诉讼判定中，对证据"衡量"的要求，虽然不需要全票，但是他们还是以全票通过，判定辛普森对两名被害者的死负有责任。

在比较之后，我们发现，两个看上去截然相反的结论，实际上并不是绝对矛盾的。我又想起辛普森刑事判决的那一天。我在屋里听完判决，冲出来告诉我的同伴。一出门先迎面碰上了丹尼斯，他问道，怎么样？我说，陪审团把他给解脱了。丹尼斯一边往里走，一边自言自语地说："他们只能这样做，他们只能这样做。"

丹尼斯的话，实际上说明了刑事案陪审团的处境。就是我去年所提到过的，他们即使个人认为，可能是辛普森杀了人，但是，只要没有面对"超越合理怀疑的证据"，就如丹尼斯所说的，根据刑事案的要求，他们"只能"放人。那么，既然大家公认，在刑事案中检方是没有能够提供确信无疑的证据，那么，刑事判决的结果就是必然的、合理的。

而在民事案中，陪审团就没有受到刑事案严格规定的约束，也就是说，在这个时候，他们听证之后，自己觉得大概是辛普森杀的人，就可以按自己的意向投票。既然社会上也有许多人认为，很可能是辛普森杀的人，那么，民事审判的结果也是必然的、合理的。

于是，这两个貌似截然相反的判决，就合理地联系在一起，合法共存了。它的结论就是，根据对所有证据的衡量，辛普森杀人的可能性是很大的，但是，至今还没有确切无疑的"超越合理怀疑的证据"，证明百分之一百，肯定就是辛普森杀的人。

在民事审判结果出来以后，在美国的绝大多数人，尤其是司法界都是理解和接受这样两种判决的。因为长期的法律和制度的教育，能够理解这种制度设计的人已经很多。如事后辛普森主要的刑事律师强尼·考克伦在电视上所说的，我尊重两个陪审团的结论，因为这两种判定对于证据的要求是不同的。在电视里，我们只看到中学生们，还在一遍遍地问主持节目的律师，为什么两种判决是不一样的呢？

归根结底，对于这两种诉讼，一切在设计上的不同，都是源于诉讼当事人的不同。对于美国人来说，人是平等的，因此在个人对个人的诉讼上，公正就意味着一个天平式的证据衡量。而政府对个人绝不是平等的，必须严格对证据提出要求，以限制政府利用权势对个人权利的侵犯。

如果你对刑事案中，这个制度对于证据的近乎是苛严的要求提出疑问，美国人会用非常平实的问题来解释这样的制度设计。他们会问你，难道你希望一个制度允许政府在证据还存在疑问，只是大概有罪的前提下，就送你进监狱甚至上电椅吗？

从这些问题中，你仍然可以看到一个美国式的思路，权势是靠不住的，警察是靠不住的，联邦调查局是靠不住的，司法部的检察官是靠不住的，他们的总管美国总统和美国政府都是靠不住的。他们都需要有力量与之平衡，他们都需要制度予以制约。

祝好！

林　达